Das bietet Ihnen die CD-ROM

Rechner (Excel-Anwendungen)
Ermittlung von Einsparungspotenzialen
ABC-Analyse Material / ABC-Analyse Kostenarten
Leerkosten variable Kosten / Leerkosten fixe Kosten
Fixkostendegression
Preis-Absatz-Funktion
Wertanalyse
Zero-Base-Analyse
Kennzahlen
Sortimentsbereinigung
Fixkostenanalyse
Lebenszyklusbetrachtung
Eigenfertigung oder Fremdvergabe

Checklisten
Kostentreibende Faktoren/Grundlegende Vorgehensweisen/ Fixkostendegression/Sortimentsbereinigung/Wertanalyse/Tipps und Tricks/Kennzahlen/Warnsignale/Outsourcing/Gesprächsführung/ Präsentation/Überzeugungsstrategien für eine gute Präsentation/ Die 10 Hauptfehler einer Präsentation/Die häufigsten Fehler bei der Kostensenkung/Vorgehensweise bei der Konfliktlösung/10 Gebote für ein effektives Projektcontrolling/Zeitmanagement/Risikoschnellcheck

Vorlagen
Musterbrief: Informationen zur Ausgabensperre
Prämienberechnung
Schwachstellenanalyse
Beispielpräsentation
Arbeitspaket
Risikobewertung
Prozesserhebungsbogen

Bibliographische Information Der Deutschen Bibliothek

Die Deutsche Bibliothek verzeichnet diese Publikation in der Deutschen Nationalbibliographie; detaillierte bibliographische Daten sind im Internet über http://dnb.ddb.de abrufbar.

ISBN 3-448-06207-3 				Bestell-Nr. 01233-0001

© 2005, Rudolf Haufe Verlag GmbH & Co. KG
Niederlassung München
Redaktionsanschrift: Postfach, 82142 Planegg
Hausanschrift: Fraunhoferstraße 5, 82152 Planegg
Telefon: (089) 895 17-0,
Telefax: (089) 895 17-290
www.haufe.de
online@haufe.de
Lektorat: Dipl.-Kff. Kathrin Menzel-Salpietro
Alle Rechte, auch die des auszugsweisen Nachdrucks, der fotomechanischen Wiedergabe (einschließlich Mikrokopie) sowie die Auswertung durch Datenbanken, vorbehalten.
Desktop-Publishing: Agentur: Satz & Zeichen, Karin Lochmann, 8311 Obing
Umschlag: 102prozent design, Simone Kienle, 70199 Stuttgart
Druck: Bosch-Druck GmbH, 84030 Ergolding
Zur Herstellung dieses Buches wurde alterungsbeständiges Papier verwendet.

Kosten senken

Checklisten, Rechner, Methoden

Monika Haunerdinger
und
Hans-Jürgen Probst

Haufe Mediengruppe
Freiburg · Berlin · München · Zürich

Inhaltsverzeichnis

Was Ihnen dieses Buch bietet		7
1	**Die Basis – grundlegende Vorgehensweisen**	**10**
1.1	Wo und welche Kosten kann man sparen?	10
1.2	Wie ermittelt man die Höhe möglicher Einsparungspotenziale?	14
1.3	Wie kann man vorgehen?	22
2	**Konkrete Methoden der Kostensenkung**	**30**
2.1	Wie man schnell erste Erfolge erzielt: Ausgabensperre/Deckelung	31
2.2	Wie ermittelt man die größten Kostenvolumina: ABC-Analyse	36
2.3	Welche Kosten werden nicht genutzt: Leerkostenanalyse	44
2.4	Wie kann eine günstigere Fixkostenentwicklung erreicht werden?	52
2.5	Mit welchen Produkten verlieren wir Geld: Sortimentsbereinigung	59
2.6	Wie schafft man Anreize zur Kostensenkung?	67
2.7	Wo liegen die Schwachstellen im Unternehmen: Schwachstellenanalyse	72
2.8	Wie entdeckt man nicht genügend werthaltige Kosten: Wertanalyse	77
2.9	Der alternative Denkansatz: Zero-Base-Analyse	87
2.10	30 Tipps und Tricks zur Kostensenkung	94

2.11 Wie kontrolliert man Kostensenkungserfolge: Kennzahlen — 98

3 Kostenmanagement — 108

3.1 Warnsignale! Was läuft eventuell schief? — 110
3.2 Welche Basiswerkzeuge braucht man: Kostenrechnung/Controlling — 114
3.3 Problematische Kosten: Gemeinkosten- und Fixkostenmanagement — 128
3.4 Was darf das Produkt kosten: Target Costing — 141
3.5 Warum wir über längere Zeiträume denken müssen: Life Cycle Costing — 145
3.6 Kosten- und Ergebnisverantwortung schaffen: Cost-/Profit-Center — 150
3.7 Was können Externe besser oder billiger: Outsourcing — 157

4 Kommunikation, Motivation, Präsentation — 166

4.1 Wie kommuniziert man Kostensenkungsmaßnahmen? — 166
4.2 Wie motiviert man Mitarbeiter zur Kostensenkung? — 176
4.3 Wie präsentiert man? — 182

5 Mögliche Fehler und Fallen — 198

5.1 Welches sind die häufigsten Fehler bei der Kostensenkung? — 198
5.2 Welche Sabotagefaktoren behindern den Erfolg? — 203
5.3 Wie löst man Konflikte bei der Kostensenkung? — 208

6 Projektmanagementtechniken bei der Kostensenkung — 215

6.1 Wie läuft ein Kostensenkungsprojekt ab? — 216
6.2 Welche unterstützende Methoden sind bei der Projektarbeit hilfreich? — 226

7 Neue Methoden zur Unterstützung der Kostensenkung — 232

7.1 Geht es auch ohne die klassische Budgetierung? Beyond Budgeting — 232
7.2 Warum ist wertorientierte Unternehmensführung hilfreich für die Kostensenkung? — 238
7.3 Wie erkennt man Kostenrisiken: Risikomanagement — 242
7.4 Wie geht man mit Veränderungen um: Changemanagement — 249

8 Fallbeispiele — 253

8.1 Kostensenkung in der Instandhaltungsabteilung — 253
8.2 Kostensenkung im IT-Bereich — 258

Literaturtipps — 269

Abbildungsverzeichnis — 271

Stichwortverzeichnis — 273

Was Ihnen dieses Buch bietet

Betrachten Sie dieses Buch als eine Art Werkzeugkasten. Mal muss man vorsichtig an einem Problem herumfeilen, manchmal ist aber auch der Hammer notwendig. Wie es im Handwerk kein Universalwerkzeug für alle Probleme gibt, gibt es auch bei der Kostensenkung keine allgemeingültige Vorgehensweise, die für alles passt. So ist dieses Buch ein sorgfältig gepacktes Paket aus Methoden, Rechnern, Checklisten, Praxisbeispielen und Tipps.

Methoden:
Immer wieder liest man von einzelnen Tipps zur Kostensenkung, z. B. wie man Energie spart, richtig verhandelt, Überstunden senkt usw. In diesem Buch geht es aber um mehr: Nämlich wie man systematisch und mit bewährten betriebswirtschaftlichen Methoden an die Kostensenkung herangeht. Dabei geht es natürlich um Methoden, wie man von hohen Kosten herunterkommt, aber auch um Methoden, wie man schon im Vorfeld hohe Kosten vermeiden kann.

Rechner:
Auf der CD finden Sie eine Fülle von Excel-Anwendungen als konkrete Arbeitshilfen zur Kostensenkung. Diese Rechner stehen im direkten Zusammenhang mit den Inhalten bzw. Methoden im Buch. Sie sind bewusst einfach gehalten und können ohne hohen Aufwand sofort eingesetzt werden. Alle Excel-Anwendungen sind schon einmal in der Praxis eingesetzt worden und haben sich dort bewährt.

Checklisten:
Checklisten haben sich bei der praktischen Arbeit bewährt. Man vergisst nichts Wesentliches, kann systematisch vorgehen und sozusagen nach und nach die Dinge „abhaken". Natürlich finden Sie diese Checklisten übernahmebereit auch auf der CD.

Was Ihnen dieses Buch bietet

Praxisbeispiele und Tipps:
Sicherlich wollen Sie wissen, wie manche Dinge in der Praxis passiert sind, was gut gelaufen aber auch was vielleicht dummerweise schief gelaufen ist. Deswegen finden Sie im Buch eine Reihe von Praxisbeispielen. Und natürlich gibt eine Vielzahl an Tipps zur Kostensenkung.
Nun nützen aber die besten Methoden nichts, wenn sie nicht gut vermittelt werden. Deswegen haben wir bewusst Themen wie **Präsentation** und **Motivation** aufgenommen. Auch Inhalte wie psychologische Probleme, häufige Fehler bis hin zu Sabotagefaktoren bei der Kostensenkung werden behandelt. Denn es ist mittlerweile anerkannt, dass neben den „Hard Facts", wie z. B. betriebswirtschaftliche Methoden, auch „Soft Facts" zum Erfolg bei der Kostensenkung beitragen.

Auch finden Sie eine **komplette Powerpoint-Präsentation** zur Kostensenkung auf der CD.

Da Kostensenkung häufig in Projekten passiert, zeigen wir Ihnen zum Ende des Buches einige gängige **Projektmanagementtechniken**, die man sinnvollerweise einsetzen kann.
Und wer wissen möchte, was es Neues gibt bzw. was zur Zeit im Bereich Kostensenkung in der Diskussion ist, findet dies in einem eigenen Kapitel.

Zwei **Fallbeispiele** aus der Praxis runden die Darstellung ab. So ist es konkret gelaufen!

Um die Inhalte dieses Buches zu verstehen, müssen Sie kein betriebswirtschaftlicher Experte sein. Vorkenntnisse sind nicht erforderlich und betriebswirtschaftliches Grundwissen wird dort vermittelt, wo es für das Verständnis notwendig ist.

Zum Abschluss möchten wir darauf hinweisen, dass wir aus Gründen der guten Lesbarkeit auf unterschiedliche Geschlechtsformen verzichtet haben. Selbstverständlich sind auch immer Kolleg*innen*, Controller*innen* oder Mitarbeiter*innen* gemeint.

Und jetzt geht es los. Der Verlag und die Autoren wünschen Ihnen viel Erfolg.
München, Herbst 2004

Monika Haunerdinger und Hans-Jürgen Probst

1 Die Basis – grundlegende Vorgehensweisen

Vielleicht kennen Sie das: Es ist Kostensenkung im Unternehmen angesagt und infolge wird an Kugelschreibern gespart, man bittet Sie, abends die Heizung herunterzudrehen und neue Disketten für Ihren Personalcomputer gibt es nur noch auf Antrag über die Geschäftsleitung. Als Höhepunkt der Kostensenkungsaktion wird der eine oder andere Vertrag nachverhandelt und eine Versicherung oder ein Wartungsvertrag werden gestrichen. Der Erfolg derartiger Aktionen ist meist gering und bewegt sich im Promillebereich des Kostenvolumens des Unternehmens. Nein – derartiges bringt in der Regel nicht viel. Damit Kostensenkung effektiv wird, sollte man gezielt und systematisch an sie herangehen. Dabei sind im Vorfeld einige wichtige Dinge zu klären bzw. einige Regeln aufzustellen.

1.1 Wo und welche Kosten kann man sparen?

> Zu Beginn von Kostensenkungsmaßnahmen steht regelmäßig die Frage, wo Kosten im Unternehmen gespart werden sollen, also in welchem Bereich (z. B. Verwaltung), bei welchem Produkt oder in größeren Unternehmen: in welchem Land. Dann kommt die Frage, welche Kosten gespart werden sollen, z. B. Personal- oder Materialkosten. Jetzt kann man gleich zu Anfang kritisch fragen: Kann man überhaupt überall im Unternehmen und letztlich über alle Kostenarten sparen? Das ist eine höchst sensible Frage, denn Kosten sparen ist meist eher eine unerfreuliche Angelegenheit. Und zwar für die, die die Kostensenkung durchführen müssen und natürlich für die, die letztlich betroffen sind.

1 Wo und welche Kosten kann man sparen?

Unstrittig ist: Natürlich kann man grundsätzlich überall und über alle Kostenarten sparen! Was sich selbstverständlich anhört (und auch selbstverständlich sein sollte), geschieht in der Praxis durchaus nicht und wird unterschiedlich gesehen.

Man kann überall und über alle Kostenarten sparen

Beispiel: „Bei mir nicht!"
Ein Unternehmen der optischen Industrie in Bayern sah sich aus Wettbewerbsgründen zu Kostensenkungsmaßnahmen gezwungen. Ein Vertriebsleiter aus den Anfangsjahren des Unternehmens sperrte sich mit aller Kraft (und kraft seiner „Connections" zur Geschäftsleitung) gegen Kostensenkungen in seinem Bereich. Er argumentierte: „Bei mir geht nichts. Jeder Cent Kostensenkung geht bei mir zulasten des Umsatzes – und das wollt Ihr doch wohl nicht – oder?!" Nun wusste allerdings jeder im Unternehmen, dass der Vertrieb eines der „Fürstentümer" im Unternehmen ist, bei dem sich niemand in der Vergangenheit traute, Kritik zu üben oder gar den Rotstift anzulegen. Jeder wusste allerdings auch, dass man in diesem Bereich „recht üppig" mit den Kosten umging. Und jeder wusste auch, dass die Umsätze der Anfangsjahre nicht mehr erreicht werden konnten. Trotzdem gelang es dem Vertriebschef, sich erfolgreich gegen Kostensenkungsmaßnahmen zu wehren. Nun waren allerdings die Mitarbeiter der Bereiche verärgert, die Kostensenkungsmaßnahmen realisierten. In der Verwaltung und Produktion fragte man kritisch, warum es Bereiche im Unternehmen gibt, die offensichtlich „tabu" sind. Die Motivation für Kosteneinsparungen in den anderen Bereichen wurde deutlich geringer.

Die erste Regel bei der Kostensenkung lautet also:
Keine Tabus bei der Kostensenkung.

Es darf keine Beschränkungen geben. Alle Bereiche sollten einbezogen werden und auch alle Kostenarten. Dies gilt im Zweifel auch für die Reisekosten der Geschäftsleitung. Auch diese sind beeinflussbar und dürfen gesenkt werden, wobei wir im Zweifel beim ersten Tabu wären.
Gern werden Tabuzonen geschaffen. Man hört dann oft folgende Argumente:

„Bei uns kann man keine Kosten senken"

- „Wir stehen voll hinter den Kostensenkungsmaßnahmen, aber bei uns geht leider gar nichts."

11

1 Die Basis – grundlegende Vorgehensweisen

- „Unsere Kosten sind nicht beeinflussbar – das liegt doch auf der Hand."
- „Bei uns sind alle Einsparungspotenziale ausgereizt, nichts geht mehr."
- „Wenn man bei uns die Kosten senkt, gefährdet man massiv die Funktionsfähigkeit unseres Bereiches, ja des gesamten Unternehmens!"

Jeder sieht riesige Einsparungspotenziale im Unternehmen, nur der eigene Bereich wird zur Tabuzone erklärt. Das darf nicht sein! Vielmehr sollte eine zweite Regel gelten:

> **Die zweite Regel bei der Kostensenkung lautet:**
> Alle im Unternehmen machen mit bei der Kostensenkung.

Keine Ausnahmen

„Alle" bedeutet jetzt, dass Kostensenkung für alle Hierarchien im Unternehmen gilt, angefangen bei der Geschäftsleitung bis hin zum Auszubildenden. Denn immer wieder beobachtet man in der Praxis, dass es bei der Kostensenkung zwei „Lager" gibt. Da gibt es diejenigen, die die Kostensenkung anstoßen bzw. durchsetzen wollen, z. B. die Geschäftsleitung, leitende Mitarbeiter oder das Controlling. Und das andere Lager sind diejenigen, die nicht spontan hinter den Kostensenkungsmaßnahmen stehen (weil sie vielleicht direkt negativ betroffen sind). So sollte jeder an seinem Platz „seine" Kosten senken. Die Geschäftsleitung sollte als Vorbild beginnen und dann ziehen sich die Einsparungsaktivitäten durch die gesamte Hierarchie bis „nach unten" durch.

> **Beispiele: Es machen eben oft nicht alle mit**
> Dass eben nicht „alle" mitmachen, ist immer wieder und vor allem überall ein großes Ärgernis. Man erinnere sich, dass die gesetzlichen Krankenkassen ihre Verwaltungskosten gerade zu dem Zeitpunkt nicht senkten, sondern sogar erhöhten, als die Diskussion um die Gesundheitsreform aktuell war und die Versicherten Einschnitte hinnehmen mussten. Ehemaligen Ministern wurde das Weihnachtsgeld erhöht, als der Finanzminister Sparappelle herausgab usw. Und viele kennen aus dem Unternehmensbereich sicherlich Beispiele wie folgende:

Wo und welche Kosten kann man sparen?

- Einige wenige im Unternehmen fliegen weiterhin in der teuren Businessclass, während auf den unteren Ebenen jeder Cent Reisekosten begründet werden muss.
- Gehaltseinschnitte im Unternehmen gibt es merkwürdigerweise nur unterhalb der Ebene der leitenden Angestellten.
- Die zusätzliche Sekretärin wird zu dem Zeitpunkt eingestellt, an dem aus Kostensenkungsgründen die Anzahl der Auszubildendenstellen abgebaut wird.

Kostensenkung motiviert nur dann, wenn auch alle im Unternehmen mitmachen und letztlich alle auch „irgendwie betroffen" sind. Andere Länder haben hier übrigens eine andere „Kostensenkungskultur" wie Deutschland: Es gibt z. B. aus Japan viele Beispiele, wo die Kostensenkung durch Verzicht der Vorstandsebene begann.

Auf eine gute „Kostensenkungskultur" kommt es an

Sind alle Kosten beeinflussbar?

Nun kann man zwar fordern, dass ohne Tabus vorgegangen wird und alle mitmachen sollen, aber ist es tatsächlich so, dass alle Kosten beeinflussbar sind? Gibt es nicht Kosten, die man trotz besten Willens nicht senken kann? Schauen wir uns einige Argumente in diesem Zusammenhang an:

Geht eventuell doch mal gar nichts?

- **Manche Kosten sind notwendig und können nicht abgebaut werden.**
  Es wird argumentiert, dass es Funktionen im Unternehmen gibt, die notwendig sind, z. B. die Buchhaltung oder ein Hausmeister. Vielleicht, so wird weiter argumentiert, kann man hier oder dort ein paar Kosten senken, aber grundsätzlich kann man nicht viel machen. Wer dies behauptet, irrt. Die Praxis zeigt, dass alle Funktionen grundsätzlich beeinflussbar sind. Alles kann kritisch hinterfragt werden und im Zweifel fremd vergeben werden, vom Management auf Zeit bis hin zur externen Hausmeisterfirma.

- **Fixkosten sind, wie der Name schon sagt, fix, also fest und somit nicht beeinflussbar.**
  Eindeutig falsch! Fixkosten sind so definiert, dass sie unabhängig von z. B. der Ausbringung ausfallen. Das heißt aber noch lange nicht, dass sie nicht sinken können. Natürlich können Fixkosten

1 Die Basis – grundlegende Vorgehensweisen

wie Gehälter, Mieten, Versicherungen, Reparaturen, Zinsen usw. in ihrer Höhe beeinflusst werden. Ja die Kostensenkung sieht gerade einen ihrer Hauptansatzpunkte in der Senkung der Fixkosten.

- **Es gibt bestimmte Kostenarten, wie z. B. Abschreibungen, die kann man nicht mehr ändern, weil bereits Tatsachen geschaffen wurden (z. B. Maschinenkauf).**
  Einfaches Gegenargument: Man kann Maschinen z. B. verkaufen, dann sind die Abschreibungen weg. Die Alternative ist dann evtl. Leasing.

Fazit: Obige Argumente sind meist bewusste Ausflüchte oder man weiß es nicht besser und deswegen ...

> **Die dritte Regel bei der Kostensenkung:**
> Alle (!) Kosten sind beeinflussbar.

Wenn alle Beteiligten diese drei Regeln für die Kostensenkung beachten und vor allem akzeptieren, ist schon eine wichtige Voraussetzung für das Gelingen von Kostensenkungsmaßnahmen erfüllt. Bei den weiteren Schritten geht es jetzt „nur" noch um die richtigen Methoden.

1.2 Wie ermittelt man die Höhe möglicher Einsparungspotenziale?

> Manchmal findet Kostensenkung nach dem Motto statt: „Macht mal irgendwie." Infolge wird dann eben „irgendwie gemacht". Dabei sollte man die Kostensenkung systematisch angehen. Dazu gehört, dass man sich Ziele steckt, dass man sich überhaupt erst einmal über mögliche Größenordnungen der geplanten Kostensenkungen Gedanken macht. Welche Effekte kann die Kostensenkung haben? Warum machen wir eigentlich Kostensenkung? Dann erst sollte es zielgerichtet mit den entsprechenden Methoden losgehen. Also bitte kein „wildes, unkontrolliertes Draufloskostensenken".

Wie ermittelt man die Höhe möglicher Einsparungspotenziale?

Gern geht man bei der Kostensenkung Kostenpositionen an, die populär und unproblematisch sind, z. B. das ach so beliebte und berühmte Büromaterial oder Fachzeitschriften. Und dann meint man vielleicht, man betreibt ernsthafte Kostensenkung. Nein – zunächst gilt es festzustellen, welches überhaupt die kostentreibenden Faktoren im Unternehmen sind. Damit verhindert man, dass man sich auf die falschen Kostenprobleme stürzt oder seine Kostensenkungsenergien dort verschleudert, wo es nur wenig Nutzen bringt.

Suche nach den kostentreibenden Faktoren

> **Tipp: Aufstellung Analyse kostentreibender Faktoren**
> Am besten macht man eine Aufstellung, die die kostentreibenden Faktoren der einzelnen Unternehmensbereiche untersucht. Man prüft in jedem Bereich die wesentlichen Kostenblöcke und beurteilt diese im Hinblick auf die Kostensituation des Unternehmens. Welcher Kostenfaktor hat starken Einfluss auf die Kostensituation des Unternehmens? Jetzt sieht man schon einmal, wo die wichtigen Kostenblöcke liegen, um die man sich vielleicht als erstes kümmern sollte (siehe als Vorschlag die Abbildung „Kostentreibende Faktoren" auf Seite 14 und 17).

Im nächsten Schritt wagt man sich dann an die Größenordnungen möglicher Einsparungspotenziale heran. Dies ist keine Vorwegnahme späterer detaillierterer Analysen und hat auch noch keinen hohen Genauigkeitsgrad. Aber es ist interessant, welche Potenziale man sieht. Es ist immerhin ein Unterschied, ob man im ersten Ansatz bereits 10 % Einsparungspotenzial sieht oder vielleicht nur 1 %. Basis für eine derartige Analyse können die Ist-Daten z. B. des letzten Jahres sein. In der Praxis findet man derartige Analysen häufig auf Basis der Plandaten, also der geplanten Kosten des aktuellen Jahres.

Suche nach ersten Größenordnungen

Die Basis – grundlegende Vorgehensweisen

Unternehmens-bereiche	Kostentreibende Faktoren	Einfluss auf die Kostensituation des Unternehmens		
		Stark	Mittel	Schwach
Forschung, Entwicklung	• Personalkosten	x		
Konstruktion	• Materialkosten		x	
	• Weiterbildungskosten	x		
	• Abschreibungen (Investitionen)			x
	• Projektkosten		x	
	• Patentkosten			x
	• Lizenzkosten			x
	• Fremdvergaben			x
	• Sonstiges			x
Einkauf	• Personalkosten		x	
	• Kommunikationskosten			x
	• Reisekosten		x	
	• Sonstiges			x
Materialwirtschaft	• Personalkosten	x		
	• Abschreibungen (Logistikinvest.)			x
	• Logistischer Verwaltungsaufwand		x	
	• Lagerkosten		x	
	• Sonstiges		x	
Fertigung	• Fertigungslöhne	x		
	• Gemeinkostenlöhne	x		
	• Sonst. Personalaufw. (Fremdpers.)		x	
	• Fertigungsmaterial-kosten	x		
	• Gemeinkostenmaterial-kosten		x	
	• Energie		x	
	• Abschreibungen		x	
	• Rüstaufwand			x

Wie ermittelt man die Höhe möglicher Einsparungspotenziale?

Unternehmens-bereiche	Kostentreibende Faktoren	Einfluss auf die Kostensituation des Unternehmens		
		Stark	Mittel	Schwach
Fertigung (Fortsetzung)	• Logistische Betreuung d. Fertigung			x
	• Instandhaltungen			x
	• Qualitätskosten		x	
	• Sonstiges			x
Vertrieb	• Fixe Personalkosten	x		
	• Variable Vergütungen	x		
	• Erlösschmälerungen		x	
	• Kommunikationskosten		x	
	• Reisekosten		x	
	• Weiterbildungskosten			x
	• Werbungskosten	x		
	• Messen, Repräsentation usw.		x	
	• Transportkosten			x
	• Reklamationen			x
	• Sonstiges		x	
Verwaltung/ Rechnungswesen	• Personalkosten		x	
	• EDV-Kosten		x	
	• Abschreibungen			x
	• Allg. Verwaltung (z.B. Telefondienst)			x
	• Buchhaltung/ Kostenrechnung			x
	• Kommunikationskosten		x	
	• Reisekosten		x	
	• Sonstiges			x
Sonstiges	• Zinsen	x		
	• Gebühren, Abgaben usw.			x
	• Beratung		x	
	• Versicherung			x

Abb. 1: Kostentreibende Faktoren

1 Die Basis – grundlegende Vorgehensweisen

> **Tipp: Festellen von Einsparungspotenzialen**
> Auch hier können Arbeitshilfen Unterstützung leisten. So kann man alle Kostenblöcke in einer Tabelle auflisten. Dann listet man alle wesentlichen Bereiche des Unternehmens auf und geht systematisch durch die Kostenarten und Bereiche und prüft alles im Hinblick auf Einsparungspotenziale. Interessant ist jetzt auch, welche Auswirkungen die Einsparungspotenziale auf die Herstellungskosten, den Gewinn oder den Verkaufspreis haben. Man macht quasi eine Überleitung der Kostensenkungspotenziale auf die Preis- bzw. Ergebnissituation. Dazu nimmt man ein repräsentatives Produkt und untersucht, welche Auswirkungen die Einsparungspotenziale auf das Produkt haben. So kann man auch hervorragend Simulationen machen, was z. B. Einsparungen in dem oder dem Bereich überhaupt bringen (siehe als Vorschlag die Abbildung „Einsparungspotenziale" auf der Seite 19).

Wo wollen wir hin?

Nach diesen ersten Analysen wird man sich schon ein Bild über seine Kostensituation und mögliche Einsparungspotenziale machen können. Diese Analysen dienen dazu
- Ziele der Kostensenkung zu formulieren und
- festzustellen, ob man die Ziele, die man mit der Kostensenkung verfolgt, realisieren kann.

Ziele und Nutzen der Kostensenkung

Zielformulierungen können wie folgt aussehen:
- Wir wollen die Personalkosten um 8 % bzw. um 220.000 EUR senken. Termin: Ende 2005
- Die Kosten im Verwaltungsbereich sollen um 5 % oder um 120.000 EUR gesenkt werden. Termin: Juni 2005.

Ziele müssen realistisch sein

Bei der Zielformulierung werden immer wieder Fehler gemacht. So stellt man gern unrealistische Ziele auf. Jetzt sagt derjenige, der die unrealistischen Ziele realisieren soll: „Was soll ich mich anstrengen, das Ziel ist sowieso unerreichbar".

Wie ermittelt man die Höhe möglicher Einsparungspotenziale?

Ermittlung von Kostensenkungspotenzialen

	Kosten in 1.000 EUR	Spar-potenzial	Allg. Bereich	Logistik	Fertigung	Vertrieb	Verwaltung	Einsparungen ab-solut	%
Einzelmaterial	4.640	1			80			80	1,7%
Fertigungslohn	4.222	3			200			200	4,7%
Gemeink.-Lohn	1.320	3	20	50	35			105	8,0%
Gehalt	980	3			45	40	20	105	10,7 %
Gemeink.-Mat.	1.245	1	2	1	15	1		19	1,5%
Fremdleistungen	90	1			10			10	11,1 %
Energie	320	1			5			5	1,6%
Instandhaltung	85	2	1		1			2	2,4%
Mieten/Leasing	122	1					2	2	1,6%
Werbung/PR	725	3				65		65	9,0%
Kommunikation	112	3		1		4	1	6	5,4%
Abschreibungen	278	1	1		4			5	1,8%
Zinsen	223	3					15	15	6,7%
Öffentl. Abgab.	95	1					1	1	1,1%
Sonstiges	445	2	3	3	3	3	3	15	3,4%
Summe Kosten	14.902		27	55	398	113	42	635	4,3%

Bewertung:
1 = wenig Einsparungspotenzial
2 = mittleres Einsparungspotenzial
3 = hohes Einsparungspotenzial

Durchschnittliche Auswirkungen von Preissenkungen auf die Kalkulation

	Vor Einsparungen	Nach Einsparungen
Herstellungskosten	25,50	24,41
Gewinnaufschlag %	10,0%	10,0%
Verkaufspreis netto	28,05	26,85
Umsatzsteuer %	16,0%	16,0%
Verkaufspreis brutto	32,54	31,15

Gewinnprozent nach Preissenkungen bei gleichem Verkaufspreis (netto) 14,9%

Abb. 2: Einsparungspotenziale (Ermittlung)

1 Die Basis – grundlegende Vorgehensweisen

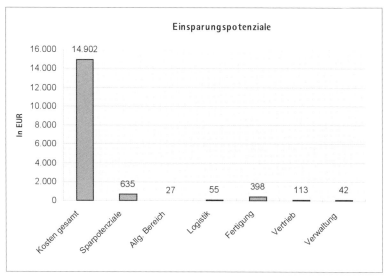

Abb. 3: Einsparungspotenziale (Diagramm)

Oder was auch immer gern gemacht wird: Man stellt Ziele auf, legt aber noch ein paar Prozent „drauf", nach dem Motto: Wenn man mehr einplant, bekommt man wenigstens das Gewünschte. Das zeugt von einer schlechten Kostensenkungskultur. Letztlich werden diejenigen hinters Licht geführt, die die Kostensenkung realisieren müssen.

> Ziele sollen sauber erarbeitet, realistisch und erreichbar sein. Dann werden die Ziele ausgegeben und jeder Betroffene weiß: Nicht z. B. 20 % unter der Zielvorgabe ist das eigentliche Ziel, sondern „das angesagte Ziel ist das Ziel".

Was passiert mit den Einsparungen?

Spätestens jetzt muss man sich auch über die primären Gründe seiner Kostensenkungsaktivitäten im Klaren sein. Man sollte nicht nur die Einstellung haben: Kostensenkung – machen wir einfach mal – kann nie schaden. Die Frage ist auch: Warum bzw. wofür eigentlich Kostensenkung? In der Praxis ist das gar nicht immer klar.

Wie ermittelt man die Höhe möglicher Einsparungspotenziale?

Beispiel: Was machen wir mit den Einsparungen?
So stieß einmal das Controlling in einem Unternehmen für Oberflächenbearbeitung (Farbgebung, Galvanik usw.) in Südostbayern eine Kostensenkungsdiskussion an, da man einige Einsparungspotenziale sah. Nun melden viele Bereiche Ansprüche an:
- Die Produktionsleitung wollte mit dem eingesparten Geld einige Modernisierungsinvestitionen durchführen.
- Das Controlling sah die Einsparungen eher als Reserve und dachte an sichere Finanzanlagen.
- Der Vertrieb schlug vor, die Einsparungen als Preissenkung weiter zu geben um damit den Absatz anzukurbeln.

Es war gar nicht so einfach, alle Ansprüche unter einen Hut zu bringen, aber letztlich bestimmte die Geschäftsführung, dass ein Teil der Einsparungen in die Reserven ging, ein anderer Teil wurde als Preissenkung weitergegeben. Damit wurden die Einsparungen im Wesentlichen zur Sicherung des Unternehmens eingesetzt.

Man sollte im Vorfeld konkret wissen und sich darüber abstimmen, wie man die Einsparungspotenziale nutzt.
- Manchmal geht es schlicht um das **Überleben** des Unternehmens. So müssen z. B. Preise gesenkt werden, um am Markt überleben zu können und Preissenkung geht vielleicht nur durch Kostensenkung.
- Ziel der Kostensenkung kann eine **Ergebnisverbesserung** sein. Jetzt kommt es darauf an, was mit dem verbesserten Ergebnis passiert. Möglicherweise werden nun die Gewinne an die Eigentümer, Anteilseigner oder Aktionäre ausgeschüttet.
- Kostensenkung kann auch für die **Zukunftssicherung** des Unternehmens eingesetzt werden, z. B. wird mit den freigesetzten Mitteln investiert.
- Oder man entscheidet sich für eine Unterstützung der **Marktattraktivität** der Produkte. Man verbessert z. B. die Produkte. Oder man möchte eine „Hebelwirkung" erzielen. Durch Preissenkung soll sich der Absatz steigern und damit soll auf mittlere Sicht auch der Gewinn gesteigert werden.

1 Die Basis – grundlegende Vorgehensweisen

Immer wird es auch Thema sein, was passiert, wenn eine Kostensenkung nicht vorgenommen wird, also wenn obige Alternativen nicht realisiert werden.

> Kostensenkung ist meistens unangenehm, aber wie gefährlich ist es für das Unternehmen, auf Kostensenkungsmaßnahmen zu verzichten?

Kostensenkung muss sich lohnen

Unsinn wäre allerdings Kostensenkung aus Prinzip, unabhängig vom Ergebnis. Wegen 0,2 % Einsparungen zu riskieren, das ganze Unternehmen zu verunsichern oder gar zu demotivieren wäre sogar kontraproduktiv. Überhaupt muss man eines im Hinterkopf haben: Kostensenkung kann immer Einbußen bei der Leistung nach sich ziehen. Was nützen 1 % Kosteneinsparung, wenn die ganze Mannschaft im Unternehmen derart „frustriert" und demotiviert ist, dass die Leistung absackt: Man kann sich gut vorstellen, welche Umsatzeinbußen ein unmotivierter Vertrieb nach sich zieht oder was es an Kreativitätsverlust im Forschungs- und Entwicklungsbereich geben kann. Kostensenkung ist immer eine sensible Angelegenheit, und gerade deshalb sollte sie sich lohnen!

Hat man jetzt ein Gefühl für seine Kostensituation und kennt seine Ziele, geht es nun um die weitere Vorgehensweise.

1.3 Wie kann man vorgehen?

> Manchmal kann man sich den Zeitpunkt nicht aussuchen, an dem man Kostensenkung betreiben muss. Die Fakten zwingen dazu, z. B. wenn die Herstellungskosten der Produkte zu hoch für den Markt sind und der Absatz einbricht. Jetzt muss man schnell handeln und die entsprechenden Vorgehensweisen einleiten. Besser ist es freilich, wenn man vorausschauende Kostensenkung betreibt, also die Kostensenkung strategisch angeht. Denn wie lautet der bekannte Ausspruch im Rahmen der Kostensenkung: Was man strategisch versäumt, muss man später operativ ausbaden.

1 Wie kann man vorgehen?

Häufig setzt man bei der Kostensenkung zu spät an bzw. dort, wo sie nur noch wenig Effekte hat. Nehmen wir als Beispiel einmal eine typische Produktion, z. B. eine Brillenproduktion. Haben Sie sich schon einmal überlegt, wann und wo die Kosten für die Produktion festgelegt werden, was eigentlich kostenbestimmend für die Produktion ist? In der Produktion fallen Materialkosten, Personalkosten usw. an. In dieser Phase kann man natürlich noch Kosteneinsparungsmaßnahmen vornehmen, z. B. versuchen den Ausschuss zu drücken. Aber man muss sich doch über eines bewusst werden: Die Produktion ist die letzte Phase bei der Produkterstellung. Hier wird es zwar ganz konkret mit der Fertigung, aber vorher muss das Produkt konstruiert werden, dann muss die Fertigung geplant werden usw.

Es geht um den richtigen Ansatzpunkt

Und die eigentlichen Kostenfestlegungen erfolgen letztlich nicht in der Produktionsphase, sondern schon viel weiter vorher: Nämlich schon während der Kostruktion und dann noch in der Produktionsplanung.

Wo erfolgen die relevanten Kostenfestlegungen?

Beispiel: Ein Produktionsleiter ist sauer

Der Produktionsleiter einer Brillenfabrik ist häufig ungehalten darüber, dass die Kaufleute zu ihm kommen, wenn eine Brille zu teuer in der Herstellung ist. Er tut doch schon alles, damit seine Produktion kostengünstig ist: Er hat produktive Mitarbeiter, sein Ausschuss ist so niedrig wie nie, er hat seine Produktion gut organisiert.

So weist er darauf hin, dass man doch bitte bereits bei der Konstruktion die späteren Arbeitsschritte berücksichtigen sollte. Wenn man in der Konstruktionsphase z. B. das einfachere Scharnier einplanen würde, dann spart man später in der Produktion rund 50 Cent. Und wenn die Mitarbeiter in der Fertigungsplanung immer daran denken würden, wie unten in der Halle der Materialfluss funktioniert, würde man schon im Vorfeld der Produktion Kosten sparen.

In der Tat haben Untersuchungen ergeben, dass oft bereits schon 80 % der Kosten letztlich in der Konstruktionsphase festgelegt werden. In der Phase der Produktionsplanung, also in der die Produktion organisiert wird, kann man im Vorfeld noch auf rund 15 % der Kosten Einfluss nehmen und in der eigentlichen Produktionsphase

1 Die Basis – grundlegende Vorgehensweisen

hat man nur noch Möglichkeiten für vielleicht 5 % Kosteneinsparung.

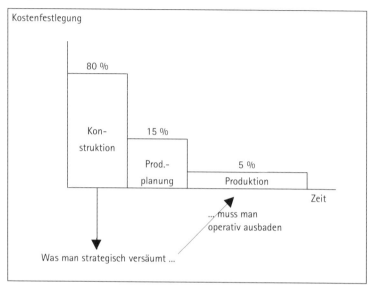

Abb. 4: Kostenfestlegung

Kosten werden also wesentlich durch strategisches Handeln beeinflusst, z. B.
- durch die Auswahl und Gestaltung der Produkte,
- durch die Abstimmung zwischen Konstruktion, Produktionsplanung und Produktion,
- durch Mengeneffekte (je höher die Ausbringung, desto geringer die Fixkosten pro Stück, da sich die Fixkosten nun auf mehr Stück verteilen,
- durch Erfahrung.

Überall gilt: Man hüte sich vor hektischen Aktionen

Derartige Erkenntnisse gelten aber nicht nur für die Produktion. Auch in anderen Bereichen, z. B. im Vertriebsbereich sollte man strategisch vorgehen, damit man später nichts hektisch ausbaden muss.

Wie kann man vorgehen?

Beispiel: Die Vertretertruppe muss Reisekosten sparen
Im Vertrieb eines hessischen Elektrogeräteherstellers sollte gespart werden. Es ging los wie so oft: Man untersuchte die Reisekosten der Vertreter (wurde das Frühstück unberechtigt abgerechnet?), konnten Bewirtungskosten gesenkt werden oder ließen sich gar die Provisionen kürzen? Was man zunächst versäumte, war der strategische Gedanke: Wurden die richtigen Kunden besucht? Waren die Angebote auf die Kunden abgestimmt? War die Abstimmung zwischen Innen- und Außendienst optimal? Eine Untersuchung brachte ans Licht, dass im Außendienst ein ziemlich „sinnloses Hin- und Herfahren" und unsystematische Kundenbesuche an der Tagesordnung waren. Eine gezielte Vertriebsplanung brachte Abhilfe.

Und auch im klassischen Dienstleistungsbereich sollte man vorausschauend denken.

Beispiel: Was tun, wenn die Aufträge zurückgehen?
Ein größeres Finanzberatungsunternehmen im Rheinland stellte in guten Zeiten einen Mitarbeiter nach dem anderen fest ein und zahlte gute Gehälter. Als die Auftragslage zurückging, hieß es, jetzt muss Kostensenkung = Verzicht geübt werden, die variablen Vergütungen wurden zurückgefahren und Weiterbildung wurde weitestgehend gestrichen. Folge: Demotivierte Mitarbeiter durch hektisches Kostensenken. Ein anderes Unternehmen der Branche machte es anders: Man deckte die letzten 10 % Umsatz durch freie Mitarbeiter ab. Als nun auch hier die Auftragslage zurückging, konnten die nicht benötigten Kosten der freien Mitarbeiter problemlos zurückgefahren werden. Man hatte eben rechtzeitig daran gedacht, was man in schlechten Zeiten macht.

Manchmal muss man aber schnell handeln

So einleuchtend nun vielleicht eine vorausschauende Herangehensweise ist: Manchmal ist aber ein aktuelles Kostenproblem da und muss schnell gelöst werden, die Zeiten der vorausschauenden Strategien sind vorbei. Jetzt hilft es nicht mehr, darüber zu lamentieren, dass man etwas strategisch versäumt hat, man muss handeln.
Wenn es nun notwendig wird, Kostensenkungsmaßnahmen einzuleiten, ist die erste Aufgabe, alle Betroffenen zu informieren:

Information!

1 Die Basis – grundlegende Vorgehensweisen

- **Warum ist Kostensenkung notwendig?**
  Was einigen „internen Kreisen" im Unternehmen klar ist, muss anderen überhaupt nicht einleuchtend sein. Also sollte man erklären, warum man die Kosten senken will. Man wirbt also für Verständnis.

- **Wie hoch soll die Kostensenkung ausfallen?**
  Eine Frage die immer interessiert. Geht es um „Peanuts", also um geringfügige Maßnahmen, oder wird das gesamte Unternehmen „umgedreht"?

- **Wie wird die Kostensenkung ablaufen?**
  Mit welchen Maßnahmen, mit welchen Methoden wird sie realisiert? Mit eigenen Mitarbeitern oder mit externen Beratern?

- **Was kommt eventuell auf die Mitarbeiter zu?**
  Jede Kostensenkungsmaßnahme verunsichert Mitarbeiter. Also sollte darüber informiert werden, wie die Auswirkungen evtl. sein können, welche Kosten „angefasst" werden.

- **Wie werden die Mitarbeiter eingebunden, welche Aufgaben kommen im Rahmen der Kostensenkung auf sie zu?**
  Natürlich möchte auch jeder wissen, was er im Rahmen der Kostensenkungsmaßnahmen zu tun hat.

Die Information erfolgt am besten im Rahmen einer Betriebsversammlung oder durch einen Brief (näheres hierzu in Kapitel 4; dort finden Sie auch einen Musterbrief).

Transparenz!

Der **nächste Schritt** ist die Beschaffung von Informationen, die man für eine effektive Kostensenkung benötigt. Hier ist das klassische Instrument der Kostenrechnung gefragt:

- Im Rahmen der **Kostenarten- und Kostenstellenrechnung** sieht man, welche Kosten wo angefallen sind. Man findet also die Höhe der Kosten nach Kostenarten, z. B. Personalkosten, Materialkosten usw. und die Verteilung dieser Kosten in den Kostenstellen. Idealerweise vergleicht man den Ist-Anfall der Kosten mit dem Plan.

- Im Rahmen der **Kostenträgerrechnung** sieht man, wofür die Kosten angefallen sind. Die Kosten werden also auf die Produkte

Wie kann man vorgehen?

übergewälzt. Ergebnis ist dann eine Kalkulation bzw. eine Aussage darüber, wie erfolgreich ein Produkt ist. Nun kann man analysieren, ob die Kosten vom Markt getragen werden bzw. in welcher Höhe die Kosten zu hoch für den Markt sind.

- Nützlich sind letztlich alle Unterlagen, die Transparenz in die Kostensituation bringen: Kalkulationen, Stücklisten, Fertigungspläne, Umsatz- und Kostenplanungen, Hochrechnungen usw.

Mit diesen Instrumenten bekommt man Transparenz über die Kosten des Unternehmens (weitere Details hierzu siehe Kapitel 3.2):

> **Tipp: Kostensenkung nie ohne Kostenrechnung und/oder Controlling**
>
> Hat das Unternehmen eine anständige Kostenrechnung, liegen verwertbare Basisdaten für die Kostensenkung vor. Immer also mit der Kostenrechnung bzw. mit dem Controlling zusammenarbeiten, auch wenn eine Kostensenkungsmaßnahme nur einen bestimmten Bereich des Unternehmens betrifft. Im Bereich Kostenrechnung/Controlling laufen alle Kostendaten zusammen und das Controlling sollte immer auch Tipps zur Kostensenkung geben können.

Wer macht Kostensenkung?

Ist die Kostensenkung angestoßen, stellt sich nun die Frage, wer sie konkret durchzieht. Hier gibt es mehrere Möglichkeiten:

- **Abteilungsleiter, leitende Mitarbeiter, Mitarbeiter**
  Hier wird die Kostensenkung durch die internen Mitarbeiter des Bereiches durchgeführt. Immer wird aber auch z. B. ein Abteilungsleiter mit einbezogen sein. Bestimmte Aufgaben werden an bestimmte Mitarbeiter delegiert.
- **Task Force**
  Es wird im Unternehmen eine Art „Eingreiftruppe" gebildet, die systematisch evtl. Bereich für Bereich „abarbeitet". Diese Task Force kann z. B. aus Mitarbeitern verschiedener Unternehmensbereiche gebildet werden: Controlling, Produktion, Vertrieb usw.
- **Projektarbeit**
  Kostensenkung ist häufig Projektarbeit und hat viel mit der obigen Task Force zu tun. Man bildet eine Projektgruppe, die sich für eine gewisse Zeit schwerpunktmäßig mit der Kostensenkung

1 Die Basis – grundlegende Vorgehensweisen

befasst, Ziele und Methoden erarbeitet und dann in die Realisierung geht. Da diese Methode weit verbreitet ist, haben wir ihr ein Kapitel gewidmet (siehe Kapitel 6).

- **Externe Unternehmensberatung**
  Man beauftragt externe Spezialisten. Das kann allerdings eine „teure" Lösung sein. Unter dem Strich müssen sich die hohen Tagessätze für Unternehmensberater lohnen.

Kostensenkung ist „Chefsache"

Wer auch immer die Kostensenkung realisiert, letztlich ist Kostensenkung immer „Chefsache". Die Unternehmensleitung sollte in jedem Fall zur Unterstützung zur Verfügung stehen.

Wie nun die konkreten Methoden zur Kostensenkung aussehen und welche Maßnahmen einzuleiten sind, erfahren Sie im nächsten Kapitel.

CD-ROM

> **Checkliste: Grundlegende Vorgehensweisen**
> 1. Ist dafür gesorgt und ist allen Beteiligten bekannt,
>   - dass es keine Tabus bei der Kostensenkung geben darf,
>   - dass Kostensenkung alle Hierarchien im Unternehmen betrifft, dass „alle mitmachen müssen"?
> 2. Sind die kostentreibenden Faktoren des Unternehmens bekannt, also die dominierenden Kosten?
> 3. Kennt man schon eine erste Größenordnung von Einsparungspotenzialen?
> 4. Weiß man, wie sich die Einsparungspotenziale auf den Produktpreis oder auf das Produktergebnis auswirken?
> 5. Sind die Ziele der Kostensenkung deutlich formuliert, z. B. welche Kosten wo und in welcher Höhe gesenkt werden sollen?
> 6. Sind alle Betroffenen von den Kostensenkungsvorhaben informiert?
> 7. Sind die Kosten als Vorbereitung für die konkrete Kostensenkung genügend transparent?
> 8. Ist klar, wer die Kosten senken soll, z. B. eine Projektgruppe, externe Berater usw.?

Wie kann man vorgehen?

Aus Kosten Leistungen machen?!

Zum Schluss dieses Kapitels noch eine etwas kritische Anmerkung: Kosten werden immer „von Haus aus" als negativ diskutiert und letztlich resultiert daraus der Ansatz, die Kosten zu senken. Ist dies aber nicht eine einseitige Betrachtung? Sollte man nicht vielmehr versuchen, aus vorhandenen Kosten Leistung zu machen, also die Kosten im Sinne des Unternehmens besser zu nutzen? Sollte man nicht fragen: Sind die Möglichkeiten, aus diesen Kosten Leistung zu generieren, überhaupt schon ausgeschöpft? Und ist nicht derjenige vielleicht der bessere Manager, der aus vorhandenen Kosten Leistungen macht, als derjenige, der Kosten lediglich abbauen kann?

Mit dieser kritischen Anmerkung im Hinterkopf gehen wir aber nun konkret in die Methoden der Kostensenkung.

<small>Kosten nutzen statt abbauen</small>

2 Konkrete Methoden der Kostensenkung

> Mit diesem Kapitel beginnt nun der „Werkzeugkasten" der Kostensenkung. Jetzt geht es weniger um einzelne Tipps und Tricks, um einzelne Kostenarten zu senken, sondern um betriebswirtschaftliche Methoden. Im Laufe der Zeit haben sich einige Methoden immer wieder bei der Kostensenkung bewährt. Diese werden hier vorgestellt.

Diese Methoden bieten sich an, wenn „es brennt". Wir können auch sagen: Jetzt kommt die Feuerwehr. Im nächsten Kapitel geht es dann eher um den Brandschutz – um Kostenmanagement. Dort werden vorbeugende Methoden vorgestellt, die dafür sorgen sollen, dass Kostensenkung vielleicht erst gar nicht notwendig wird. Die Grenzen zwischen den hier gezeigten konkreten Methoden der Kostensenkung und den Methoden des Kostenmanagements sind fließend und mit manch einer Methode kann man auch vorbeugendes Kostenmanagement machen (z. B. der ABC-Analyse).

Man muss nun allerdings – leider – auch sagen, dass manches bzw. manche Methoden der Kostensenkung nicht gerade populär sind. Es ist vielleicht wie mit einer Diät. Sie macht nicht unbedingt Spaß, muss aber sein. Vieles wird keine Begeisterung im Unternehmen auslösen. Konkret: Der eine muss vielleicht lediglich seinen Dienstwagen eine Nummer kleiner wählen, ein anderer – seien wir doch ehrlich – verliert seinen Job.

Wir empfehlen, sich zunächst einen Überblick über die Methoden zu schaffen, und dann geht es um das Auswählen der Methode, die für Ihre Situation und für Ihr Unternehmen passt.

2 Wie man schnell erste Erfolge erzielt: Ausgabensperre/Deckelung

2.1 Wie man schnell erste Erfolge erzielt: Ausgabensperre/Deckelung

> Diese Methode ist weit verbreitet und recht beliebt. Allerdings hat sie auch den Ruf
> - als Notbremse, wenn es fast zu spät ist,
> - als letzter Ausweg, wenn einem gar nichts mehr einfällt
> - oder als Methode, wenn man die Mitarbeiter nicht für fähig oder für zu unmotiviert hält, auf andere Weise effektiv Kostensenkungsmaßnahmen durchführen zu können.
>
> Bekannt geworden und dort häufig angewandt ist die Ausgabensperre oder die Deckelung insbesondere im öffentlichen Dienst, speziell im Bereich Gesundheitswesen. Und in der Tat hat sie dort Erfolge gehabt, indem über einige Zeit die Kosten zumindest nicht oder kaum gestiegen sind.
>
> Allerdings soll es bei der Kostensenkung nicht um einen Stillstand der Kosten gehen, sondern um konkrete Senkung. Und hier ist diese Methode weniger erfolgreich. Trotzdem beginnen wir mit ihr.

Zunächst: Das Wort Ausgabensperre trifft den Inhalt dieser Methode eigentlich nicht richtig. Denn es geht nie um eine totale Ausgabensperre. Natürlich werden weiter Ausgaben getätigt. Z. B. werden Löhne und Gehälter weiter bezahlt, vertragliche Verpflichtungen (in der Regel) eingehalten. Nein – die Sperre bezieht sich meist auf

Manche Ausgaben müssen weiterlaufen

- einen Investitionsstopp,
- eine Einstellungssperre,
- neue Kostenblöcke wie Beratungskosten
- oder einen Stopp der Kosten für z. B. Fachliteratur, Software, Weiterbildung usw.
- Beliebt ist auch der Gehaltsstopp.

Eine weitere Form der Ausgabenbeschränkung ist die so genannte Deckelung. Hier kommt sozusagen „ein Deckel" auf die aktuelle Kostensituation. Es wird angeordnet, dass z. B. die Kosten des Vorjahres nicht überschritten werden dürfen. Diese Deckelung kann sich auf das gesamte Kostenvolumen beziehen oder auf einzelne Kostenblöcke, z. B. auf Personalkosten, Verwaltungskosten, Investitionen o. Ä.

Deckel auf die Kosten!

2 Konkrete Methoden der Kostensenkung

Beispiel: Das Gesundheitsstrukturgesetz
Bekannt geworden ist diese sog. Deckelung im Rahmen der Gesundheitsreformen. Da alle Sparappelle nichts nützten und im Gesundheitswesen die Kosten weiter stiegen, wurde sogar per Gesetz (Gesundheitsstrukturgesetz) angeordnet, dass „gedeckelt" werden muss. Die Kosten des Gesundheitswesens durften ein bestimmtes Niveau nicht überschreiten.

Manche beschreiben „Horrorszenarien"

Interessant ist bei derartigen Maßnahmen, dass es immer „Experten" gibt, die bei einer Deckelung den Zusammenbruch des Systems sehen, d. h., dass irreparable Schäden dadurch angerichtet werden. Derartige „Horrorszenarien" sind nie eingetroffen. Auf wundersame Weise geht es trotzdem weiter, ja andere sehen überhaupt keine wesentlichen Einschnitte, und es ist eine alte Erfahrung, dass es eben „auf Sparflamme" doch gut weitergehen kann.

Ausgabesperren meist nur für begrenzte Zeit

Ausgabensperren oder Deckelungen werden meist nur für eine begrenzte Zeit angewandt. Häufig sind sie vorbereitende bzw. vorläufige Maßnahmen, um später „richtig" die Kosten zu senken bzw. man will die Zeit der Kostensperre nutzen, um sich Gedanken für weitere effektive Schritte zu machen.

Beispiel: Erst einmal Stopp, dann sehen wir weiter
Ein Unternehmen der Markenartikelindustrie (Optik) war ein Sanierungsfall geworden. Zu teure Produkte, zu hohe Kosten in allen Bereichen. Das alte Management wurde abgelöst und ein neues Management sollte nun alles retten. Da aber nun das neue Management zunächst eine gewisse Zeit für die Einarbeitung, Sichtung der Probleme usw. benötigte, wollte man verhindern, dass in dieser Zeit durch neue Ausgaben Fakten geschaffen werden, die mit einem späteren kompletten Sanierungskonzept nicht übereinstimmten, z. B. Investitionen in die falsche Richtung. So ordnete man eine Ausgabensperre an: Ab sofort keine Neuinvestitionen mehr, Einstellungsstopp und äußerste Disziplin bei allen anderen Ausgaben. Später entschied man sich dann für einige Kostensenkungsmethoden, z. B. Wertanalyse und machte diverse Outsourcinganstrengungen.

Informieren Sie!

Problematisch ist immer, dass viele Mitarbeiter nicht über den Informationsstand verfügen, dass nicht sofort eingesehen wird, dass eine Ausgabensperre oder Deckelung notwendig ist. Damit nun diese Maßnahmen nicht zu sehr zulasten der Motivation gehen,

Wie man schnell erste Erfolge erzielt: Ausgabensperre/Deckelung 2

sollte eine Information der Mitarbeiter erfolgen. Es sollte begründet werden, warum gerade jetzt eine Ausgabensperre verfügt wird und warum gerade diese Kostenpositionen ausgewählt wurden.

Wichtige Regel bei der Ausgabensperre oder Deckelung:
Immer eine Begründung mitliefern.

Möglich ist es z. B. die Maßnahmen im Rahmen einer Betriebsversammlung oder mit einem Brief an die Mitarbeiter zu begründen. Ein derartiger Brief kann z. B. wie folgt formuliert sein:

CD-ROM

Beispiel:
An alle Mitarbeiterinnen und Mitarbeiter,
das konjunkturelle Umfeld und der Wettbewerb sind schwieriger geworden. Diese Entwicklung ging auch an unserem Unternehmen nicht vorbei. Über lange Zeit haben wir versucht, auf einschneidende Kostensenkungsmaßnahmen zu verzichten, was uns Dank unserer Marktposition und unserer kreativen Mitarbeiter auch eine Zeit lang gelungen ist. Aber jetzt ist der Druck so groß geworden, dass wir aktiv unsere Kosten senken müssen. So haben wir unter Leitung unseres Chefcontrollers, Herrn Klausen, eine Projektgruppe ins Leben gerufen, die sich in den nächsten Wochen intensiv mit Kostensenkungsmaßnahmen beschäftigen wird. Über die Ergebnisse werden wir Sie informieren.
Bis zu den endgültigen weiterführenden Kostensenkungsmaßnahmen müssen wir bis auf weiteres einen **Ausgabenstopp** verfügen. Das bedeutet, dass ab sofort

- keine Investitionen mehr veranlasst werden dürfen,
- keine Einstellungen mehr vorgenommen werden dürfen (mit Ausnahme der bereits eingeleiteten),
- Dienstreisen von der Geschäftsleitung genehmigt werden müssen,
- neue Weiterbildungsmaßnahmen zu unterbleiben haben.

Des Weiteren bitten wir um große Kostendisziplin in allen Ausgabebereichen. Wir weisen nochmals auf den vorübergehenden Charakter dieser Maßnahmen hin.
Wir sind zuversichtlich, dass wir diesen vorübergehenden Engpass in Griff bekommen und bedanken uns für Ihre Unterstützung.
Mit freundlichen Grüßen
Peter Müller/Geschäftsleitung

> **Tipp: Ausgabensperre nicht regelmäßig anwenden**
> Wie viele Kostensenkungsmethoden ist die Ausgabensperre bzw. Deckelung eine Methode, die **nicht zu oft** angewandt werden sollte. Denn wenn man z. B. weiß: „regelmäßig im Herbst kommt die Ausgabensperre", dann richtet man sich darauf ein und gibt die Kosten unter Umständen eben bis zur bekannten Ausgabensperre schon mal aus. So wird dann diese Maßnahme unterwandert.

Fazit: Die Ausgabensperre ist eine schnell anzuwendende Methode mit schnellen Wirkungen, die richtig „verkauft" auch wenig zulasten der Motivation geht.

Die „Rambomethode"

Diese Methode ist mit der Ausgabensperre verwandt, geht aber entscheidend weiter. Ein Manager nannte sie einmal die „Rambomethode". In der Tat ist diese Methode eher eine „Kostensenkung mit dem Holzhammer".

Wie man mit dem Hammer Kosten senkt

Es geht darum, dass man nicht nur Kosten einfriert, sondern z. B. anordnet (mit dem Hintergedanken: wer das nicht schafft, bekommt ein Problem): **Jeder Kostenverantwortliche muss bis zum 31.12 mindestens 5 % gegenüber dem Vorjahr sparen,** wie und wo ist egal.

Stark abgemildert kann es auch heißen: Jeder Kostenverantwortliche muss innerhalb der nächsten vier Wochen *Vorschläge machen*, wie man mindestens 5 % einsparen kann.

Jetzt kann sich jeder entscheiden, ob er evtl. die

- Rasenmähermethode anwendet. Das bedeutet, dass z. B. alle Kostenarten oder alle Bereiche um den gleichen Prozentsatz, z. B. 5 %, gekürzt werden.
- Oder alternativ die Kostensenkung schwerpunktmäßig betreibt, also in manchen Kostenarten oder Bereichen vielleicht 20 %, in anderen 5 % und irgendwo vielleicht gar nicht kürzt.

Ungerecht und gefährlich

Wenn ein derartiges Verlagen, überall 5 % runter, alle im Unternehmen gleich betrifft, hört sich dies im ersten Ansatz vielleicht gerecht an. Ist es aber nicht. Im Gegenteil, es ist ungerecht und birgt auch Gefahren:

Wie man schnell erste Erfolge erzielt: Ausgabensperre/Deckelung

- Manche Kostenverantwortliche sind im Gegensatz zu anderen vielleicht schon seit Jahren verantwortlich mit Kosten umgegangen und haben viele Kostensenkungspotenziale schon ausgeschöpft. Wenn diese Kostenverantwortlichen jetzt ebenso 5 % senken müssen wie diejenigen, die über Jahre „geschlampt" haben, dann ist dies nicht nur ungerecht, sondern zutiefst demotivierend.
- Problematisch ist diese Methode auch, wenn man sie selektiv auf eine bestimmte Kostenart anwendet. Wenn es z. B. heißt: Minus 3 % Personalkosten für alle, dann werden die Kostenverantwortlichen bestraft, die schon immer versucht haben, ihre Personalkosten im Rahmen zu halten.
- Und es besteht die Gefahr, dass nun dort Kosten gesenkt werden, wo es gefährlich ist. Für den Werbechef ist es sicherlich einfach, sein Werbebudget herunterzufahren und so leicht 5 % Kostensenkung zu realisieren. Aber dies kann gefährlich für das gesamte Unternehmen sein, wenn jetzt nämlich aufgrund der zurückgefahrenen Werbung der Umsatz einbricht.

Fazit: Die „Rambomethode" ist vorsichtig anzuwenden. Gleiches gilt letztlich auch für die „Rasenmähermethode".

„Gleiches Recht für alle" bedeutet nicht Gerechtigkeit, da viele vielleicht schon seit langem diszipliniert mit ihren Kosten umgegangen sind und nun behandelt werden wie alle die, die vielleicht in der Vergangenheit das Geld mit vollen Händen ausgegeben haben.

2 Konkrete Methoden der Kostensenkung

2.2 Wie ermittelt man die größten Kostenvolumina: ABC-Analyse

Ausgangsfrage: Was ist wirklich wichtig?

> Wie überall sind auch bei der Kostensenkung die personellen Kapazitäten begrenzt. Um so wichtiger, dass man sich mit seiner knappen Zeit um die wichtigsten Punkte kümmert, und bei der Kostensenkung sind dies die Kosten, die das größte Kostenvolumen ausmachen. Diese Posten sind nicht immer leicht zu erkennen: Wie will man z. B. aus vielen Materialpositionen diejenigen schnell herausfinden, die wertmäßig das größte Potenzial ausmachen? Oder aus vielen Kostenarten diejenigen, bei denen es sich am meisten lohnt, hier mit der Kostensenkung anzusetzen? Somit ist das Erkennen von wichtigen bzw. großen werthaltigen Kostenblöcken eine wichtige Maßnahme im Rahmen der Kostensenkung. Und hierfür gibt es ein bewährtes Instrument: Die ABC-Analyse.

Die ABC-Analyse ist ursprünglich ein Instrument aus dem Bereich Materialwirtschaft. Die Fülle der einzelnen Materialpositionen ist dort häufig kaum zu überblicken: Von verschiedenen Schrauben bis hin zu teuren Zukaufteilen gibt es manchmal Tausende von Einzelpositionen. Da man nicht die Zeit hat, sich um die „letzte Schraube" zu kümmern, muss man Prioritäten setzen. Nun hat man die Erfahrung gemacht, dass ein verhältnismäßig hoher Wertanteil beim Material von nur wenigen Materialien verursacht wird. So machen vielleicht 10 % aller Materialien 50 % des Wertes aus. Um diese großen Brocken wird man sich also schwerpunktmäßig kümmern. Man unterteilt seine Materialien in

- A-Artikel = Priorität 1
- B-Artikel = Priorität 2
- C-Artikel = Priorität 3

Beispiel: Die Funglass GmbH will sich nicht verzetteln

Die Funglass GmbH, ein Optikunternehmen, plant Kostensenkungsmaßnahmen im Bereich Materialeinkauf, also Preisnachverhandlungen, Angebotseinholungen, Qualitätschecks usw. Die zwei Einkäufer sind allerdings bereits durch das Tagesgeschäft weitestgehend ausgelastet. Es bleibt zunächst lediglich die Zeit, sich um die größten Brocken zu kümmern. So macht man eine Analyse seiner Materialpositionen und kommt zu folgendem Ergebnis:

Wie ermittelt man die größten Kostenvolumina: ABC-Analyse

- 13 % der Materialartikel machen schon 50 % des Einkaufsvolumens aus = A-Artikel
- 25 % der Artikel machen rund 30 % des Einkaufsvolumens aus = B-Artikel
- 62 % der Artikel machen lediglich 20 % des Einkaufsvolumens aus = C-Artikel.

Natürlich kümmert man sich zuerst um die A-Artikel und kann mit relativ wenig Aufwand gleich 50 % des Einkaufsvolumens analysieren.

Grafisch stellt sich eine derartige Analyse wie folgt dar:

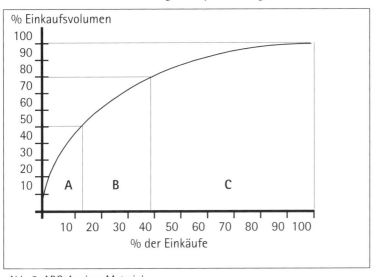

Abb. 5: ABC-Analyse Material

Wie macht man eine einfache ABC-Analyse?

1. Basis ist der zukünftige Bedarf, z. B. für die nächsten sechs oder zwölf Monate. Es ist problematisch, hier mit Vergangenheitsdaten zu arbeiten; der zukünftige Bedarf kann ganz anders als der vergangene sein.

   Die ABC-Analyse sortiert nach Wert

2. Jetzt ermittelt man die Kosten für den zukünftigen Bedarf, also Menge x Preis. So kommt man zum Wert der Materialien.

2 Konkrete Methoden der Kostensenkung

3. Dann werden die Materialien nach Wert sortiert.
4. Es werden jetzt Prozentwerte nach Maßgabe der Werte für die einzelnen Materialien gebildet.
5. Diese Prozente werden nun nach den ABC-Kriterien eingeteilt, z. B. als A-Materialien werden diejenigen definiert, deren Anteil wertmäßig höher als 10 % des Gesamtmaterials ist, B-Materialien umfassen z. B. eine Spanne von 3 % – 10 % und C-Materialien sind vielleicht diejenigen mit einem Anteil unter 3 % des Gesamtwertes.

Eine ABC-Analyse ist ohne teure Software möglich

In der Praxis ist eine ABC-Analyse also gar nicht so schwierig und man braucht nicht immer eine spezielle Software. Mit jedem Tabellenkalkulationsprogramm kann man Sortierungen vornehmen. Auf der CD finden Sie eine einfache Rechentabelle für eine ABC-Analyse, die sich beliebig erweitern lässt (häufig kann man die diversen Materialdispositionen aus Vorsystemen unkompliziert in diese Tabelle importieren).

CD-ROM

ABC-Analyse - Vor Sortierung

Material-Nr.		Stück	%	Preis/Stück	Wert in EUR	%
3385	Härter E 34	150	0,4%	87,00	13.050	9,2%
4056	Bügel 645	340	1,0%	10,50	3.570	2,5%
4765	Gold A 200	73	0,2%	427,00	31.171	21,9%
4065	Glas UV Top	1.030	3,0%	28,00	28.840	20,3%
2666	Scharnier X3	13.200	38,5%	1,82	24.024	16,9%
4083	Ring X11	2.600	7,6%	2,10	5.460	3,8%
2046	Glas UV Pr	160	0,5%	35,60	5.696	4,0%
4097	Ring X9	15.700	45,8%	0,95	14.915	10,5%
4767	Gold A 100	100	0,3%	32,70	3.270	2,3%
2477	Schmuck A3	450	1,3%	7,00	3.150	2,2%
3383	Harz F 60	470	1,4%	19,60	9.212	6,5%
Summe		**34.273**	**100,0%**		**142.358**	**100,0%**

Abb. 6: ABC-Rechner – Vor Sortierung

Wie ermittelt man die größten Kostenvolumina: ABC-Analyse

ABC-Analyse - Nach Sortierung

Material-Nr.		Stück	%	Preis/Stück	Wert in EUR	%	ABC
4765	Gold A 200	73	0,2%	427,00	31.171	21,9%	A
4065	Glas UV Top	1.030	3,0%	28,00	28.840	20,3%	A
2666	Scharnier X3	13.200	38,5%	1,82	24.024	16,9%	A
4097	Ring X9	15.700	45,8%	0,95	14.915	10,5%	A
3385	Härter E 34	150	0,4%	87,00	13.050	9,2%	B
3383	Harz F 60	470	1,4%	19,60	9.212	6,5%	B
2046	Glas UV Pr	160	0,5%	35,60	5.696	4,0%	B
4083	Ring X11	2.600	7,6%	2,10	5.460	3,8%	B
4056	Bügel 645	340	1,0%	10,50	3.570	2,5%	C
4767	Gold A 100	100	0,3%	32,70	3.270	2,3%	C
2477	Schmuck A3	450	1,3%	7,00	3.150	2,2%	C
Summe		34.273	100,0%		142.358	100,0%	

Abb. 7: ABC-Rechner - Nach Sortierung

Nachdem man nun mehr Transparenz hat, geht man gezielt in die Analyse bzw. in die Kostensenkung.

Nach der Transparenz kommt die Analyse

> **Tipp: Wie kümmern Sie sich jetzt um A-Artikel?**

Folgende Fragen sollten Sie immer stellen:
- Kann man nicht allein schon durch bessere Disposition Kosten senken, indem z. B. ein hoher Lagerbestand für A-Produkte gesenkt wird? Hoher Lagerbestand = hohe Kapitalkosten, denn jetzt liegt das Geld im Lager statt z. B. Zinsen zu bringen und verursacht vielleicht sogar noch Kreditzinsen.
- Ist das A-Produkt evtl. durch ein billigeres ersetzbar (es muss nicht immer die 1A-Qualität sein)?
- Bieten andere Lieferanten das Material billiger an? Stichwort: Marktanalysen.
- Kann man evtl. mit dem bisherigen Anbieter neu verhandeln: Ein bisschen was geht vielleicht immer.

2 Konkrete Methoden der Kostensenkung

ABC-Analyse im gesamten Kostenbereich

Kennen Sie Ihre A-Kosten?

Die ABC-Analyse beschränkt sich natürlich nicht nur auf den Materialbereich. Sie ist hervorragend auch auf andere Bereiche übertragbar. So auch auf die vielen Kostenarten, die es im Unternehmen gibt. Die Frage ist nun, welche Kostenblöcke den höchsten Wert im Unternehmen ausmachen. Hier setzt man dann zuerst mit der Kostensenkung an.

Jetzt unterteilt man – wie auch im Materialbereich – seine Kostenarten in A-, B- und C-Kostenarten.

CD-ROM

ABC-Analyse nach Kostenarten

Kostenart	Kosten in EUR	%	ABC
Abschreibungen	277.793	1,9%	
Einzelmaterial	4.640.234	31,1%	
Energie	319.506	2,1%	
Fertigungslohn	4.221.659	28,3%	
Fremdleistungen	90.123	0,6%	
Gehalt	980.355	6,6%	
Gemeinkostenlohn	1.320.396	8,9%	
Gemeinkostenmat.	1.245.321	8,4%	
Instandhaltung	84.674	0,6%	
Kommunikation	112.178	0,8%	
Mieten/Leasing	121.865	0,8%	
Öffentl. Abgaben	95.232	0,6%	
Sonstiges	444.890	3,0%	
Werbung/PR	724.699	4,9%	
Zinsen	223.285	1,5%	
Summen	14.902.210	100,0%	

Abb. 8: ABC-Untersuchung nach Kostenarten

Wie ermittelt man die größten Kostenvolumina: ABC-Analyse

Im obigen Grafik-Beispiel kommt man zu der Erkenntnis, dass
- rund 28 % der Kostenarten schon rund 70 % der Kosten ausmachen, das sind die A-Kostenarten,
- etwa 30 % der Kostenarten machen etwa 20 % des Kostenvolumens aus = B-Kostenarten
- und etwa 42 % der Kostenarten, also die große Masse, machen nur rund 10 % des Kostenvolumens aus = C-Kostenarten.

Natürlich kümmert man sich auch jetzt um die A-Kosten zuerst! In Anlehnung an die obige ABC-Analyse im Materialbereich kann die ABC-Analyse im Kostenbereich wie folgt aussehen (verkürzte Darstellung, in der Praxis arbeitet man mit mehr Kostenarten, zusammengefassten Konten bzw. sortiert nach Konten der Buchhaltung):

Was sind die größten Kostenblöcke?

Nach Sortierung

CD-ROM

Kostenart	Kosten in EUR	%	ABC
Einzelmaterial	4.640.234	31,1%	A
Fertigungslohn	4.221.659	28,3%	A
Gemeinkostenlohn	1.320.396	8,9%	A
Gemeinkostenmat.	1.245.321	8,4%	A
Gehalt	980.355	6,6%	A
Werbung/PR	724.699	4,9%	B
Sonstiges	444.890	3,0%	B
Energie	319.506	2,1%	B
Abschreibungen	277.793	1,9%	B
Zinsen	223.285	1,5%	B
Mieten/Leasing	121.865	0,8%	C
Kommunikation	112.178	0,8%	C
Öffentl. Abgaben	95.232	0,6%	C
Fremdleistungen	90.123	0,6%	C
Instandhaltung	84.674	0,6%	C
Summen	14.902.210	100,0%	

Abb. 9: ABC-Untersuchung nach Sortierung

Kennt man nun die wichtigsten Kostenblöcke, geht es auch hier an die Kostensenkung, indem man systematisch Kostenblock für Kos-

2 Konkrete Methoden der Kostensenkung

tenblock abarbeitet. Personalkosten werden sicherlich immer eine A-Kostenart sein. Hilfreich für die Kostensenkung sind die Methoden, die in den folgenden Kapiteln vorgestellt werden, also z. B. Wertanalysen, Schwachstellenanalysen, Zero-Base-Ansätze usw.

> **Tipp: ABC-Analysen sind überall möglich!**
> Mit dem Material- und dem allgemeinen Kostenbereich sind die Anwendungsmöglichkeiten der ABC-Analyse aber noch nicht ausgeschöpft. Möglich sind ABC-Analysen z. B. auch in folgenden Bereichen:
> - Vertriebsbereich: Hier kann man seine Kunden in A-, B- und C-Kunden unterteilen. A-Kunden sind wenige Kunden, allerdings mit hohem Umsatz, C-Kunden sind die Masse Kleinkunden mit relativ wenig Umsatz. Nun kann man sich z. B. gezielt um A-Kunden kümmern. Oder man hat z. B. das Ziel „aus B-Kunden sollen A-Kunden werden". Auf jeden Fall hat man nun eine sinnvolle Struktur seiner Kunden.
> - Produktbereich: Man unterteilt seine Produkte nach Maßgabe der Produktergebnisse in A-, B- und C-Produkte. A-Produkte sind dann z. B. Produkte mit hohem Umsatzanteil am Gesamtumsatz. Jetzt achtet man z. B. bei A-Produkten darauf, dass der Service immer gut funktioniert oder man kümmert sich gezielt um C-Produkte, damit diese Umsatz aufholen.
>
> So bietet die ABC-Analyse viele Möglichkeiten. Mittlerweile ist sie fast so etwas wie ein „geflügeltes Wort" geworden, indem man nämlich z. B. sagt: „Wir gehen das Problem ABC-analytisch an".

Die ABC-Analyse ist letztlich nicht nur eine Rechentechnik sondern vielmehr eine Denkweise, wie man Probleme angeht. Indem man nämlich Prioritäten schafft, gezielt und schnell die wichtigen Dinge erkennt.

Die XYZ-Analyse

Kenner der Materie oder Logistikexperten sagen jetzt vielleicht: „Aber da gibt es doch in diesem Zusammenhang auch noch die „XYZ-Analyse". So wollen wir diese auch noch kurz vorstellen.

2 Wie ermittelt man die größten Kostenvolumina: ABC-Analyse

Bleiben wir aber im Bereich Logistik. Während sich die ABC-Analyse um die wertmäßige Bedeutung der Materialien kümmert, berücksichtigt die XYZ-Analyse die Prognostizierbarkeit der Güter. Hintergrund ist, dass sich Materialien leichter steuern lassen, wenn der Bedarf nur geringen Schwankungen unterliegt. Klar – es ist immer einfacher zu disponieren, wenn man genau weiß, wie konstant der Bedarf ist. Güter mit unregelmäßigen Bedarf sind schwerer prognostizierbar. So teilt man im Rahmen der XYZ-Analyse die Güter unabhängig vom Wert in drei Kategorien:

Frage: Wie gut kann man prognostizieren?

- **X-Güter:** Das sind Güter mit konstantem Bedarf. Diese Güter sind gut prognostizierbar. Man hat hier die Sicherheit, dass sie regelmäßig gebraucht werden.
- **Y-Güter:** Das sind Güter, die stärkeren saisonalen oder konjunkturellen Schwankungen unterliegen und daher einen schwankenden Bedarf aufweisen.
- **Z-Güter:** Hier besteht ein höchst unregelmäßiger Bedarf, sie sind deswegen schlecht prognostizierbar.

Die unterschiedlichen Grade der Prognostizierbarkeit haben Auswirkungen auf das Dispositionsverhalten:
Besteht ein regelmäßiger Bedarf und ist die Beschaffung sichergestellt, benötigt man nur geringe Sicherheitsbestände und spart damit Lagerkosten und Zinsen, es liegt weniger Kapital auf Lager.
Bei regelmäßigem Bedarf kann man bessere Einkaufskonditionen aushandeln oder z. B. mit Abrufaufträgen arbeiten o. Ä.
Bei Gütern, die Schwankungen unterliegen oder nur unregelmäßig gebraucht werden, kann man mit entsprechenden Lagerbeständen gegensteuern oder sich bei Lieferanten bestimmte Mengen garantieren lassen, die dann bei Bedarf abgerufen werden.

Kombination mit der ABC-Analyse

Interessant ist es nun, die ABC-Analyse mit der XYZ-Analyse zu kombinieren. So sind die Güter für die Materialdisposition besonders wichtig, die z. B. im Rahmen der ABC-Analyse A-Güter sind und im Rahmen der XYZ-Analyse X-Güter: also Materialien mit einem hohen Wertanteil und einem konstanten Bedarf. Die eignen sich nun z. B. besonders für eine „Just-in-time-Beschaffung".

2 Konkrete Methoden der Kostensenkung

Die ABC- und die XYZ-Analyse ergänzen sich

Man kann die ABC-Aussagen noch ergänzen und kommt z. B. zu
- AX-Gütern: Hoher Wertanteil, konstanter Bedarf oder
- BY-Güter: Mittlerer Wertanteil, schwankender Bedarf oder
- CZ-Güter: Niedriger Wertanteil, unregelmäßiger Bedarf.

Nun wird festgelegt, um welche Güter man sich schwerpunktmäßig kümmert.

Material	X	Y	Z
A	Hoher Wertanteil Konstanter Bedarf	Hoher Wertanteil Schwankender Bedarf	Hoher Wertanteil Unregelmäßiger Bedarf
B	Mittlerer Wertanteil Konstanter Bedarf	Mittlerer Wertanteil Schwankender Bedarf	Mittlerer Wertanteil Unregelmäßiger Bedarf
C	Niedriger Wertanteil Konstanter Bedarf	Niedriger Wertanteil Schwankender Bedarf	Niedriger Wertanteil Unregelmäßiger Bedarf

Abb. 10: Tabelle XYZ-Analyse

2.3 Welche Kosten werden nicht genutzt: Leerkostenanalyse

Alle vorgehaltenen Kapazitäten verursachen Kosten: Mitarbeiter verursachen Personalkosten, Maschinen generieren Abschreibungen oder Leasingkosten, Räumlichkeiten eventuell Mietkosten usw. Idealerweise sind die Kapazitäten ausgelastet, das heißt, alle Kosten werden auch genutzt.

Wer aber einmal mit offenen Augen durch sein Unternehmen oder seinen Bereich geht, wird in vielen Fällen mit nicht genutzten Kosten (= Leerkosten) konfrontiert. Da findet man zum Beispiel:
- Maschinen, die wenig oder im Extremfall gar nicht ausgelastet sind,
- Mitarbeiter, die ebenfalls wenig oder nur punktuell ausgelastet sind,
- Räumlichkeiten, die eigentlich gar nicht gebraucht werden usw.

Es werden also Kapazitäten vorgehalten, die nicht genutzt werden, allerdings Kosten verursachen. Und nichts im Unternehmen ist überflüssiger als genau diese Kosten. Und die gilt es aufzuspüren und infolge abzubauen.

2 Welche Kosten werden nicht genutzt: Leerkostenanalyse

Die Kosten der genutzten Kapazität bezeichnet man als **Nutzkosten**, die der nicht genutzten Kapazität als **Leerkosten**. Ziel ist es letztlich, dass aus den Leerkosten wieder Nutzkosten werden bzw. der Anteil der Leerkosten am Gesamtkostenvolumen so gering wie möglich ist. Denn: Leerkosten gehen voll zulasten des Gewinns des Unternehmens.

Leerkosten zu Nutzkosten machen

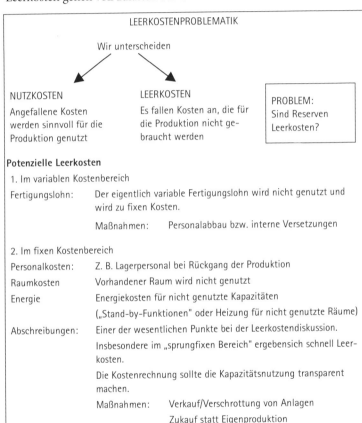

Abb. 11: Leerkostenübersicht

2 Konkrete Methoden der Kostensenkung

> **Tipp: Gehen Sie einmal mit Externen durch Ihren Bereich**
> Man selber ist ja manchmal etwas betriebsblind. Deswegen ist es immer sinnvoll, seinen Bereich einmal mit Bereichsfremden oder Externen kritisch zu durchleuchten (es müssen ja nicht gleich teure externe Unternehmensberater sein).

Leerkosten im variablen Bereich

Leerkosten gibt es überall!

Manchmal liest man in der Literatur nur von Leerkosten im Fixkostenbereich, z. B. nicht genutzte Maschinenkapazitäten. Dies ist eine eingeschränkte Betrachtungsweise. Denn Leerkosten gibt es auch im variablen Bereich. So muss man sich nur einmal die verschiedenen Leistungsgrade im Lohnbereich anschauen:

In 1.000 Minuten:					
Leistung	550,6	602,4	550,6	580,4	677,9
Anwesenheit	660,4	700,5	715,5	720,5	730,8
%	83%	86%	77%	81%	10%

Abb. 12: Tabelle Leistung

Unterauslastungen werden zu Leerkosten

Unterstellt, dass Ausschuss, Nacharbeit usw. gleich geblieben sind, fragt man sich, warum im März die Leistung so gering und im Mai so hoch ist. An den Mitarbeitern wird es kaum liegen. In der Regel liegt es an den unterschiedlichen Auslastungen der Abteilungen. Letztlich sind die Lohnkosten immer gleich hoch, ob wenig oder viel gearbeitet wird. Idealerweise sollten aber die Kosten bei geringer Auslastung niedriger sein. Hier werden also Kosten nicht genutzt. Die nächste Frage ist dann, was kostet denn so eine Minderauslastung kostet, wie hoch sind die Leerkosten?

CD_ROM

Anwesenheit eines Mitarbeiters pro Jahr:	1.675	Stunden
Kosten eines Mitarbeiters in EUR/Jahr:	33.200	
Kosten pro Zeiteinheit Anwesenheit:	19,82	pro Stunde
Anzahl Mitarbeiter:	22	
Anwesenheit gesamt	36.850	Stunden
Mögliche Leistung in %	95,0%	

Welche Kosten werden nicht genutzt: Leerkostenanalyse

Zeitraum	Anwesenheit in h	Leistung in h	% Leistung	Mögliche Leistung in h	Leerzeit in h	Leerzeit in %	Leerkosten in EUR
Januar	2.490	2.220	89,2%	2.366	-146	-6,2%	-2.884
Februar	3.356	2.580	76,9%	3.188	-608	-19,1%	-12.055
März	3.432	2.670	77,8%	3.260	-590	-18,1%	-11.702
April	3.180	2.610	82,1%	3.021	-411	-13,6%	-8.146
Mai	3.180	2.740	86,2%	3.021	-281	-9,3%	-5.570
Juni	3.256	2.890	88,8%	3.093	-203	-6,6%	-4.028
Juli	3.080	2.520	81,8%	2.926	-406	-13,9%	-8.047
August	2.036	1.280	62,9%	1.934	-654	-33,8%	-12.967
September	3.080	2.490	80,8%	2.926	-436	-14,9%	-8.642
Oktober	3.432	3.075	89,6%	3.260	-185	-5,7%	-3.675
November	3.432	3.020	88,0%	3.260	-240	-7,4%	-4.765
Dezember	2.896	2.050	70,8%	2.751	-701	-25,5%	-13.898
Summe	**36.850**	**30.145**	**81,8%**	**35.008**	**-4.863**	**-13,9%**	**-96.379**

Abb. 13: Tabelle Leerkosten variabel

CD-ROM

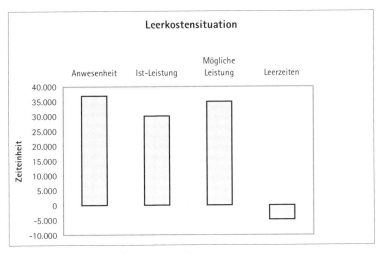

Abb. 14: Diagramm Leerkosten variabel

2 Konkrete Methoden der Kostensenkung

Was tun bei variablen Leerkosten?

Die erste Frage wird immer sein: Kann man die **Mitarbeiter besser auslasten**, also Leerkosten abbauen bzw. aus Leerkosten Nutzkosten machen? Folgende Möglichkeiten gibt es:

Wie man Leerkosten los wird

- Bessere Organisation der Fertigung: Z. B. schnellere Durchlaufzeiten, Nutzung der „leeren Zeiten" für andere Produkte usw.
- Produktion auf Lager (allerdings nur ratsam, wenn der zukünftige Absatz gesichert ist).
- Fertigung alternativer Produkte.

Bessere und flexiblere Auslastung

Eine weitere Möglichkeit besteht darin, Mitarbeiterzahlen flexibler an die Auslastung anzupassen:

- Flexible Teilzeitarbeit von Mitarbeitern, zumindest von einem Teil der Mitarbeiter. Plakativ gesagt: Wenn nichts zu tun ist, bleibt ein Teil der Mitarbeiter zu Hause.
- Einbeziehung von Zeitarbeitsfirmen für die Abdeckung von Auftragsspitzen. Wenn „es brennt", kommen kurzfristig externe Mitarbeiter zum Einsatz.
- Einrichtung einer innerbetrieblichen „Feuerwehr" für kurzfristige Auslastungsspitzen. Eine kleine Gruppe von vielseitig verwendbaren Mitarbeitern wird immer dort eingesetzt, wo „es brennt". So müssen nicht immer und überall hohe Kapazitäten vorgehalten werden.

Schließlich ist die Fremdvergabe von Aufträgen möglich:

- Produkte werden als Handelswaren zugekauft. In der Regel kann man einen Zukauf mit vielleicht mehreren Lieferanten oder durch flexible Vertragsgestaltung besser steuern als die Eigenfertigung.

Können es Externe billiger?

- Bestimmte Arbeiten bzw. Arbeitsgänge werden fremdvergeben. Stichwort Outsourcing; man muss nicht immer alles selber machen wollen.

> **Grundsätzlich gilt:**
> Gute Auslastung ist die beste Kostensenkung.

2 Welche Kosten werden nicht genutzt: Leerkostenanalyse

Leerkosten im Fixbereich

Im Fixkostenbereich sind Leerkosten typischerweise nicht genutzte Maschinenkapazitäten, d. h. im Wesentlichen nicht genutzte Abschreibungen. Die Größenordnung derartiger Leerkosten wird häufig unterschätzt. Manch einem Unternehmen oder einem Bereichsverantwortlichen ist es gar nicht bewusst, welche Größenordnungen sich hier ergeben können:

Sind die Anlagen ausgelastet?

Beispiel: Ein LKW ist nicht ausgelastet

Ein Transportunternehmen investierte rund 90.000 EUR für einen LKW. Damit sich die Investition rechnete, musste der LKW gut ausgelastet sein. Nach dem ersten Jahr ergab sich folgende Rechnung (komprimierte Darstellung):

Investitionssumme LKW	90.000 EUR
Abschreibungsdauer	5 Jahre
Abschreibung (AfA) pro Jahr	18.000 EUR
Geplante Auslastung pro Jahr	80.000 km
Kosten AfA pro Kilometer	0,225 EUR

Das heißt, damit sich die Investition rechnet, mussten 18.000 EUR über die kalkulierte Kilometerleistung erwirtschaftet werden.

Die Auslastung betrug aber nur 60 %, es wurden also nur 48.000 km gefahren und der Erlös betrug nur 10.800 EUR. Es ergaben sich in einem Jahr **Leerkosten** von 7.200 EUR. Über die Lebensdauer wären das 36.000 EUR.

Billiger wäre es gewesen, die Aufträge an eine andere Spedition fremd zu vergeben.

So ist bereits im Vorfeld, nämlich im Rahmen der Investitionsrechnungen zu prüfen, wie spätere Leerkosten vermieden werden können. Auch hier gilt: Was man in der Planung versäumt, muss man später teuer ausbaden.

Die größte Problematik von fixen Leerkosten: Sie sind schwerer abzubauen als im variablen Bereich. Möglich ist vielleicht der Verkauf oder die Verschrottung von Anlagen, die Vermietung von Räumlichkeiten usw. Auf der anderen Seite bekommt man für gebrauchte Anlagen nicht mehr viel und vor allem: Man braucht sie ja doch, wenn auch nicht zu 100 %. Vielleicht geht ja auch morgen ein

Leerkosten frühzeitig vermeiden

2 Konkrete Methoden der Kostensenkung

Problem: Fixkosten sind schwerer abzubauen

Produkt so gut, dass genau die Kapazitäten gebraucht werden, die heute noch Leerkosten sind.

Auf jeden Fall sollte man feststellen, wie hoch die Kosten der nicht genutzten Kapazität im fixen Bereich sind. Schon manches Unternehmen haben die Kosten nicht genutzter Kapazitäten „umgebracht": Von den Fixkosten erschlagen.

Jahresbetrachtung

Anlage	Potentielle Kapazität in Stunden	Genutzte Kapazität in Stunden	Nutzungsgrad in %	AfA in EUR pro Jahr	Leerkosten in EUR pro Jahr	Leerkosten in % pro Jahr
Anlage 1	1.550	1.300	83,9%	4.800	774	16,1%
Anlage 2	1.300	1.250	96,2%	6.000	231	3,8%
Anlage 3	1.600	1.450	90,6%	2.500	234	9,4%
Anlage 4	1.200	750	62,5%	13.000	4.875	37,5%
Anlage 5	1.500	690	46,0%	5.500	2.970	54,0%
	0	0	0,0%	0	0	0,0%
	0	0	0,0%	0	0	0,0%
Summe	**7.150**	**5.440**	**76,1%**	**31.800**	**9.084**	**28,6%**

Abb. 15: Tabelle Leerkosten fix

CD-ROM

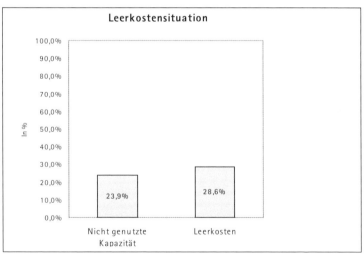

Abb. 16: Diagramm Leerkosten fix

2 Welche Kosten werden nicht genutzt: Leerkostenanalyse

Grundsätzliche Vorgehensweise bei der Feststellung von Leerkosten:
1. Definieren Sie zunächst den Bereich, den Sie untersuchen wollen, z. B. die Lohnempfänger in einem Fertigungsbereich oder einen Teil des Maschinenparks.
2. Dann ermitteln Sie die Eckdaten, Kosten, Kapazitäten usw.
3. Dann stellen Sie fest, in welcher prozentualen Größenordnung sich die Leerkosten bewegen.
4. Dann bewerten Sie die nicht genutzten Kapazitäten kostenmäßig, konkret: Was kosten uns nicht genutzte Kapazitäten?

So bekommen Sie Transparenz über die Leerkosten

Ergebnis:
Es ist schon interessant, wenn man jetzt weiß, dass man z. B. 15 % Leerkosten im Unternehmen mit sich „herumschleppt". Und dies vielleicht schon über Jahre. Das bedeutet nämlich, dass die Selbstkosten um 15 % zu teuer sind! Gäbe man diesen Effekt an die Kunden weiter, könnte es möglicherweise zu erheblichen Umsatzerhöhungen kommen. Der nächste Schritt ist der Versuch, diese Leerkosten abzubauen.

> **Tipps zum Abbau bzw. Vermeiden von Leerkosten:**
> - Statt Kauf von Anlagen variablere Leasingverträge mit möglichst kurzen Laufzeiten.
> - Statt Festanstellung von Personal Auslastung von Spitzen durch Zeitpersonal oder Teilzeitarbeitskräfte.
> - Statt Schaffung von Lagerkapazitäten flexiblere Logistik (z. B. Just-in-time).
> - Outsourcing von kritischen Bereichen, z. B. Transportwesen.
> - Neue Vertriebswege bzw. neue Kunden zur Auslastung von freien Kapazitäten.

Auch eine Möglichkeit: In der Lebensmittelindustrie zum Beispiel werden Leerkosten über die so genannten „No-Name-Produkte" abgebaut. Mit ihren freien Kapazitäten fertigen Markenartikler teilweise ihre Originalprodukte für die großen Supermarktketten. Nur die Verpackung ist eine andere.

So kann man freie Kapazitäten nutzen

2 Konkrete Methoden der Kostensenkung

Auf was sonst noch zu achten ist:
Man sollte von Zeit zu Zeit regelmäßig seine Kostenblöcke im Hinblick auf Leerkosten untersuchen. Bedenklich ist, wenn Leerkosten über einen längeren Zeitraum in kritischer Höhe gleich bleiben.
Verzetteln Sie sich nicht bei der Analyse. Es reicht, wenn z. B. die größeren Anlagegüter untersucht werden. Sie sollten auch nicht zu sehr ins Detail gehen, es reichen Größenordnungen.

Einfach mal loslegen!

Fangen Sie einfach einmal mit einer Leerkostenanalyse in einem bestimmten Bereich an. Es muss zu Beginn nicht alles perfekt sein, man lernt mit der Zeit und arbeitet sich in die Analysemethoden ein.

2.4 Wie kann eine günstigere Fixkostenentwicklung erreicht werden?

> Bei dieser Methode ergeben sich Kostensenkungseffekte unter bestimmten Umständen „von ganz allein". Allerdings nur im Bereich der Fixkosten (z. B. Abschreibungen, Zinsen, Mieten usw.). Hier wird die Tatsache genutzt, dass sich die Summe der Fixkosten immer auf die Anzahl der Leistungseinheiten (Stück, Stunden usw.) verteilt. Je höher also die Leistung, desto geringer die Fixkosten z. B. pro Stück. Das bedeutet jetzt einmal ganz plakativ gesagt: Man muss nur die Ausbringung steigern und es sinken die Kosten (pro Stück). Diesen Effekt nennt man Fixkostendegression.

Der Rechenweg bei der Fixkostendegression ist ein ganz einfacher. Nehmen wir z. B. den Block Gesamtfixkosten von 50.000 EUR:
50.000 EUR : 10.000 Stück Ausbringung = 5 EUR pro Stück.
50.000 EUR : 25.000 Stück Ausbringung = 2 EUR pro Stück.

In die Kalkulation gehen also bei 25.000 Stück Ausbringung lediglich 2 EUR statt 5 EUR bei 10.000 Stück Ausbringung.

Die Herstellungskosten sinken

Das verbilligt das Produkt in der Herstellung.

Das Motto lautet also:

> Wenn man schon hohe Fixkosten hat, sollte man wenigstens versuchen, diese auf möglichst hohe Leistungsmengen zu verteilen.

Wie kann eine günstigere Fixkostenentwicklung erreicht werden?

Voraussetzung ist natürlich, dass man die Fixkosten des Produktes kennt. (Anmerkung: Wem der Begriff Fixkosten nicht ganz klar ist, kann sich in Kapitel 3.1 Kostenrechnung/Controlling im Detail informieren.)

Beispiel: Ein LKW steigert die Kilometerleistung

Ein LKW eines Transportbetriebes hatte Abschreibungen von 13.000 EUR pro Jahr. Bei einer Kilometerleistung von ca. 65.000 km pro Jahr wurden 0,20 EUR in den Kilometerpreis kalkuliert. Bedingt durch Neukunden und regelmäßige Auslastung steigerte sich die Kilometerleistung auf rund 90.000 km pro Jahr. Nun betrug der Abschreibungsanteil an den Selbstkosten lediglich 0,14 EUR. Immerhin eine Ersparnis von 0,06 EUR pro km, die evtl. bei einem Preiskampf an den Kunden weitergegeben werden kann.

Mit folgender Tabelle können Fixkostendegressionseffekte berechnet werden.

CD-ROM

Fixkostendegression

	Eingabe Fixkosten
	70.000

Leistung: Stück, Stunden usw.	Fixkosten pro Stück
0	70.000,00
500	140,00
600	116,67
700	100,00
800	87,50
900	77,78
1.000	70,00
1.100	63,64
1.200	58,33
1.300	53,85
1.400	50,00
1.500	46,67
1.600	43,75
1.700	41,18
1.800	38,89
1.900	36,84

2 Konkrete Methoden der Kostensenkung

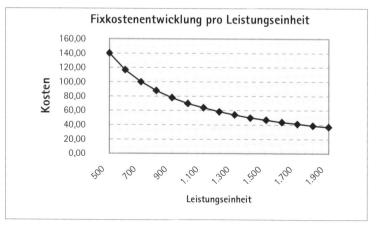

Abb. 17: Tabelle Fixkostendegression

Fixkostendegression ist ein Wachstumsgrund für Unternehmen

Derartige Effekte können ganz erheblich sein und dies ist mit ein Grund, warum Unternehmen wachsen wollen. Durch Größe, die wiederum erhöhte Ausbringung bedeutet, können Fixkostendegressionseffekte erwirtschaftet werden. Man muss also „nur" die Menge steigern, um die Kosten pro Einheit zu senken. Aber das genau ist ja das Problem dabei: Man muss die höheren Absätze auch realisieren können.

Und jetzt spielt ein weiterer Effekt mit herein: Die Preis-Absatz-Funktion. Diese beschreibt die bekannte Tatsache, dass der Absatz in der Regel höher sein wird, je niedriger der Preis ist. Da man nun durch erhöhte Ausbringung den Preis senken kann, kann dies den Absatz erhöhen. Dies kann idealerweise ein laufender Prozess sein: ... der Absatz erhöht sich ... die Fixkosten pro Stück sinken ... der Preis kann gesenkt werden ... der Absatz erhöht sich ... die Fixkosten pro Stück sinken ... der Preis kann gesenkt werden ... der Absatz erhöht sich ...

Kennen Sie Ihre Preis-Absatz-Funktion?

Nun muss man den Markt allerdings gut kennen und wissen, wie er auf niedrigere Preise reagiert. Wird das Produkt billiger angeboten, der Markt reagiert aber nicht mit größerer Nachfrage, hat man sich verkalkuliert. Also: Risiko!

Wie kann eine günstigere Fixkostenentwicklung erreicht werden?

Die Abbildung zeigt grundsätzliche Zusammenhänge zwischen den Preisen und dem Absatz.

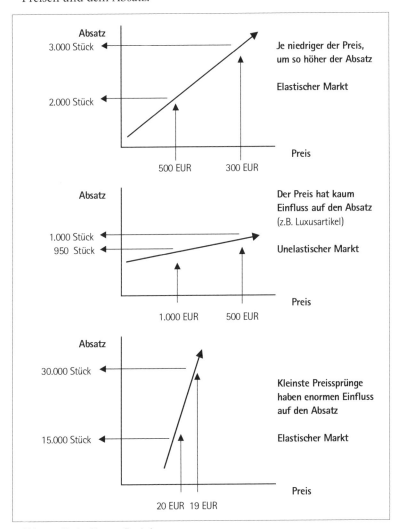

Abb. 18: Preis-Absatz-Funktion

Derartige Zusammenhänge sollte man für seine wichtigsten Produkte kennen.

2 Konkrete Methoden der Kostensenkung

> **Tipp: Analysieren Sie die Preis-Absatz-Funktion**
> Vielleicht macht es mehr Sinn, die Preis-Absatz-Funktion eines Produktes zu analysieren, als mühselig überflüssige Kosten zu suchen. Vielleicht haben ja Preissenkungen ungeahnte Absatzerhöhungen zur Folge. Oder aber man macht die Erfahrung, dass Preisreduzierungen keine Wirkung zeigen. Also auch ruhig einmal über Marketingeffekte bei der Kostensenkung nachdenken.

Steigt auch der Umsatz?

Doch Vorsicht! Absatzsteigerung heißt nicht immer Umsatzsteigerung. Ziel sollte es aber sein, dass letztlich der Umsatz steigt, dass also die Preisreduzierung durch Fixkostendegression zu höherem Umsatz führt, dass letztlich ein höherer Absatz den niedrigeren Preis kompensiert. Die Preis-Absatz-Funktion führt zur Preis-Umsatz-Funktion: Wie reagiert der Umsatz auf den Preis?

CD-ROM

Preis in EUR	Absatz	Umsatz
210,00	1.500,00	315.000,00
200,00	1.550,00	310.000,00
190,00	1.600,00	304.000,00
180,00	1.800,00	324.000,00
170,00	2.100,00	357.000,00
160,00	2.500,00	400.000,00
150,00	2.800,00	420.000,00
140,00	2.900,00	406.000,00
130,00	3.000,00	390.000,00
120,00	3.100,00	372.000,00

Abb. 19: Tabelle Preis-Absatz-Funktion

Wie kann eine günstigere Fixkostenentwicklung erreicht werden?

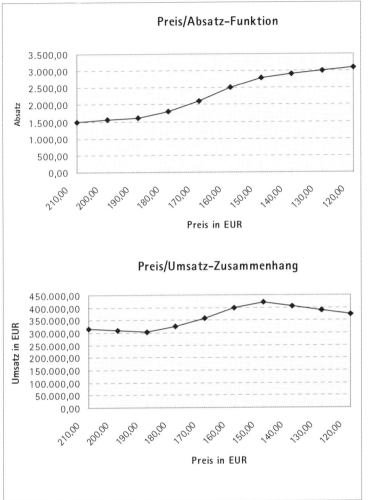

Abb. 20: Diagramme Preis-Absatz-Funktion

Konkrete Methoden der Kostensenkung

Beispiel: Funktioniert die Preis-Absatz-Funktion?

Ein Unternehmen der Markenartikelindustrie war sich unsicher, ob eine Preissenkung Einfluss auf den Absatz/Umsatz haben kann. Man wollte aber nicht im großen Rahmen unsichere Tests anstellen und evtl. Preise „kaputt machen" oder Kunden verunsichern. So machte man einen Versuch mit einer bestimmten Produktlinie, die nicht das Kerngeschäft darstellte (wenn hier etwas schief ginge, wäre es nicht so schlimm gewesen). Und in der Tat: Die Preisreduzierung führte kaum zu Absatzsteigerungen; unter dem Strich war die Aktion ein Misserfolg. Es kommt also immer auf das spezielle Produkt an.

Allerdings ist bei der Absatzsteigerung immer auch kostenmäßig zu berücksichtigen, dass nun auch andere Kosten steigen, z. B. Verwaltungsaufwand, Vertriebsaufwand usw. Und noch etwas bitte nicht vergessen: Wir reden hier nur über Fixkosten, die variablen Kosten steigen weiter mit jedem Stück mehr an Ausbringung.

CD-ROM

Checkliste: Fixkostendegression

1. Haben Sie die Fixkostendegressionseffekte Ihrer wichtigsten Produkte einmal analysiert? Konkret: Wie hoch ist eine mögliche Fixkostensenkung pro Stück? Wie sehen die möglichen Spannbreiten aus?

2. Sind die Fixkosten der Produkte für die Fixkostendegressionsanalyse sauber und realistisch ermittelt?

3. Haben Sie bei der Analyse mögliche und realistische Absatzzahlen zu Grunde gelegt?

4. Haben Sie die Preis-Absatz- bzw. Preis-Umsatz-Funktionen Ihrer wichtigsten Produkte bereits einmal analysiert? Konkret: Wie entwickeln sich Absatz und Umsatz bei Preissenkungen?

5. Preise sind Marketing- und Vertriebsangelegenheit. Sind die möglichen Preiseffekte mit dem Marketing und dem Vertrieb diskutiert worden?

6. Sind zusätzliche Kosten z. B. für Verwaltung und Vertrieb berücksichtigt worden?

2.5 Mit welchen Produkten verlieren wir Geld: Sortimentsbereinigung

> Wenn man mit Kostensenkungsmaßnahmen beginnt, denkt man häufig zuerst bzw. meistens an die Senkung einzelner Kostenarten. Infolge geht man dann vielleicht systematisch durch seine Materialkosten, Personalkosten, Sachkosten usw. So kann man es machen. Hier wird aber eine ganz andere Vorgehensweise vorgeschlagen: Überprüfen Sie doch zunächst Ihre Produktpalette, Ihre Sortimente, Ihr Leistungsangebot. Denn nicht mit allen Produkten wird verdient. Und diejenigen Produkte, die nicht einmal ihre direkten Kosten einfahren sind Kandidaten, von denen man sich eventuell trennen sollte.

Man kann also Kosten sparen, indem man Produkte oder Dienstleistungen des Unternehmens aus dem Markt nimmt. Nämlich die, an denen man nichts mehr verdient. Was sich so einfach anhört, ist in der Praxis nicht immer einfach. Es beginnt mit der Frage, wie bzw. mit welchen Methoden man feststellt, dass ein Produkt aus dem Markt genommen werden sollte. Schnell wird man jetzt sagen: „Klar – wenn ein Produkt Verluste einfährt, wenn die Kosten über dem Preis liegen". Aber so einfach ist es eben nicht.

Die Methode muss stimmen

Beispiel: Eine Sortimentsbereinigung geht schief

Ein Unternehmen der Schmuck- und Uhrenindustrie wollte seine Sortimente bereinigen. Kriterium war das Artikelergebnis der einzelnen Produkte. Deshalb trennte man sich von vielen Produkten, an denen man vermeintlich nichts mehr verdiente, ja man stellte gleich eine ganze Produktlinie ein.

Das Ergebnis war eindeutig negativ. Nach der Sortimentsbereinigung waren zwar die Kosten geringer, aber die Ergebnisse schlechter als vorher. Was war passiert? Man hatte schlicht mit der falschen Methode gearbeitet. Man hatte nämlich die Produkte auf Basis aller Kosten – auch der auf das Produkt mehr oder weniger willkürlich umgelegten Fixkosten – beurteilt. Es wurde eine so genannte Vollkostenbeurteilung herangezogen. Dies geht meistens schief. In diesem Unternehmen fielen die Umsätze der aus dem Sortiment entfernten Produkte weg, natürlich auch die variablen Kosten. Aber die Fixkosten blieben und mussten von den übrig gebliebenen Produkten mit getragen werden.

2 Konkrete Methoden der Kostensenkung

Das folgende Beispiel verdeutlicht diesen Effekt.

Beispiel: Mögliche Fehlentscheidungen bei der Sortimentsbereinigung

Es gibt drei Produkte. Zusammengefaßt folgende Ergebnisdarstellung:

	Produkt A	Produkt B	Produkt C	Summe
Erlöse	120	210	380	710
Variable Kosten	70	160	230	460
Fixe Kosten	40	70	120	230
= Gesamtkosten	110	230	350	690
Produktergebnisse	10	-20	30	20

Vorschlag: „Offensichtlich hat das Produkt B ein negatives Ergebnis. Man sollte sich von diesem Produkt trennen".

Gesagt getan. Wie sieht das Gesamtergebnis nach dieser Trennung aus?

	Produkt A	Produkt B	Produkt C	Summe
Erlöse	120	---	380	500
Variable Kosten	70	---	230	300
Fixe Kosten	60	---	170	230
= Gesamtkosten	130	---	400	530
Produktergebnisse	-10	---	-20	-30

Nun hat man sich von dem Minusprodukt getrennt, das Ergebnis ist aber um 50 schlechter als vorher, in Summe -30. Warum? Die Fixkosten sind geblieben und verteilen sich auf die anderen Produkte.

Man soll also nicht zu schnell Produkte aus dem Sortiment nehmen. Als Erstes fällt immer der Umsatz weg. Dann natürlich die variablen Kosten. Mit viel Glück einige fixe Kosten.

Wichtige Frage: Hat das vermeintliche Minusprodukt einen positiven Deckungsbeitrag gebracht?

Wie sieht die Deckungsbeitragsdarstellung aus?

Mit welchen Produkten verlieren wir Geld: Sortimentsbereinigung

	Produkt A	Produkt B	Produkt C	Summe
Erlöse	120	210	380	710
- Variable Kosten	70	160	230	460
= Deckungsbeitrag	50	50	150	250
Fixe Kosten				230
Gesamtergebnis				20

Das Minusprodukt hat einen positiven Deckungsbeitrag von 50 (Umsatz minus variable Kosten).
Das heißt, mit diesem Produkt werden Fixkosten in Höhe von 50 gedeckt.
Was tun? Immer prüfen, ob bei Entfernung eines Produktes die fixen Kosten bleiben.
Wenn Ja – bei positivem Deckungsbeitrag besser Produkt behalten.
Immer fragen: Sinken bei Entfernung eines Produktes auch die fixen Kosten (aber dann wären sie ja eigentlich variabel)?
Auf jeden Fall: Man beachte den Deckungsbeitrag!!

Die variablen Kosten fallen natürlich sofort weg, wenn man ein Produkt einstellt, da sie abhängig von der Ausbringung anfallen. Das Problem sind die fixen Kosten. Meist sind sie „irgendwie" auf das Produkt geschlüsselt und so hat es den Anschein, dass sie auch vom Produkt verursacht werden. Das ist aber meist nicht der Fall, siehe z. B. Verwaltungskosten. Freilich fallen diese Kosten auch weiter an. Auch Abschreibungen, Zinsen, Vertriebskosten sind „sowieso da", ob produziert wird oder nicht. Vor diesem Hintergrund hat sich die so genannte Deckungsbeitragsrechnung entwickelt, die Produkte anders einschätzt, nämlich mit nur einem Teil der Kosten (deswegen heißt sie auch Teilkostenrechnung).

Fixkosten sind problematisch

Kostensenkung mittels Deckungsbeitragsrechnung

Der Deckungsbeitrag (I) ist der Wert, der übrig bleibt, wenn vom Verkaufspreis die variablen, also die direkten Produktkosten, abgezogen werden:

*Wichtig!
Der Deckungsbeitrag*

2 Konkrete Methoden der Kostensenkung

Preis bzw. Umsatz
− variable Kosten (z. B. Material, direkte Löhne)
= **Deckungsbeitrag I** (Direct Costing)

Man verzichtet also auf die fragwürdigen Fixkosten. Da diese nicht direkt mit dem Produkt zusammenhängen, gibt der Deckungsbeitrag vereinfacht gesagt an „was mit dem Produkt an Geld verdient wird".

> Ist der Deckungsbeitrag positiv, wird immer noch am Produkt verdient, denn es wird immerhin ein Teil der Fixkosten gedeckt.

Beispiel Direct Costing

In der Praxis sieht eine Deckungsbeitragsrechnung so oder so ähnlich wie die untenstehende Abbildung aus. Es gibt verschiedene Deckungsbeitragsdarstellungen. Die hier gezeigt einfache Form nennt man auch Direct Costing.

| | Produkte | | | |
	A	B	C	Summe
Umsatz	4.750	3.850	6.900	15.500
Variable Materialkosten	1.150	790	1.580	3.520
Variable Personalkosten	1.320	830	1.810	3.960
Sonstige variable Kosten	190	165	165	520
Deckungsbeitrag I	**2.090**	**2.065**	**3.345**	**7.500**
Fixes Material				1.260
Fixe Personalkosten				1.290
Werbung				830
Fixe Energiekosten	Fixkosten werden den Produkten nicht zugerechnet			405
Abschreibungen				790
Instandhaltung				195
Mieten/Leasing				175
Kommunikationskosten				210
Zinsen				360
Steuern				250
Sonstige Kosten				680
Summe Fixkosten				**6.445**
Ergebnis	---	---	---	**1.055**

Abb. 21: Tabelle Direct Costing

Mit welchen Produkten verlieren wir Geld: Sortimentsbereinigung

Konkret zur Kostensenkung: Wenn also ein Produkt oder eine Leistung nicht einmal die variablen Kosten einfährt, dann sollte es aus dem Sortiment entfernt werden. Denn jetzt werden Verluste produziert und ein Entfernen aus dem Sortiment spart Kosten. Überschlagsartig kann dies wie folgt aussehen:

Produkt	A	B	C
Umsatz	120	180	90
variable Kosten	90	190	70
Deckungsbeitrag	+ 30	- 10	+ 20

Was muss raus aus dem Sortiment?

In diesem Fall sollte man sich von Produkt B trennen.

Bei der Trennung von Produkten mit negativen Deckungsbeiträgen verliert man zwar Umsatz, da die variablen Kosten aber höher waren als der Umsatz, ergibt sich unter dem Strich eine Ergebnisverbesserung.

Man kann die Deckungsbeitragsuntersuchung z. B. mit folgender Tabelle vornehmen: Es werden die Kostenersparnis und die Ergebnisverbesserung ermittelt:

So kann man es in der Praxis machen

2 Konkrete Methoden der Kostensenkung

CD-ROM

Sortimentsbereinigung

Produkt-bezeichnung	Preis	Variable Kosten pro Stück				Deckungs-beitrag I pro Stück	Absatz/ Stück	Umsatz	Summe variable Kosten	Summe Deckungs-beitrag I	Kosten-ersparnis	Ergebnis-verbesserung
		Material-kosten	Lohn-kosten	Sonstige Kosten	Summe variable Kosten							
City Summer	60,00	25,00	24,00	6,00	55,00	5,00	2.450	147.000	134.750	12.250	0	0
City Winter	70,00	27,00	28,00	6,00	61,00	9,00	3.600	252.000	219.600	32.400	0	0
Fashion 5	45,00	19,00	29,00	5,50	53,50	-8,50	1.970	88.650	105.395	-16.745	105.395	16.745
Fashion Lady	85,00	19,00	29,00	5,50	53,50	31,50	980	83.300	52.430	30.870	0	0
Kids 1	38,00	17,00	25,00	3,00	45,00	-7,00	1.370	52.060	61.650	-9.590	61.650	9.590
Kids 2	43,00	17,00	22,00	3,00	42,00	1,00	960	41.280	40.320	960	0	0
Senior	65,00	33,00	38,00	7,00	78,00	-13,00	3.250	211.250	253.500	-42.250	253.500	42.250
Business	70,00	38,00	19,00	6,00	63,00	7,00	690	48.300	43.470	4.830	0	0
Traveller	70,00	39,00	17,00	13,00	69,00	1,00	1.960	137.200	135.240	1.960	0	0
	0	0	0	0	0	0,00	0	0	0	0	0	0
	0	0	0	0	0	0,00	0	0	0	0	0	0
	0	0	0	0	0	0,00	0	0	0	0	0	0
	0	0	0	0	0	0,00	0	0	0	0	0	0
	0	0	0	0	0	0,00	0	0	0	0	0	0
	0	0	0	0	0	0,00	0	0	0	0	0	0
	0	0	0	0	0	0,00	0	0	0	0	0	0
	0	0	0	0	0	0,00	0	0	0	0	0	0
	0	0	0	0	0	0,00	0	0	0	0	0	0
	0	0	0	0	0	0,00	0	0	0	0	0	0
	0	0	0	0	0	0,00	0	0	0	0	0	0
Summen							17.230	1.061.040	1.046.355	14.685	420.545	68.585

Abb. 22: Tabelle Sortimentsbereinigung

2 Mit welchen Produkten verlieren wir Geld: Sortimentsbereinigung

Falls es das Instrument Deckungsbeitragsrechnung im Unternehmen bereits gibt, wird es relativ einfach sein, die Produkte mit negativen Deckungsbeiträgen festzustellen und entsprechende Sortimentsbereinigungen vorzunehmen.

> **Tipp: Schauen Sie in Ihre Kalkulation**
> Auch wenn Sie keine Deckungsbeitragsrechnung haben, kann man einen Deckungsbeitrag schnell ermitteln. So trennt z. B. fast jede Kalkulation in Einzel- und Gemeinkosten (Einzelkosten: z. B. Material und Einzellöhne, Gemeinkosten: z. B. Verwaltungskosten). Einzelkosten sind fast immer variabel. Nehmen Sie also den Verkaufspreis und stellen sie ihm die Einzelkosten aus Ihrer Kalkulation gegenüber und Sie haben einen Deckungsbeitrag. So haben Sie schnell die Produkte, die potenziell zu den Verlierern gehören.

> **Achtung:**
> Jetzt muss man sorgfältig arbeiten.

Die Entscheidungen, ob ein Produkt aus dem Sortiment genommen wird, gehört zu den wesentlichen, ja geradezu zu den existenziellen Entscheidungen im Unternehmen. Deswegen müssen diese Entscheidungen besonders sorgfältig getroffen werden, Fehlentscheidungen sind nur schwer zu korrigieren. Deshalb: Die Entscheidungsbasis muss stimmen! Und die Basis sind letzlich die variablen Kosten (der Preis bzw. Umsatz steht immer fest und ist unstrittig). Aber die Richtigkeit der Entscheidungen bei der Sortimentsbereinigung steht und fällt mit der Richtigkeit der variablen Kosten. Die müssen also stimmen! Es muss unbedingt darauf geachtet werden, dass die variablen Kosten auch wirklich wegfallen, wenn man das Produkt aus dem Sortiment nimmt. Das direkte Material wird in der Regel wegfallen: je weniger produziert wird, desto geringer der Materialanfall. Beim direkten Lohn wird es schon komplizierter. Jetzt gibt es interne Versetzungen, Kündigungsfristen müssen beachtet werden. Deswegen aufpassen: Wie variabel sind die Lohnkosten tatsächlich? In der Praxis wird immer wieder der Fehler begangen, dass Lohnkosten als variabel definiert werden, die eigentlich weitestgehend fix sind.

Fehlentscheidungen können jetzt gefährlich werden

2 Konkrete Methoden der Kostensenkung

Immer spielen auch Marketingaspekte eine Rolle

Allerdings beleuchtet diese Vorgehensweise mittels Deckungsbeitragsbetrachtung nur die kostenrechnerische Seite. Es kann trotz negativer Deckungsbeiträge gute Gründe geben, ein Produkt trotzdem im Sortiment zu lassen. So kann ein bestimmtes Produkte zur Sortimentsabrundung wichtig sein. Oder es ist vielleicht ein sog. „Eyecatcher" für das Schaufenster.

Beispiel: Wir behalten den „Flop"
Ein Brillenunternehmen hatte ein recht ausgefallenes Modell, das schon seit langem negative Deckungsbeiträge einfuhr. Man behielt es aber trotzdem im Sortiment, da es durch sein ausgefallenes Äußeres ein Blickfang für die Marke im Schaufenster der Optiker war.

Oder es ist ein sog. „Türöffnerprodukt". Das heißt, auch wenn man nichts am Produkt oder an der Leistung verdient, bleibt die Leistung trotzdem im Sortiment.

Beispiel: Erst einmal den Kunden anlocken
Eine Kfz-Werkstatt bot einmal einen ausgesprochen günstigen Winterservice an. Der Preis war so günstig – es mussten einfach damit negative Deckungsbeitrage eingefahren werden. Aber man hoffte natürlich, damit neue Kunden zu gewinnen.
Deswegen: Keine Sortimentspolitik ohne Marketingaspekte!

Sonstige Spareffekte der Sortimentsbereinigung

Wenn ein Sortiment gestrafft wird, gibt es häufig noch weitere Spareffekte:

Auch so wird durch die Sortimentsbereinigung gespart

- Nicht immer bleiben alle Fixkosten erhalten. Es gibt auch dem Produkt direkt zurechenbare Fixkosten, z. B. Werkzeugkosten oder fixe Personalkosten, die mit dem Produkt wegfallen. Deswegen sollten Sie immer fragen, welche Kosten außer den sofort einsichtigen variablen Kosten an das Produkt gekoppelt sind.
- Weniger Produkte = weniger Prozesse: Jedes Produkt verursacht neben der eigentlichen Produktion weitere Kosten:
  – Bestellvorgänge
  – Ein-, Auslagerungen
  – Einschleusen von Material in die Fertigung

- Vertriebsaktivitäten
- Serviceaktivitäten usw.

Letztlich ist damit die Sortimentsbereinigung ein Vorgang, der das Unternehmen „mehr lean" macht, indem derartige Prozesse wegfallen.

Sortimentsbereinigung macht „lean"

Und noch ein Marketingaspekt: Immer wieder macht man in der Praxis die Erfahrung, dass Unternehmen mit übersichtlicher Produktstruktur nicht weniger erfolgreich sind als Unternehmen mit ausfernden Sortimenten. Jetzt kommen bei der Sortimentsbereinigung gleich zwei Effekte zusammen: Weniger Kosten und effektiveres Marketing.

CD-ROM

Checkliste: Sortimentsbereinigung
1. Haben Sie eine „saubere" Deckungsbeitragsrechnung? Sind Ihre variablen Kosten wirklich variabel und fallen nach Einstellung eines Produktes tatsächlich weg?
2. Besteht Klarheit darüber, welche Fixkosten (die dem Produkt direkt zugerechnet werden können) neben den variablen Kosten zusätzlich wegfallen?
3. Sind bei der Sortimentsbereinigung Marketingaspekte berücksichtigt worden? Benötigen Sie ein im ersten Ansatz Minus-Produkt vielleicht doch noch als „Türöffnerprodukt"?
4. Ist quantifiziert worden, welche weiteren Kostenspareffekte die Sortimentsbereinigung bringt, z. B. Einsparungen beim Materialhandling?

2.6 Wie schafft man Anreize zur Kostensenkung?

Prämien gehören zu den traditionellen Methoden der Kostensenkung, sind aber nach wie vor wirksam. Die Idee ist einfach und nicht zuletzt deswegen auch erfolgreich: Der Mitarbeiter wird finanziell belohnt. Wenn er Einsparungen bewirkt, bekommt er eine Prämie.

2 Konkrete Methoden der Kostensenkung

Jetzt kosten Einsparungen erst einmal etwas

Natürlich kostet die Prämiierung der Kostensenkung zunächst sogar etwas. Die Idee ist allerdings, dass sich diese Kosten durch die Einsparungen unter dem Strich mehrfach amortisieren. Die Prämien können sich auf viele Einsparungsmöglichkeiten beziehen:

- **Prämien für die Unterschreitung bestimmter Normen/Standards**
  Z. B. Prämierung bei Unterschreitung eines bestimmten Ausschuss- oder Nacharbeitsprozentsatzes (wenn nicht bereits im normalen Lohn berücksichtigt). Dies kann sich nun auf einen Mitarbeiter oder eine ganze Mitarbeitergruppe beziehen. Prämiiert werden in diesem Zusammenhang aber insbesondere Verbesserungsvorschläge für zukünftige Einsparungen.

- **Prämierung bei Unterschreitung von Zeitvorgaben**
  Z. B. Vorschläge zur Unterschreitung von Rüstzeiten oder Durchlaufzeiten.

- **Prämierung von Preisreduzierungen der Einstandspreise**
  Z. B. nach Verhandlungen mit Zulieferanten.

- **Verbesserung des internen Organisationsablaufes**
  So wurde einmal in einem Unternehmen ein Mitarbeiter prämiiert, der die Zeit von der Auftragsannahme bis zur Auslieferung um 20 % reduziert hatte.

- **Verbesserung von Produktionsverfahren**
  Z. B. schnellerer Fertigungsdurchlauf.

- **Qualitätsverbesserungen**
  Z. B. Verringerung von Ausschusskosten.

All diese Verbesserungen werden Kostensenkungen zur Folge haben.

Muss nicht jeder von sich aus kreativ sein?

Einwand: Gehören Vorschläge nicht zum Job?
Ein Geschäftsführer sagte einmal: „Ich sehe es gar nicht ein, Prämien zu bezahlen. Ich erwarte von jedem Mitarbeiter, dass er sich sowieso Gedanken macht, wie er die Kosten senken kann." Irgendwo hat der Mann ja Recht, aber die Realität ist nun einmal so, dass die Mitarbeiter mit finanziellen Anreizen sich mehr Gedanken über Verbesserungsvorschläge machen.

2 Wie schafft man Anreize zur Kostensenkung?

Quantifizierung der Kostensenkungsvorschläge

Um eine Prämie errechnen zu können, müssen nun die Effekte der Verbesserungsvorschläge im Rahmen der Kostensenkung quantifiziert werden. Wie hoch ist die Ersparnis? Viele Einsparungen wird man relativ schnell und genau greifen können, z. B. Ausschussreduzierungen oder Materialeinsparungen. Man kennt den Durchschnittswert vor und nach den Reduzierungsvorschlägen. Schwieriger wird es, wenn sich die Vorschläge nicht sofort finanziell im Ergebnis des Unternehmens niederschlagen, erst langfristig zur Wirkung kommen oder überhaupt schwer zu quantifizieren sind. Was bringt unter dem Strich eine Verbesserung des internen Organisationsablaufes, z. B. die schnellere Auftragsabwicklung? Jeder weiß, dass es etwas bringt, kennt aber nicht die Höhe. Trotzdem sollten auch derartige Vorschläge prämiert werden.

Wie berechnet man die Prämie?

> **Tipps zur Prämienzahlung:**
> Bei der Prämiierung sollte man folgende Punkte beachten:
> - Die Berechnung von Prämien sollten immer nachvollziehbar, also auch nicht zu kompliziert sein. Die Mitarbeiter sollten verstehen, warum die Prämie in der und der Höhe gezahlt wurde.
> - Prüfen Sie die Vorschläge schnell und prämieren Sie dann schnell! Lassen Sie die Mitarbeiter nicht unnötig warten. Anerkennungen müssen sofort passieren.
> - Eine Prämien sollte angemessen sein. Nichts ist lächerlicher als ein paar Euro Prämie für wirklich gute Vorschläge, die hohe Einsparungen bringen.
> - Prämienzahlungen sollten geregelt sein. Es muss eine gewisse „Rechtssicherheit" für den Mitarbeiter geben: Wer Kosten spart, bekommt auch etwas dafür!

Auch gilt: Sorgfältig vorgehen. Alle Berechnungen müssen stimmen, da bei Fehleinschätzungen die Motivation für zukünftige Vorschläge zerstört werden kann. Es wird sich schnell im Unternehmen herumsprechen, wenn bei der Berechnung der Prämienzahlung Fehler gemacht wurden oder die Prämie gar als ungerecht (niedrig) empfunden wurde. Ganze Stäbe von Mitarbeitern hören sofort auf, über weitere Kostensenkungsmaßnahmen nachzudenken.

Nicht „schludern"

2 Konkrete Methoden der Kostensenkung

Vorgehensweise bei der Prämiierung

Wie berechnet man Prämien?

Die Effekte der Vorschläge werden von sachkundiger Stelle quantifiziert. Hier bietet sich die Zusammenarbeit zwischen einem technischen Mitarbeiter und einem kaufmännischen Mitarbeiter an (der Techniker für die Beurteilung technischer Fragen, der Kaufmann für die Berechnung der Effekte, da manchmal mit Kostensätzen, Umlagen usw. gerechnet werden muss).

Nicht immer ist die Basis für die Prämiierung eine nachvollziehbare Rechnung. Bei z. B. Organisationsverbesserungen, also wenn eine Kosteneinsparung nicht sofort quantifiziert werden kann, muss man Anerkennungsprämien ohne konkrete Rechnung vergeben.

Meist wird die Prämie auf Basis von **geplanten** Einsparungseffekten gezahlt, denn will man schnell prämieren, kann man nicht warten, bis die Effekte eingetroffen sind. Dann sollte man nach einer gewissen Zeit kontrollieren, ob die Effekte auch gekommen sind.

CD-ROM

Beispiel: Prämiierung von Kosteneinsparungsvorschlägen

Situation vor der Kosteneinsparung

Im Vergussbereich fallen jährlich 710.000 Kosten an. Davon 296.000 für Materialkosten und Kontrolltätigkeiten.
Die Formen werden nach ca. jedem 5 Verguss kontrolliert bzw. immer dann, wenn im Vergussrohling ein Fehler aufgetaucht ist.

Kurzbeschreibung der Einsparungsmaßnahmen

Die Vorbehandlung der Vergussformen wird modifiziert.
Das Zwischenentgraten der Formen wird durch eine zusätzliche Vorrichtung erleichtert.

Situation nach der Kosteneinsparung

Durch die verbesserten Formen ergibt sich weniger Ausschuss. Dadurch werden die Materialkosten reduziert.
Durch die verbesserten Formen müssen diese weniger routinekontrolliert werden, dies verringert die Personalkosten.

Wie schafft man Anreize zur Kostensenkung? 2

Kosten	Situation vor Einsparung	Einsparung Prozentual %-Satz	Einsparung Wert	Einsparung absoluter Betrag	Ersparnis
Rohstoffverbrauch	260.000	5,0%	13.000	0	13.000
Verbrauch Hilfs- und Betriebsstoffe	20.000	0,0%	0	1.000	1.000
Personalkosten für Kontrollaufwand	16.000	50,0%	8.000	0	8.000
	0	0,0%	0	0	0
	0	0,0%	0	0	0
Summen	**296.000**		**21.000**	**1.000**	**22.000**

Zusätzliche Aufwendungen für die Einsparung	
Jährliche Abschreibungen für eine Vorrichtung	1.600
Gesamtersparnis = Basis für die Prämienberechnung	**20.400**

Prämie

Einmalig in % der Jahresersparnis	20,0%
Prämie für den Mitarbeiter in EUR	**4.080,00**

Falls Sie mit automatischen Rechenfelder arbeiten wollen:
= Eingabefeld
= Rechenfeld (automatisch)
= Ergebnisfeld (automatisch)

Abb. 23: Formular Prämienberechnung

Häufig sind Prämienregelungen bereits Gegenstand von Betriebsvereinbarungen mit dem Betriebsrat. Es ist geregelt

- wer unter eine Prämienregelung fällt. Ab einer bestimmten Hierarchiestufe wird erwartet, dass kreative Vorschläge eben doch zum Job gehören (und mit dem Gehalt abgedeckt sind), und es keine Prämien mehr gibt,
- was prämiiert wird, also welche Leistungen unter eine Prämienregelung fallen,

Der Betriebsrat kommt mit ins Boot

2 Konkrete Methoden der Kostensenkung

- welche Prämien es gibt, z. B. Prämien in Form von Zahlungen, Sonderurlaub usw.

> **Tipp: Vorsicht vor gestaffelten Prämien**
> Vorsicht vor gestaffelten Prämienregelungen: Manche Unternehmen prämiieren gestaffelt. Und zwar so, dass mit steigender Kostenersparnis die Prämie immer niedriger wird. Das ist gefährlich, denn nun sagt der Mitarbeiter, dass geringe Ersparnisse in Relation höher belohnt werden als hohe Ersparnisse. Es besteht die Gefahr, dass die Kreativität der Mitarbeiter auf eher geringe Einsparungseffekte gelenkt wird bzw. die Prämiierung wird als ungerecht empfunden („meine Idee hat soviel gebracht und ich habe so wenig dafür bekommen!").

Prämien für Kostensenkungsvorschläge sollten in keiner Kostensenkungsaktion fehlen.

2.7 Wo liegen die Schwachstellen im Unternehmen: Schwachstellenanalyse

> Wie bei der vorherigen Methode (Anreizsysteme) geht es auch hier um die konkrete Einbindung der Mitarbeiter in die Kostensenkung. Jeder soll dort, wo er tätig ist, mithelfen, Unwirtschaftlichkeiten zu beseitigen. Eigentlich merkwürdig, dass diese Methode in Deutschland relativ wenig verbreitet ist, dass sie „keine Tradition" hat. In anderen Ländern ist dies anders, z. B. in Japan. Dabei ist doch eigentlich einleuchtend, dass man Kostensenkung „nicht am grünen Tisch", sondern vor Ort mit seinen Mitarbeitern machen sollte. Plakativ gesagt, steht dieses Kapitel unter dem Motto: *Fragen Sie doch einfach einmal Ihre Mitarbeiter!*

Wo gibt es Schwachstellen?

Durch gezielte Fragen an die Mitarbeiter vor Ort – endlich auch einmal Mitarbeiter unterhalb der Management- oder Leitungsebene – wird versucht, Schwachstellen in z. B. folgenden Bereichen zu erkennen:

- **Leerläufe, Leerzeiten**
  So sah einmal eine Mitarbeiterin, dass ihre Kollegin ca. zehn Mal in der Stunde zwei Minuten untätig warten musste, weil zwei Maschinen nicht optimal aufeinander abgestimmt waren.

2 Wo liegen die Schwachstellen im Unternehmen: Schwachstellenanalyse

- **Unklarheiten**
  Ein Mitarbeiter in der Versandabteilung musste bei Auslandsfrachten immer wieder beim Vertrieb nachfragen, welche Versendungsform gewünscht war, weil aus dem internen Formular (das der Vertrieb ausfüllte) nicht klar hervorging, wie schnell die Ware beim Kunden sein musste.

- **Mängel jedweder Art**
  Ein Lagerarbeiter entdeckte, dass bei einer Chemikalie (ein Härter für Vergussharze), die bei der Eingangsprüfung als einwandfrei beurteilt wurde, sich nach einigen Wochen überraschend Qualitätsmängel zeigten.

  Immer wieder kommen die guten Hinweise von den Mitarbeitern

- **Fehler**
  Ein Servicetechniker eines Softwarehauses machte die Programmierer darauf aufmerksam, dass es immer wieder zu Systemfehlern kam (die er aufwändig zu beheben hatte), wenn ein bestimmter Befehl bei einer weit verbreiteten PC-Office-Software zur Anwendung kam.

- **Verschwendungen**
  Eine Chemielaborantin machte im Rahmen einer Schwachstellenanalyse den Vorschlag, ein bestimmtes Lösungsmittel wieder aufzubereiten, statt zu entsorgen:
  Einsparung im Jahr: 40.000 EUR.

- **Fehlentwicklungen**
  Ein Praktikant (!), machte den Entwicklungsleiter (!) darauf aufmerksam, dass es beim gewählten Werkstoff nach ca. drei Jahren zu Eintrübungen kommt, was letztlich für die Kunden ein Qualitätsmangel ist.

Meist geschieht die Schwachstellenanalyse in der Form von Fragebögen.

2 Konkrete Methoden der Kostensenkung

Wie geht man bei der Analyse vor?

Zunächst bereitet man den Fragebogen vor. Dabei bitte beachten:

Ein paar Regeln für den Fragebogen

- Den Fragebogen nicht kommentarlos verteilen. Er sollte immer ein Anschreiben haben oder auf einer Betriebsversammlung vorbereitet werden. Oder die Bereichs- oder Abteilungsleiter werden informiert und geben die Fragebögen innerhalb ihres Bereiches mit entsprechender Kommentierung weiter. Nie sollte ein Hinweis fehlen, wer die Fragebögen später in die Hand bekommt und was mit ihnen geschieht. Misstrauen ist Gift für eine derartige Aktion.
- Immer eine Frist für den Rücklauf setzen, und natürlich darf ein Hinweis nicht fehlen, wohin die Fragebögen sollen, wer im Unternehmen der Empfänger ist, z. B. ein Briefkasten im Personalbüro.
- Nicht zu viele Fragen stellen. Der Fragebogen muss übersichtlich bleiben.
- Auf klare und eindeutige Fragestellungen achten.
- Möglich ist auch, dass Verbesserungsvorschläge prämiiert werden (siehe vorhergehendes Kapitel).
- Wichtig zum Schluss: Die Mitarbeiter sollten ein „Feed-back" erhalten. Also eine Information darüber, was die Ergebnisse der Frageaktion sind.

Soll die Fragebogenaktion anonym ablaufen?

Anonymität hat Vor- und Nachteile. Entscheiden Sie!

Immer wieder wird vor Befragungen diskutiert, ob man eine Befragung anonym machen sollte. Vorteil: Es kommen Dinge ans Tageslicht, hinter die so manch einer nicht seinen Namen setzen möchte, weil z. B. ein Mangel mit einer Schuldzuweisung verbunden wird oder den Vorgesetzten betrifft. Nachteil: Schlecht für die Unternehmenskultur.
Und eine weitere Gefahr: Es wird gesagt „warum soll ich mich anstrengen, es kann ja niemand meine Ideen würdigen". Auch sind anschließende Diskussionen nicht möglich. Und in kleinen Betrieben gibt es sowieso keine Geheimnisse. Da identifiziert man die Mitarbeiter schon an den Bemerkungen.
Fazit: Wenn immer möglich, sollte offen gearbeitet werden.

Wo liegen die Schwachstellen im Unternehmen: Schwachstellenanalyse 2

CD-ROM

Schwachstellenanalyse	
Mitarbeiter/in: Pia Traublinger	Arbeitsplatz: Endmontage

Wo sehen Sie Leerläufe/Leerzeiten?

An Ihrem Arbeitsplatz:
Oft kommen die Schmuckstücke von der Farbgebung später als die Ketten und der Zusammenbau verzögert sich.
Dann kommen von der Nacharbeit zwar die Ketten, aber es fehlen dann die Schmucksteine.
Man sollte deshalb immer einen Vorrat Steine am Arbeitsplatz haben.

Im Unternehmen:
Es dauert recht lange, bis die fehlerhaften Schmucksteine von der Endkontrolle über die Farbgebung/Endmontage im Versand landen.

Wo sehen Sie vermeidbare Kosten, Verschwendungen?

An Ihrem Arbeitsplatz:
Beim Farbstempeln der Teile versickert ein Großteil der Farbe ungenutzt und wird Sondermüll.

Im Unternehmen:

Fallen Ihnen Mängel, Unklarheiten oder Fehler auf?

An Ihrem Arbeitsplatz:
Der Ausschuss, der von uns aus der Endmontage gemeldet wird, wird grundsätzlich dem Bereich Endmontage zugeschrieben. Dabei können Fehler schon in vorhergehenden Bereichen passiert sein, werden aber bei uns erst entdeckt. Unser Ausschuss ist letztlich geringer als gemeldet!

Im Unternehmen:
Wie man hört, beschweren sich die Aushilfen bzw. Zeitarbeitskräfte, dass die Einarbeitung mangelhaft ist und sie hinterher immer wieder die Stammmitarbeiter fragen müssen.

Wo sehen Sie Rationalisierungsmöglichkeiten?

An Ihrem Arbeitsplatz:
Schon seit langer Zeit schlagen wir bessere Lupen zur Schmucksteineinsetzung vor. Sicherlich können so die Steine schneller montiert werden und bessere Lupen schonen darüber hinaus die Augen.

Im Unternehmen:
Es gibt sehr lange Transportwege im Unternehmen. So werden die Teile z. B. nach der Galvanik zur Kontrolle transportiert und dann letztlich wieder zurück zur Weiterbearbeitung. Man könnte gleich vor Ort eine Kontrollstation einrichten und spart so mehrmals täglich lange Transportwege.

Datum: 15.11.2004 Pia Traublinger

Abb. 24: Formular Schwachstellenanalyse

2 Konkrete Methoden der Kostensenkung

Ergebnis:
Zeitnah erfolgt nun die Auswertung der Fragebögen. Möglich ist eine Einteilung nach ABC-Kriterien:
A = Vorschläge bzw. Kritik unbedingt beachtenswert
B = Vorschläge bzw. Kritik beachtenswert
C = Vorschläge bzw. Kritik weniger beachtenswert

Eventuell nachfragen, dann realisieren

Eventuell erfolgt eine Nachfrageaktion (bei nichtanonymen Frageaktionen). Die wichtigsten Anregungen werden im persönlichen Gespräch konkretisiert. Dann erfolgt die Realisierung.

> **Tipp: Wer vorschlägt soll auch mit realisieren**
>
> Vergessen Sie nicht, diejenigen, die einen Vorschlag gemacht haben, in die Realisierung mit einzubeziehen. Wer das Problem erkannt hat, kennt vielleicht schon die Lösung. Außerdem wird es die Motivation zu zukünftigen Vorschlägen nicht fördern, wenn diejenigen, die die Idee hatten, sehen, dass andere an der Realisierung arbeiten und vielleicht dann sogar noch die Lorbeeren ernten.

Probleme

Die Schwachstellenanalyse ist ein sensibles Instrument. Falsch angewandt kann sie mehr zerstören als nützen. Auch ist mit manchen Einschränkungen zu rechnen:

Natürlich gibt es ein paar Einschränkungen

- Es wäre Unsinn zu erwarten, dass sich Mitarbeiter mittels der Schwachstellenanalyse selber wegrationalisieren. Manche Schwachstellen werden nicht offen gelegt, wenn sie zum Beispiel den Arbeitsplatz gefährden.
- Manche Schwachstellen werden nicht genannt, weil der Mitarbeiter Nachteile befürchtet, wenn er Mängel offenbart. Denn irgendwer ist für die Mängel verantwortlich und das ist oft der Vorgesetzte!

Richtig angewandt, stecken in dieser Methode enorme Möglichkeiten zur Kostensenkung, speziell im Bereich des Arbeitsablaufs und in der Vermeidung von Ausschuss und Nacharbeit o. Ä.

2 Wie entdeckt man nicht genügend werthaltige Kosten: Wertanalyse

Bei der Schwachstellenanalyse kann jeder (!) Mitarbeiter, egal wo er in der Unternehmenshierarchie steht, mit in die Kostensenkung einbezogen werden. Endlich werden einmal die Mitarbeiter gefragt, die sonst nie gefragt werden, die aber vor Ort „die Arbeit machen".

2.8 Wie entdeckt man nicht genügend werthaltige Kosten: Wertanalyse

> Die Wertanalyse hat nicht überall einen guten Ruf, z. B. hört man in diesem Zusammenhang manchmal das Wort „Jobkiller". Aber letztlich kann man viele Kostensenkungsmethoden mit Arbeitsplatzabbau in Verbindung bringen. Auch hat freilich nicht jede Wertanalyse mit Arbeitsplatzabbau zu tun. Manchmal ist sogar das Gegenteil der Fall: Durch effektivere Kostennutzung wird das Unternehmen erfolgreicher und kann sogar Arbeitsplätze schaffen. Man sollte also zunächst einmal vorurteilsfrei an diese Methode herangehen. Immerhin hat man mit Wertanalysen im Rahmen der Kostensenkung recht gute Erfahrung gemacht. Die Grundidee ist: Das Kosten/Leistungsverhältnis wird systematisch untersucht. Was ist wirklich notwendig?

Um den Grundgedanken zu verdeutlichen, nehmen wir zur Einstimmung auf das Thema Wertanalyse ein einfaches Beispiel: Licht und Lampen.
Ein gewerbliches Unternehmen, dass die Arbeitsplätze beleuchten will, möchte doch letztlich keine Lampen kaufen, sondern benötigt „Licht". Wie das Licht erzeugt wird, ist im Grunde egal, Hauptsache zweckmäßig und billig. Auch muss man sich nicht zwingend auf die Lichtquelle Lampen beschränken. Vielleicht ist der Einbau von Fenstern auch eine Lösung, um z. B. natürliches Licht zu schaffen.
Der private Kunde dagegen ist möglicherweise weniger an Licht interessiert, sondern an der Schönheit der Lampen, wie sie in den Wohnbereich passen usw. Er kauft also eher Lampen als „Licht".
In die Denkweise der Wertanalyse übersetzt heißt dies: Die Kunden wollen **unterschiedliche Funktionen**:
Der gewerbliche Kunde: Licht – so billig wie möglich.
Der private Kunde: Lampen – so schön wie möglich.

Es werde Licht

2 Konkrete Methoden der Kostensenkung

Die wichtigsten Fragen der Wertanalyse

Bleiben wir im gewerblichen Bereich. Jetzt gibt es bei der Wertanalyse zwei wesentliche Grundfragen, die zunächst ohne Rücksicht auf spätere Konsequenzen beantwortet werden sollen:

- **Kann man die geplante Leistung/Funktion mit weniger Kosten erbringen** (z. B. Licht mit stromsparenden Birnen)?
- **Sind die geplanten Leistungen/Funktionen überhaupt notwendig?** Das heißt, geben wir Geld für Dinge aus, die gar nicht oder in dem Umfang nicht notwendig sind (brauchen wir den ganzen Tag Licht in der kaum genutzten Lagerhalle)?

Die Wertanalyse kommt ursprünglich aus dem Konstruktions- und Produktionsbereich. Man fragte, was an Funktionen wirklich notwendig ist, um Kundenwünsche zu befriedigen. Und wie diese Funktionen am wirtschaftlichsten zu realisieren sind. Mittlerweile kommt die Wertanalyse aber auch im Verwaltungsbereich zum Einsatz.

Beispiel:

Ein Schmuckhersteller untersuchte im Rahmen von Kostensenkungsmaßnahmen seine Produkte. Man kümmerte sich unter anderem um das Thema „Verschließen von Ketten". Aktuell wurden relativ aufwändige und teure Verschlussmechanismen verarbeitet. Das Argument war nun, dass der Kunde die Kette mit Anhänger nicht wegen des schönen Verschlusses kauft. Es wurde geprüft, ob die Funktion „Kette verschließen" nicht billiger möglich ist. Infolge konnten schnell bei Tausenden von Ketten über 20.000 EUR ohne Absatzverlust oder Preissenkung eingespart werden.

Wertanalyse ist auch im Verwaltungsbereich verbreitet

Aber nicht nur im Produktionsbereich kommt die Wertanalyse zum Einsatz. Gerade im Verwaltungsbereich kommt sie immer mehr zur Anwendung. Berühmt geworden ist die Wertanalyse insbesondere im Verwaltungsbereich durch das amerikanische Beratungsunternehmen McKinsey. Dort wurde die sog. Gemeinkostenwertanalyse entwickelt, die auch in Deutschland seit den 70er Jahren angewandt wird. Die McKinsey-Leute kamen in das Unternehmen mit dem Versprechen, Kosten in erheblicher Höhe zu senken, hauptsächlich durch das „Wegrationalisieren" von Mitarbeitern (dadurch auch der Ruf „Jobkiller"). In der Tat waren die Erfolge „im Rationalisieren" beträchtlich. Allerdings gab es auch erhebliche Probleme: Der Be-

2 Wie entdeckt man nicht genügend werthaltige Kosten: Wertanalyse

triebsfrieden wurde gestört, es gingen infolge auch Leute, die man eigentlich behalten wollte. Oft hatten die radikalen Maßnahmen mehr geschadet als genützt. Wertanalyse ist eine sensible Methode. Richtig angewandt ist die Wertanalyse im Verwaltungs- oder Servicebereich aber nützlich.

Beispiel: Können wir nicht auf vieles verzichten?
In einem Unternehmen wurde einmal gezielt nach überflüssigen Tätigkeiten gesucht. Viele Bereiche wurden im Hinblick darauf beleuchtet, ob die Tätigkeiten wirtschaftlich sind bzw. ob der Kunde die internen Aktivitäten auch „sieht". Frage also: Wie werthaltig sind unsere internen Aktivitäten. Man kam unter anderem zu folgenden Ergebnissen:

- Man schaffte den Pförtnerdienst (externes Unternehmen) tagsüber ab, das Sicherheitsrisiko war nur gering.
- Der Hausmeister wurde besser ausgelastet, z. B. durch Kurierfahrten, was wiederum die Hausverwaltung entlastete.
- Die Buchhaltung prüfte keine Bagatellrechnungen mehr (Rechnungsbeträge unter 50 EUR). Man hatte herausgefunden, dass der Aufwand die wenigen dadurch entdeckten Fehler nicht rechtfertigte. Die dadurch frei gewordene Zeit wurde dazu genutzt, die internen Unterlagen für die Steuerberatung besser aufzubereiten. Dies sparte etliche Steuerberatungskosten.
- Die Personalabteilung verzichtete auf das zeitaufwändige Nachrechnen von Stundenaufschreibungen (bis auf ein paar Rechenfehler gab es in der Vergangenheit nie Probleme, man hatte halt ehrliche Mitarbeiter).

und einige mehr.

Wichtige Fragen

Das zu analysierende Objekt, z. B. ein Produkt oder ein Verwaltungsbereich ist zunächst zu beschreiben und dann nach funktionsorientierten Lösungen zu untersuchen. Dabei wird alles nach Funktionen zerlegt und von allen Seiten durchleuchtet:
- Was ist Hauptfunktion/Hauptnutzen des Produktes?
- Was ist der Nebennutzen eines Produktes?
- Wichtig! Was ist der Nutzen für den Kunden?

Die Wertanalyse fragt nach dem Nutzen

2 Konkrete Methoden der Kostensenkung

Bei einem Fahrradhelm ist der Hauptnutzen wie bei allen Fahrradhelmen sicherlich der Kopfschutz. Der Nebennutzen allerdings ist modisches Erscheinen, evtl. Prestige bei einem bestimmten Markennamen. Viele Kunden geben hier viel Geld für Nebennutzen aus.
Man muss aber noch eine Reihe weiterer kundenorientierter Fragen stellen:

Der Kunde muss unsere Leistung zu schätzen wissen

- Erkennt der Kunde überhaupt den Wert einzelner Funktionen? Ist er bereit, für diesen Wert zu zahlen? Was nützt ein Aufwand in Konstruktion oder Fertigung, wenn der Kunde ihn nicht erkennt?
- Produzieren wir eventuell unnütze Qualität? Qualität ist zwar gut, aber erkennt der Kunde auch die Qualität und ist er vor allem bereit, dafür zu bezahlen?

Es stellen sich bei der Wertanalyse also eine Reihe von Fragen nach dem Verhältnis zwischen Leistung bzw. Wert und Kosten und jetzt wird versucht, dieses Verhältnis zu optimieren.

Und im Verwaltungsbereich?

Hier ist es schwerer, den Wert einer Tätigkeit festzustellen. Der Kunde wird nicht die Werthaltigkeit unserer Tätigkeiten in der Buchhaltung beurteilen, und es interessiert ihn auch nicht. Aber auch im Verwaltungsbereich untersucht man die Funktionen und bewertet diese mit den Kosten (z. B. mit Stundensätzen). Anschließend wird beurteilt, ob der Funktion der Wert eingeräumt wird, den diese kostet (z. B. ist uns die Bewachung die Kosten wert oder leben wir mit ein wenig mehr Risiko?). Insbesondere wird gefragt:

Kritische Fragen im Verwaltungsbereich

- Sind die Tätigkeiten im Verwaltungsbereich überhaupt notwendig, denn dem Kunde sind sie egal und das Produkt wird auch nicht beeinflusst.
- Ist der Bereich optimal organisiert, stimmen die Abläufe?
- Können Funktionen, die nur selten anfallen, nicht von außen zugekauft werden?
- Ist jeder adäquat beschäftigt, oder gibt es Tätigkeiten, für die jemand „zu teuer" ist? Stimmt also die Stellenbesetzung?
- Und grundsätzlich: Wird die Wertanalyse auch dort angesetzt, wo sie am wirkungsvollsten ist (und nicht auf „Nebenschauplät-

2 Wie entdeckt man nicht genügend werthaltige Kosten: Wertanalyse

zen")? So hat einmal ein Unternehmen seinen Vertriebsbereich intensiv durchleuchtet, obwohl jeder im Unternehmen wusste, dass die wahren Missstände in den Bereichen allgemeine Verwaltung, Rechnungswesen, EDV zu suchen waren. Nur – dort traute sich niemand heran.

Wie geht man vor? Die Schritte der Wertanalyse

In Anlehnung an den Wertanalyse-Arbeitsplan (es gibt hier z. B. die Deutsche Industrie-Norm 69910) geht man in folgenden Schritten vor:

- **Ermittlung des Ist-Zustandes**
  - Es empfiehlt sich vorab eine ABC-Untersuchung (siehe Kapitel 2.2), um eine Auswahl der wichtigsten und teuersten Funktionen zu bekommen.
  - Die Funktionsermittlung erfolgt durch immer kleiner werdende Tätigkeitselemente, wobei eine Aufteilung in Hauptfunktionen, Teilfunktionen und Einzelfunktionen stattfindet. Unter Umständen können auch Nebenfunktionen genannt werden.
  - Ermittlung der Funktionskosten.

- **Ermittlung des Sollzustandes**
  - Feststellung überflüssiger Funktionen,
  - Überprüfung von Istfunktionen im Hinblick darauf, ob diese vom Empfänger (z. B. interne Empfänger, Kunden) gewünscht werden,
  - Ermittlung und Gewichtung von Sollfunktionen
  - Ermittlung von Kosten für die Sollfunktionen.

- **Entwicklung von Alternativen**
  - Ermittlung eines sog. Wertgrades. Die Ist-Kosten und Kosten der gewünschten Funktion (Sollfunktion) werden ins Verhältnis gesetzt.
  - Suchen von Alternativen (Organisatorische Umstellungen, Personalmaßnahmen, Outsourcing usw.).

Ablauf der Wertanalyse

2 Konkrete Methoden der Kostensenkung

- **Auswahl der optimalen Alternative und Realisierung**
  - Zusammenstellung der gefundenen Alternativen.
  - Entscheidung: Kriterium ist die kostengünstigste Lösung bei Sicherstellung der Aufgabenerfüllung.
  - Realisierung.

Am Ende einer Wertanalyse erfolgt ein Abschlussbericht.

Ein konkretes Praxisbeispiel

Beispiel:

In einem **konkreten Fall** wollte ein Unternehmen mit Wertanalysen beginnen. Es wurde wie folgt vorgegangen:

1. Als Erstes wurde der Bereich definiert, der analysiert werden sollte. Man wollte mit dem Servicebereich beginnen.
2. Dann wurden die Stellen aufgelistet.
3. Nun wurden alle Tätigkeiten (Prozesse) gesammelt, die in diesem Bereich vorkommen und diese Tätigkeiten wurden den Stellen zugeordnet.
4. Dann wurde ermittelt, wie viele Stunden die Tätigkeiten durchschnittlich im Monat anfielen.
5. Den Stunden bzw. den Tätigkeiten wurden Kosten zugeordnet. Die Summe der Kosten pro Tätigkeit ergab dann die Gesamtkosten des Bereiches.

Dann ging es an die Auswertung:

1. Zunächst die Frage: Sind alle Tätigkeiten notwendig? Dabei wurde immer wieder die Zielfrage gestellt: Was passiert Schlimmes, wenn diese Tätigkeit wegfallen würde?
2. Sind die Tätigkeiten in dem Umfang notwendig? Und wieder die Frage: Was passiert Schlimmes, wenn der Umfang dieser Tätigkeit reduziert würde?
3. Sind die Kosten für den Nutzen der Tätigkeit angemessen? Geht es evtl. mit externen Dienstleistern billiger?

Die Basistabelle sah wie die untenstehende Abbildung aus. Aus Übersichtlichkeitsgründen sehen Sie hier eine etwas verkürzte bzw. komprimierte Darstellung. In diesem Beispiel wurden die Tätigkeiten lediglich mit den Personalkosten bewertet. Möglich ist aber auch eine Bewertung mit weitergehenden Kosten, z. B. Stundensätzen.

Wie entdeckt man nicht genügend werthaltige Kosten: Wertanalyse

Wertanalyse Servicebereich

CD-ROM

Stellenbezeichnung	Tätigkeiten/Prozesse/ Funktionen	Stunden/ Monat	Kosten EUR/Monat	%
Abteilungsleitung	Leitung des Bereiches	50	1.150	3,5%
	Treffen mit anderen Bereichen	40	920	2,8%
	Personalfragen	32	736	2,3%
	Direkte Servicearbeiten	40	920	2,8%
	Schulungen	3	69	0,2%
Wareneingang/ Versand:	Warenannahme physisch	80	1.440	4,4%
	Warenverteilung	40	720	2,2%
	Verwaltungstätigkeiten Warenannahme	35	630	1,9%
	Versand	80	1.440	4,4%
	Verwaltungstätigkeiten Warenausgang	35	630	1,9%
	Komplettierungsarbeiten	60	1.080	3,3%
Reparaturdienst:	Administrative Bearbeitung	40	800	2,5%
	Reparaturen leicht	180	3.600	11,1%
	Reparaturen mittel	220	4.400	13,5%
	Reparaturen schwer	90	1.800	5,5%
	Koordinationsarbeiten (z.B. mit der Prod.)	80	1.600	4,9%
	Erfahrungsaustausch	50	1.000	3,1%
	Schulungen (auch intern)	40	800	2,5%
Telefonbetreuung:	Allgemeine Auskünfte	30	450	1,4%
	Kundenrückfragen	50	750	2,3%
	Vermittlungstätigkeiten	10	150	0,5%
	Servicebearbeitung	75	1.125	3,5%
Kurierdienst:	Transportfahrten von Reklamationen	40	640	2,0%
	Materialbeschaffung	90	1.440	4,4%
	Bereichfremde Fahrten	35	560	1,7%

2 Konkrete Methoden der Kostensenkung

Stellen-bezeichnung	Tätigkeiten/Prozesse/Funktionen	Stunden/Monat	Kosten EUR/Monat	%
Koordination Fertigung:	Know-how-Transfer Produktion-Service	50	1.100	3,4%
	Schulungen (auch intern)	20	440	1,4%
	Direkte Servicearbeiten	60	1.320	4,1%
	Kommunikation (Telefon, Treffen usw.)	35	770	2,4%
	Summe	1.690	32.480	100,0 %

Abb. 25: Tabelle Wertanalyse

Wer macht die Wertanalyse im Unternehmen?

Wertanalyse macht man im Team!

Wertanalyse ist immer Teamarbeit. Und zwar sind die Teams interdisziplinär zusammengesetzt, also aus Mitarbeitern verschiedener Bereiche. Allerdings haben die Mitarbeiter aus den Bereichen immer in irgendeiner Weise mit dem Produkt zu tun. So kann z. B. ein Team zur Kostensenkung eines Produktes wie folgt zusammengesetzt sein:
- Ein Meister aus der Fertigung
- Ein weiterer Mitarbeiter, der direkt das Produkt fertigt
- Ein Produktentwickler
- Ein Kostenrechner bzw. Controller
- Ein Mitarbeiter aus dem Bereich Qualitätswesen
- Ein Mitarbeiter aus dem Einkauf

Man berichtet „nach oben"

Es kommt natürlich immer auf den Wertanalyseauftrag an. Die Wertanalyseteams berichten immer an höhere Instanzen innerhalb der Unternehmenshierarchie, z. B. direkt an die Geschäftsleitung oder Bereichsleitung. Dies zeigt den hohen Stellenwert, der diesem Instrument eingeräumt wird.

Darauf ist zu achten

Der Erfolg einer Wertanalyse hängt von vielen Faktoren ab, z. B.

2 Wie entdeckt man nicht genügend werthaltige Kosten: Wertanalyse

- Volle Unterstützung von der Unternehmensleitung oder der vorgesetzten Stelle.
- Keine Tabus.
- Alle für den Erfolg notwendigen Maßnahmen müssen möglich sein. Nicht schon „die Schere im Kopf haben".
- Offene, kooperative Zusammenarbeit des Teams.
- Man sollte zumindest versuchen, innerhalb des Teams die Hierarchien zu vergessen.
- Gute Vorabinformation aller Beteiligten und Betroffenen.

Faktoren, damit es klappt

Bei Wertanalysen werden die Mitarbeiter immer zunächst misstrauisch sein. Mit Recht, denn Ergebnisse von Wertanalysen sind oft unpopulär – wie alle Kostensenkungsmaßnahmen.

- **Es muss einen Wertanalysemoderator geben**, also jemanden, der die Wertanalyse leitet.
- **Begleitung der Wertanalyse durch das Controlling**
  Zwar werden in Wertanalysen viele qualitative Faktoren angesprochen (Qualität, Wert von Verwaltungstätigkeiten usw.), aber letztlich müssen alle Daten quantifiziert werden, schließlich geht es um Geld. Hier ist das Controlling gefragt, das sicherstellen muss, dass das Wertanalyseteam mit allen notwendigen Zahlen aus dem Kostenrechnungsbereich versorgt wird. Hierbei kann es sich insbesondere um Kalkulationen, Artikelergebnisrechnungen usw. handeln.

Wertanalyse sollte permanent im Unternehmen passieren

Man erlebt es immer wieder. Es wird eine Wertanalyse gemacht. Ergebnis: War ganz nett, aber das war es dann auch schon. Nein – Wertanalysen dürfen nicht als eine einmalige Angelegenheit verstanden werden, quasi wie ein einmaliger Wind, der mal durchs Unternehmen weht. Zwar haben sie Projektcharakter, sollen aber permanent im Unternehmen zur Wirkung kommen.

Wertanalyse sollte keine „Eintagsfliege" sein

So können Wertanalysen institutionalisiert werden. Es kann ein Verantwortlicher bestimmt werden, der Wertanalyseprozesse permanent fördert. Das heißt nun nicht, dass laufend Wertanalysen durchgeführt werden. Aber es geht im Wesentlichen darum, dass das „wertanalytische Denken" bei allen gefördert wird. Mitarbeiter sollen angehalten werden, in Wertanalysekategorien zu denken. Wie heißt es so schön: „Wertanalyse findet vor allem in den Köpfen der Mitarbeiter statt."

Wertanalytisches Denken:
Ist das, was ich gerade mache, sinnvoll?
Geht es nicht billiger oder besser?
Was läuft in meinem Umfeld falsch?

Tipp: Evtl. Unterstützung von Fachleuten
Es empfiehlt sich (da man eine Menge zu Anfang falsch machen kann) eine erste Wertanalyse mit einem externen Moderator, einem Fachmann für Wertanalyse durchzuführen. So gibt es einen Ausbildungsgang zum Wertanalytiker. Informationen bietet auch die Deutsche Gesellschaft für Wertanalyse (DGW). Ihr Branchenverband kann Ihnen evtl. Fachleute nennen. Dies hat den Vorteil, dass die Wertanalytiker bereits Ihre Branchen kennen und Erfahrungen mit vergleichbaren Betrieben haben.

CD-ROM

Checkliste: Wertanalyse
1. Ist als Wertanalyseobjekt ein Bereich oder Produkt ausgesucht worden, bei dem sich die Wertanalyse auch lohnt (keine „Nebenschauplätze")?
2. Sind die Basisdaten vollständig, zuverlässig und **von allen Beteiligten akzeptiert** (es darf später keinen Streit um die Grunddaten geben)?
3. Gibt es einen Arbeitsplan, Termine, Zuständigkeiten; ist die Wertanalyse also gut organisiert?
4. Bei externer Hilfe (z. B. Unternehmensberater):
   - Sind mehrere Angebote eingeholt worden?
   - Stehen die Kosten der externen Hilfe im Verhältnis zum prognostizierten Erfolg?
   - Haben die externen Berater Referenzen?
5. Gibt es Faktoren, die den Erfolg der Wertanalyse negativ beeinflussen können (Widerstand in den Fachabteilungen, Betriebsrat blockt, schlechtes Betriebsklima usw.)?

> 6. Ist geplant bzw. schon konkret organisiert, die Erfahrungen durch die Wertanalyse auch in andere Bereiche des Unternehmens einfließen zu lassen?

2.9 Der alternative Denkansatz: Zero-Base-Analyse

> Diese Methode kommt aus dem Planungsbereich. Man nennt sie dort Zero-Base-Budgeting. Sie setzt sich kritisch mit dem herkömmlichen Planungsdenken auseinander. Denn oft ist es doch wie folgt: Man plant Kosten, indem man den aktuellen Ist-Wert als Basis nimmt. Jetzt schlägt man einen gewissen Prozentsatz z. B. für Inflation auf. Dann baut man sich einen Unsicherheitsfaktor bzw. eine Reserve mit ein, und das ist dann der Plansatz für die zukünftigen Kosten. So kann man natürlich keine Kosten senken, man schreibt die Unwirtschaftlichkeiten der Vergangenheit einfach weiter.
>
> Anders der Zero-Base-Ansatz. Zero-Base heißt frei übersetzt: Planen von null her. Die Leitidee: Wir tun so, als fangen wir bei null an, kümmern uns nicht um die Daten der Vergangenheit. Mal schauen, was jetzt dabei herauskommt.

Zero-Base-Denken wird hin und wieder als „Grüne-Wiese-Denken" bezeichnet. Grund ist, das man sich den Denkansatz so vorstellen muss, als errichte man den Betrieb oder gewisse betriebliche Funktionen auf der „grünen Wiese" neu. In welchem Ausmaß würden dann bestimmte Tätigkeiten/Funktionen und insbesondere infolge die Kosten angesetzt? Man löst sich also von dem Ist, von den Daten der Vergangenheit.

Wir fangen gedanklich neu an

> Zero-Base-Denken: Man lässt sich vom Bestehenden nicht irritieren. Bestehende Strukturen und Kosten werden ignoriert.
>
> Alles wird neu hinterfragt!

2 Konkrete Methoden der Kostensenkung

Beispiel: Der Servicebereich wird neu dimensioniert

Ein gewachsenes Unternehmen hatte eine Instandhaltungsabteilung, die den Betrieb flächendeckend vom Auswechseln der Glühbirne bis hin zu größeren Umbauten versorgte. In der Abteilung gab es sechs Mitarbeiter. Im Rahmen der Planung nahm man das aufgelaufene Ist, rechnete es auf das Jahresende hoch, schlug die Tariferhöhung auf die Personalkosten auf und ermittelte so die Plankosten des nächsten Jahres. Der Erfolg dieser Methode war, dass die Kosten der Instandhaltung regelmäßig stiegen.

Jetzt kam der Zero-Base-Gedanke ins Spiel: Das Unternehmen wurde gedanklich neu gegründet, es gibt also noch gar keine Abteilung Instandhaltung. So wurde gefragt: Wie muss diese Abteilung dimensioniert sein?

Kann nicht der Hausmeister auswechseln, gibt es für die seltenen größeren Reparaturen im Ort nicht Spezialfirmen? Geht somit nicht alles auch eine Nummer kleiner? Nach diesen Gedankengängen wurde ein Großteil der Instandhaltungsarbeiten fremd vergeben: Man sparte erhebliche Kosten.

Wie geht man vor?

Zero-Base geht ähnlich wie die Wertanalyse vor

Der Zero-Base-Ansatz orientiert sich an der Technik der Wertanalyse, siehe hierzu Kapitel 2.8.

Der Aufbau der Zero-Base-Analyse

Wie ein Grundaufbau einer Zero-Base-Analyse aussehen kann, sehen Sie in nachfolgender Tabelle.

1. Man listet alle notwendigen (man beachte das Wort notwendig!) Tätigkeiten auf. Das sind nicht unbedingt die Tätigkeiten der Vergangenheit, sondern die Tätigkeiten, die man jetzt und zukünftig für notwendig hält.
2. Man sucht eine Bezugsgröße für diese Tätigkeiten. Frage dabei: Was beeinflusst wesentlich die Kosten für diese Tätigkeiten (was ist der sog. Kostentreiber)? Dies wird in der Regel die Häufigkeit dieser Tätigkeiten sein.
3. Nun ermittelt man die Kosten für die einzelne Tätigkeit bzw. Funktion.

2 Der alternative Denkansatz: Zero-Base-Analyse

Eine derartige Analyse kann z. B. für einen Monat oder ein Jahr gemacht werden. Ein Problem wird in der Praxis immer wieder genannt: Es wird von den Befragten beanstandet, dass z. B. ähnliche Tätigkeiten unterschiedlich dauern. Gibt es z. B. *die durchschnittliche Reparaturzeit?* „Das kann man so nicht sagen", heißt es dann oft. Dies sollte aber nicht als „Killerargument" benutzt werden. Die Masse der Tätigkeiten wird sich im voraussagbaren Rahmen bewegen, wird Routine sein. Und mit ein paar Ausreißern wird man leben können.

Gibt es überhaupt die erfragten Standards?

Die Auswertung der Zero-Base-Analyse

Nun hat man den Kostenansatz, der unbelastet von den Ist- bzw. Vergangenheitsdaten ist. Überflüssige Tätigkeiten sind jetzt hoffentlich gar nicht mehr enthalten bzw. notwendige Tätigkeiten realistisch bewertet.

> So könnte die Kostensituation also aussehen!
> Aber wie sieht sie aus?

Jetzt kann man die Zero-Base-Kosten mit der herkömmlichen Planung bzw. mit dem Ist vergleichen. Schnell kommt die Frage:
- Warum ist der Zero-Base-Ansatz kostengünstiger?
- Wo liegen die Unterschiede?

Analyse: Warum sind wir teurer?

In der Folge wird versucht, sich an den Zero-Base-Wert heranzuhangeln. Wo liegen die überflüssigen Kosten?

2 Konkrete Methoden der Kostensenkung

CD-ROM

Bereich: Servicebereich

Tätigkeiten	Bezugsgröße	Anzahl pro Monat	Zeit pro Einheit Minuten	Kosten/ Einheit	Summe Kosten
PERSONALKOSTEN:					
Abteilungsleitung					
Leitung des Bereiches	Stunden	50	60	23,00	1.150
Treffen mit anderen Bereichen	Anzahl Treffen	15	120	46,00	690
Personalfragen	Stunden	20	40	19,16	383
Direkte Servicearbeiten	Anzahl Arbeiten	80	30	11,50	920
Schulungen	Anzahl Schulungen	1	180	69,00	69
Wareneingang/ Versand					
Warenannahme physisch	Anzahl Annahmen	480	8	2,40	1.152
Warenverteilung	Anzahl Verteilungen	480	5	1,50	720
Verwaltungstätigkeiten Warenannahme	Anzahl Tätigkeiten	420	5	1,50	630
Versand	Anzahl Versendungen	480	10	3,00	1.440
Verwaltungstätigkeiten Warenausgang	Anzahl Tätigkeiten	420	5	1,50	630
Komplettierungsarbeiten	Anzahl Tätigkeiten	240	10	3,00	720
Reparaturdienst					
Administrative Bearbeitung	Anzahl Bearbeitungen	490	3	1,00	490
Reparaturen	Stunden	490	50	18,33	8.982
Koordinationsarb. (z.B. mit der Prod.)	Anzahl Tätigkeiten	220	20	6,67	1.467
Erfahrungsaustausch	Stunden	40	60	20,00	800
Schulungen (auch intern)	Anzahl Schulungen	35	60	20,00	700

Der alternative Denkansatz: Zero-Base-Analyse

Tätigkeiten	Bezugsgröße	Anzahl pro Monat	Zeit pro Einheit Minuten	Kosten/ Einheit	Summe Kosten
Telefonbetreuung					
Allgemeine Auskünfte	Anzahl Auskünfte	600	3	0,75	450
Kundenrückfragen	Anzahl Rückfragen	500	6	1,50	750
Vermittlungstätigkeiten	Anzahl Vermittlungen	300	2	0,50	150
Servicebearbeitung	Anzahl Bearbeitungen	450	8	2,00	900
Kurierdienst					
Transportfahrten von Reklamationen	Anzahl Fahrten	40	60	16,00	640
Materialbeschaffung	Stunden	60	60	16,00	960
Bereichfremde Fahrten	Anzahl Fahrten	10	60	16,00	160
Koordination Fertigung					
Know-how-Transfer Produktion-Service	Stunden	50	60	22,00	1.100
Schulungen (auch intern)	Anzahl Schulungen	10	90	33,00	330
Direkte Servicearbeiten	Anzahl Arbeiten	90	30	11,00	990
Kommunikation (Telefon, Treffen usw.)	Stunden	20	60	22,00	440
Summe Personalkosten Zero Base					**27.813**

Ist Personalkosten der letzten Periode	32.480
Differenz Ist zum Zero-Base-Ansatz absolut	-4.667
Differenz Ist zum Zero-Base-Ansatz in %	-14,4%

2 Konkrete Methoden der Kostensenkung

SACHKOSTEN ZERO BASE:		
Material	Erfahrungswerte	3.600
Energie	Nach Anschlußwerten und Strommessungen der Anlagen	600
Sonstige Fremdleistungen	Vertragsunterlagen	150
Abschreibungen	Lt. Anlagenbuchhaltung ohne Gebäudeabschreibung	1.275
Fremdinstandhaltung	Erfahrungswerte	800
Mieten/Leasing	Lt. Buchhaltung	450
Kommunikationskosten	Schätzung	650
Sonstige Kosten	Schätzung	1.400
Summe Sachkosten Zero Base		**8.925**

Ist Sachkosten der letzten Periode	12.400
Differenz Ist zum Zero-Base-Ansatz absolut	-3.475
Differenz Ist zum Zero-Base-Ansatz in %	-28,0%

Summe Differenzen Ist/Zero-Base	
Summe Kosten Zero-Base-Ansatz	36.738
Istkosten der letzten Periode	44.880
Differenz Ist zum Zero-Base-Ansatz absolut	-8.142
Differenz Ist zum Zero-Base-Ansatz in %	**-18,1%**

Abb. 26: Rechner Zero-Base

Tipp: Immer realistisch bleiben

Natürlich wird der Zero-Base-Ansatz häufig eine kaum erreichbare Zielgröße sein. Immer einmal gibt es Leerläufe oder man muss einen Mitarbeiter zu 100 % bezahlen, obwohl man ihn letztlich nur zu 80 % benötigt (dann aber die Frage: Kann er die restlichen 20 % woanders eingesetzt werden?).

Auch wird eine Zero-Base-Auswertung nie die letzten Genauigkeiten oder Details treffen. Man muss hier eher in Größenordnungen denken.

Der „Cut off point"

Schneiden Sie Kosten ab

Beim Zero-Base-Budgeting gibt es eine weitere interessante Methode, die insbesondere auch interessant für die Kostensenkung ist: Man arbeitet mit dem „Cut off point". So wird nach der Kostenplanung durchgespielt, was wäre, wenn nur ein bestimmter Prozentsatz

Der alternative Denkansatz: Zero-Base-Analyse

an Kosten bewilligt wird. Sind zum Beispiel 100.000 EUR geplant, wird durchdacht, was wäre, wenn man nur mit 80.000 EUR auskommen muss. Es sollen letzte Reserven aufgedeckt werden. Zielfrage: Was ist z. B. mit 80 % der Kosten noch möglich? Muss man überhaupt auf wesentliche Funktionen verzichten? Oder: Auch wenn es jetzt schmerzt, auf was kann verzichtet werden?

Wie machen es andere?

Insbesondere ältere Unternehmen haben schon „manchen Speck" angesetzt. Deswegen wundern sich dort die verantwortlichen Mitarbeiter, mit wie wenig Aufwand die frische Konkurrenz manche Tätigkeiten erledigt, insbesondere im Verwaltungsbereich. Und immer wieder sieht man, dass in neu gegründeten Unternehmen Mitarbeiter flexibler eingesetzt werden. Neu („auf der grünen Wiese") gegründete Unternehmen sind dem Zero-Base-Gedanken näher als bereits lange bestehende.

Der Speck muss weg

Beispiel: Andere können es billiger

Da gibt es eine alteingesessene Spedition, die sah, das die Konkurrenz viel außer Haus vergab, z. B. die Lohnabrechnung. Auftragsspitzen wurden extern vergeben, statt hohe Fixkosten vorzuhalten. Statt sich teure Spezialisten zu halten, vergab man komplizierte Auslandsgeschäfte an externe Fachleute. Die Konkurrenz war einfach „lean". Der Grund war: Die Konkurrenz hatte „auf der grünen Wiese" neu angefangen und unbelastet von gewachsenen Strukturen die Funktionen geplant.
Auch sieht man immer wieder, wie flexibel Mitarbeiter eingesetzt werden können. Während häufig die Mitarbeiter ihr exakt eingegrenztes (durch Tarif- und Arbeitsvertrag abgesichertes) Tätigkeitsfeld bearbeiten und dadurch häufig eben nicht zu 100 % ausgelastet sind, wird in vielen neuen Unternehmen viel mehr von Tätigkeit zu Tätigkeit „gesprungen". Wer auf dem Arbeitsplatz A nur zu 70 % beschäftigt ist, muss eben noch zu 30 % auf Arbeitsplatz B aktiv werden. Das spart Kosten.

Zero-Base-Denken soll auch helfen, mehr Flexibilität in die Organisationsstruktur zu bringen, indem man im ersten Ansatz *nicht in Planstellen denkt,* sondern an Aufgabenbewältigung.

2.10 30 Tipps und Tricks zur Kostensenkung

> Jetzt geht es weniger um betriebswirtschaftliche Methoden, sondern einfach um Hinweise, wie man ohne viel Vorbereitung mit ein wenig Nachdenken schnell sparen kann.

Die Tipps und Tricks sind nach Bereichen bzw. nach Kostenarten gegliedert:
- Personalkosten
- Einkauf
- Mieten, Raumkosten, Energie
- Fuhrpark, Reisekosten, Kommunikation
- EDV
- Sonstiges

Diese Tipps und Tricks decken natürlich nicht alles ab, was möglich ist. Vielmehr sollen sie neben konkreten Hinweisen auch dazu anregen, einmal kreativ durch die Bereiche des Unternehmens zu gehen.

Personalkosten

1. **Flexible Arbeitszeiten:** Setzen Sie Mitarbeiter flexibel ein. Evtl. reicht eine geringere Grundarbeitszeit, aber wenn es einmal brennt, muss eben jeder mit ran. Das spart Überstunden und Aushilfen.
2. **Versetzungsklauseln:** Das deutsche Arbeitsrecht ist streng. So ist es schwer, Mitarbeiter kurzfristig zu versetzen, wenn es an anderen Stellen des Unternehmens „brennt". Jetzt müssen Mitarbeiter eingestellt werden, obwohl an anderer Stelle andere Mitarbeiter nicht ausgelastet sind. Versetzungsklauseln in Arbeitsverträgen können hier zu mehr Flexibilität beitragen.
3. **Befristete Arbeitsverträge:** Bei unklarer Auftragslage kann man mit einem gewissen Prozentsatz der Kapazität mit befristeten Verträgen arbeiten.
4. **Weg mit der Überstundenkultur:** Jeder weiß es, Überstunden werden häufig aus Gründen „der Optik" geleistet. Immer prüfen, ob Überstunden wirklich notwendig sind.

5. **Fehlzeiten:** Kümmern Sie sich intensiv um die Senkung von Fehlzeiten insbesondere im produktiven Bereich. Hier kann ein Prozent Fehlzeitensenkung ein Prozent Personalkostenersparnis bedeuten. Woanders müssen Sie dafür lange suchen!
6. **Personalleasing statt Festanstellung:** Bei Tätigkeiten ohne lange Einarbeitungszeiten können so Spitzen bewältigt werden.
7. **Studentenjobs:** Studenten dürfen bis zu 20 Stunden sozialabgabefrei beschäftigt werden. Studenten sind oft qualifizierte Arbeitskräfte, haben z. B. bereits eine Lehre hinter sich, Erfahrung durch Praktika gesammelt usw.
8. **Fördermittel:** Prüfen Sie, ob es z. B. vom Arbeitsamt Fördermittel gibt, wenn Sie bestimmte Mitarbeiter (z. B. Langzeitarbeitslose) einstellen.
9. **Wechsel der Krankenkasse:** Man kann den Mitarbeitern eine billigere Krankenkasse empfehlen. Das spart Kosten für beide Seiten.
10. **Outsourcing:** Prüfen Sie, ob externe Dienstleister eine Leistung nicht billiger oder besser können.

Einkauf

11. **Prüfen der Einkaufskonditionen:** Dazu gehört
    - Lieferort/Lieferkosten: Bis wohin zahlt der Lieferant die Frachtkosten? Versuchen Sie „frei Haus" auszuhandeln?
    - Lieferfristen: Können Lagerkosten gesenkt werden, weil man die Waren erst bei Bedarf abruft (Just-in-time-Lieferung)?
    - Transport-/Versandart: Hat man selber bzw. der Lieferant die billigste Transportart gewählt (muss z. B. Luftfracht sein?)?
    - Verpackungskosten: Muss Verpackung immer so aufwändig sein?
    - Gewährleistungen: Für was haftet der Lieferant und wann?
    - Rabatte/Skonti: Immer verhandeln!
    - Zahlungsziel: Je länger das Ziel, desto länger kann man selber mit dem Geld arbeiten. Es ist ein Unterschied, ob eine große Summe in 21 oder 90 Tagen fällig ist.

2 Konkrete Methoden der Kostensenkung

Raumkosten, Energie

12. **Vergleichsmieten prüfen:** Auch über Mieten kann man verhandeln. Prüfen Sie die Vergleichsmieten Ihres Standortes: Zahlen Sie mehr als der Durchschnitt? In Zeiten knapper Geschäftsräume wird häufig ein Indexmietvertrag vereinbart: Kann man diese regelmäßige Mieterhöhung wieder abschaffen?
13. **Putzintervalle:** Die Häufigkeit des Putzens ist oft vor Jahren von irgendjemandem einmal festgelegt worden und seitdem nicht mehr überprüft worden: Muss so oft von dem externen Unternehmen geputzt werden (z. B. der Büroraum täglich?)?
14. **Energieberatung:** Die meisten Stromanbieter bieten eine sogar häufig kostenlose Beratung, wie man am günstigsten den Strom beziehen kann. Das sollte man nutzen!

Fuhrpark, Reisekosten, Kommunikation

15. **Fremdvergabe?** Prüfen Sie die Einbindung externer Fuhrunternehmen. Fahren lassen, statt selber fahren.
16. **Leasing statt Kauf:** Lassen Sie sich vor dem geplanten Kauf als Alternative ein Leasingangebot machen.
17. **Online-Besprechungen, Telefonkonferenzen:** Immer häufiger nutzt man die Möglichkeit, sich online „zu treffen". Das spart Reisekosten.
18. **„Miles and More":** Die Gesellschaften, die Bonusmeilen vergeben, sind oft nicht die günstigsten. Auch kann man die Freimeilen in einen „Pool" eingeben, der dann für alle Reisenden im Unternehmen genutzt wird und nicht für spätere Privatflüge der reisenden Mitarbeiter (es sei denn, die Freimeilen sind ein gewolltes Motivationsinstrument).
19. **Businessclass, 1. Klasse Bahn:** Fast unnötig zu erwähnen, aber wenn sich Mitarbeiter von der Luxusklasse verabschieden würden, könnte man häufig rund 50 % der Flug- bzw. Fahrtkosten sparen.
20. **Telefongebühren:** Man mag es kaum glauben, aber es gibt eine Unzahl von Unternehmen, die sich nicht über günstige Telefonanbieter informieren und so bis zu 30 % zu viel zahlen. Lassen

30 Tipps und Tricks zur Kostensenkung

Sie sich von den mittlerweile vielen Anbietern beraten. Schon call-by-call bei Auslandsgesprächen kann bis zu 80 % Kosten sparen. Und: Handybenutzung nur wenn es wirklich nötig ist (Stichproben machen).

21. **Wartung der Telefonanlage:** Bei Telefonanlagen kann nicht viel kaputt gehen. Trotzdem gibt es überall teure Wartungsverträge. Viele Anbieter bieten Anlagen billig an und holen sich die Gewinne über die Wartungsverträge (wohl wissend, dass es dort nicht allzu viel zu warten gibt).

EDV

22. **Releasewechsel:** Bringt die neueste Version einer Software wirklich Vorteile?
23. **Lizenzen:** Braucht man wirklich noch die Software von vor drei Jahren, für die man noch Lizenzen bezahlt?
24. **Wartungsverträge:** Viele Wartungsverträge sind schlicht überflüssig, z. B. die meisten Wartungsverträge für Drucker, da diese immer billiger werden.
25. **Grundsätzlich:** Muss alles vom Feinsten sein. Es ist nicht das Ziel des Unternehmens, eine neue EDV-Technologie zu haben, sondern Gewinne zu erwirtschaften. Meist geht auch alles „eine Nummer kleiner".

Sonstiges

26. **Schaffen Sie Verantwortlichkeiten!** Z. B. im Materialbereich. Machen Sie Mitarbeiter für bestimmte Materialien o. Ä. persönlich verantwortlich. So kann man z. B. einen „Energiebeauftragten" bestimmen, der Hausmeister ist für Büromaterial verantwortlich. Jemand aus der EDV für EDV-Zubehör usw. Nun ist jeder Verantwortliche Rechenschaft darüber schuldig, dass er auch kostengünstig mit dem ihm anvertrauten Dingen wirtschaftet.
27. **Lassen Sie alle wissen, dass eine Kontrolle stattfindet:** Man sollte sich zumindest stichprobenartig ausgehende Schecks und

Überweisungen anschauen und immer wieder einmal nachfragen. Jetzt weiß jeder: Aha, hier schaut man sich die Kosten an, die ich verursache.
28. **Wartungsverträge:** Überprüfen Sie einmal Ihre Wartungsverträge. Sind sie wirklich notwendig? Es ist nicht selten, dass nach einiger Zeit die Wartungskosten die Investition für eine Neuanschaffung übersteigen. Es kann günstiger sein, mit einem gewissen Risiko zu leben.
29. **Eintrittswahrscheinlichkeit von Versicherungen prüfen:** Ist das Risiko wirklich so hoch? Ist ein eventueller Schaden nicht doch zu verkraften?
30. **Zugehörigkeit zu Institutionen:** Sind Sie Mitglied in einem oder gleich mehreren Branchenverbänden. Muss das sein? Haben Sie tatsächlich etwas von der Mitgliedschaft?

2.11 Wie kontrolliert man Kostensenkungserfolge: Kennzahlen

> Unternimmt man Aktivitäten zur Kostensenkung, muss man natürlich auch nachhalten, was diese tatsächlich gebracht haben. Jeder will wissen, ob sich die Anstrengungen gelohnt haben; schließlich hat man auf manches verzichtet oder auch unpopuläre Maßnahmen eingeleitet (z. B. im Personalbereich). Deswegen ist es wichtig, sich Transparenz über seine Kostensenkungsaktivitäten zu schaffen. Hierfür gibt es das bewährte Instrument: Kennzahlen.

Auf die Kostenrelationen kommt es an

Zur objektiven Einschätzung der Kostensenkungserfolge wird die Beobachtung von absoluten Zahlen nicht reichen. So kann z. B. bei erhöhter Ausbringung und damit erhöhten Kosten unter dem Strich die Kostenrelation günstiger geworden sein: Auch wenn die Kosten gestiegen sind, hat man unter dem Strich gespart.

Umsatz	100	120
Materialkosten	40	42
Material/Umsatz in %	40	35

2 Wie kontrolliert man Kostensenkungserfolge: Kennzahlen

Zur Beurteilung der Kostensenkungserfolge kommen also Kennzahlen zum Einsatz, die idealerweise immer zwei absolute Zahlen in Beziehung setzen.

Zunächst können Kennzahlen konkret zur Transparenz bei der Kostensenkung eingesetzt werden. Aber auch nach der eigentlichen Kostensenkungsphase sollten sie zur Beobachtung der Kosten weiterhin aktiv bleiben.

Kennzahlen dienen der Kostenbeobachtung

Mit welchen Kennzahlen soll man arbeiten?

Die Frage nach den wichtigsten Kennzahlen ist schwer zu beantworten. Es kommt immer darauf an, wo die Kostenprobleme liegen. Aber einige „Kennzahlenklassiker" haben sich bewährt und kommen sehr häufig in allen Branchen und Unternehmen aller Größenordnungen zum Einsatz. Untenstehend finden Sie diese Kennzahlen.

Kennzahlenklassiker

> **Tipp: Arbeiten Sie nicht mit zu vielen Kennzahlen**
> Oft erlebt man in der Praxis, dass mit zu vielen Kennzahlen gearbeitet wird. Natürlich sind Kennzahlen ein schönes Instrument. Aber wenn man es übertreibt verliert man den Überblick. Auch hier gilt: Qualität vor Quantität. Besser einige wenige, aber aussagekräftige Kennzahlen.

Wie geht man bei der Kennzahlenerstellung vor?

- Gehen Sie zunächst in die **„Sammelphase"**. Wo liegen die Kostenprobleme? Welche Kostenart, welchen Bereich will ich mit Kennzahlen untersuchen.
- Aus der Fülle der gesammelten Kennzahlen wird eine **Auswahl** getroffen.
- Nun geht es um die **Basisdaten** für die Kennzahlen. Diese kommen z. B. aus der Buchhaltung, aus dem Bereich Kostenrechnung/Controlling oder aus den technischen Bereichen.
- Alle Ergebnisse landen auf einem **Kennzahlenblatt** (idealerweise nur eine Seite).
- Man legt nun fest, **wie oft** die Daten ermittelt und **an wen** sie regelmäßig verteilt werden.

Wie, wie oft, für wen?

2 Konkrete Methoden der Kostensenkung

> **Achtung:**
> Für jede Kennzahl muss es einen Verantwortlichen bzw. einen Ansprechpartner im Unternehmen geben.

CD-ROM

Kostensenkungskennzahlen

Zeitraum	Ist 2004	Plan Juni 2005	Ist Juni 2005	Ziel Dez. 2005

Kostenstruktur des Betriebes

Kosten zu Leistung

Wie viele Kosten verursacht der Umsatz? Achtung bei Steigerung!

	Ist 2004	Plan Juni 2005	Ist Juni 2005	Ziel Dez. 2005
Kosten	820.000	380.000	400.000	760.000
Gesamtleistung	890.000	450.000	440.000	900.000
	92,1%	84,4%	90,9%	84,4%

Fixkostenanteil

Anteil der fixen Kosten an der Leistung.
Fixkosten sind gefährlich und sinken nicht bei sinkender Leistung

	Ist 2004	Plan Juni 2005	Ist Juni 2005	Ziel Dez. 2005
Fixe Kosten	380.000	175.000	180.000	350.000
Gesamtleistung	890.000	450.000	440.000	900.000
	42,7%	38,9%	40,9%	38,9%

Kosten pro Leistungseinheit

Was kostet z.B. das Stück oder die Servicestunde? Wichtige Kennzahl im Zeitvergleich.

	Ist 2004	Plan Juni 2005	Ist Juni 2005	Ziel Dez. 2005
Gesamtkosten	820.000	380.000	400.000	760.000
Leistungseinheit (z.B. Stück)	270.000	145.000	140.000	290.000
In EUR	3,04	2,62	2,86	2,62

Wie kontrolliert man Kostensenkungserfolge: Kennzahlen

Lohnkosten pro Leistungseinheit
Fragt danach, was eine Leistungsminute, -stunde o. ä. kostet.
Einzellohnkosten = variabel
Wichtige Kennzahl im Produktionsbereich

	Ist 2004	Plan Juni 2005	Ist Juni 2005	Ziel Dez. 2005
Einzellohnkosten	240.000	115.000	118.000	230.000
Leistungseinheit	680.000	350.000	345.000	700.000
In EUR	0,35	0,33	0,34	0,33

Vollkosten pro Leistungseinheit
Was kostet eine Minute, Stunde o.ä. gesamt?
Wichtige Kennzahl im Zeitablauf.
Man rechnet nur mit den Kosten, die nicht in der Kalkulation separat (Einzelkosten) verrechnet werden und eliminiert die Kosten, bei denen es keinen Sinn macht, sie auf Stundenbasis zu verrechnen, z.B. Material.

	Ist 2004	Plan Juni 2005	Ist Juni 2005	Ziel Dez. 2005
Summe Kosten	820.000	380.000	400.000	760.000
Leistungseinheit	680.000	350.000	360.000	700.000
In EUR	1,21	1,09	1,11	1,09

Leerkostenanalyse
Was wird nicht genutzt? Z.B. Maschinenleerkosten oder Leerkosten im Personalbereich

	Ist 2004	Plan Juni 2005	Ist Juni 2005	Ziel Dez. 2005
Genutzte Kapazität	12.400	7.000	6.800	14.000
Gesamtkapazität	19.500	9.750	9.750	19.500
(z.B. in Stunden)	63,6%	71,8%	69,7%	71,8%

Leistung zu Anwesenheit
Zeigt, wie viel % der physischen Anwesenheit der Mitarbeiter verwertbare Leistung geworden ist.
Differenz: Unproduktive Zeiten, Ausschuss usw.
Die Differenz gilt es zu analysieren.

	Ist 2004	Plan Juni 2005	Ist Juni 2005	Ziel Dez. 2005
Leistung	11.300	6.000	5.800	12.000
Anwesenheit	13.200	6.600	6.800	13.200
	85,6%	90,9%	85,3%	90,9%

Konkrete Methoden der Kostensenkung

Bereichskostenanalyse

Produktion gesamt

Welchen Kostenanteil hat die Produktion bzw. die Leistungserstellung an der Gesamtleistung?

	Ist 2004	Plan Juni 2005	Ist Juni 2005	Ziel Dez. 2005
Kosten der Produktion	360.000	165.000	184.000	330.000
Gesamtleistung	890.000	450.000	440.000	900.000
	40,4%	36,7%	41,8%	36,7%

Vertriebsbereich

Wie hoch ist in Relation der Vertriebskostenanteil?
Wie viel % der Leistung muss für den Vertrieb aufgewandt werden?

	Ist 2004	Plan Juni 2005	Ist Juni 2005	Ziel Dez. 2005
Kosten des Vertriebes	190.000	90.000	88.000	180.000
Gesamtleistung	890.000	450.000	440.000	900.000
	21,3%	20,0%	20,0%	20,0%

Verwaltungsbereich

Kostenanteil der Verwaltung an der Gesamtleistung.

	Ist 2004	Plan Juni 2005	Ist Juni 2005	Ziel Dez. 2005
Verwaltungskosten	80.000	35.000	34.000	70.000
Gesamtleistung	890.000	450.000	440.000	900.000
	9,0%	7,8%	7,7%	7,8%

EDV-Bereich

Kostenanteil der EDV an der Gesamtleistung.

	Ist 2004	Plan Juni 2005	Ist Juni 2005	Ziel Dez. 2005
EDV-Kosten	65.000	30.000	35.000	60.000
Gesamtleistung	890.000	450.000	440.000	900.000
	7,3%	6,7%	8,0%	6,7%

Wie kontrolliert man Kostensenkungserfolge: Kennzahlen

Logistikbereich
Kostenanteil der Logistik an der Gesamtleistung.

	Ist 2004	Plan Juni 2005	Ist Juni 2005	Ziel Dez. 2005
Logistikkosten	35.000	15.000	16.000	30.000
Gesamtleistung	890.000	450.000	440.000	900.000
	3,9%	3,3%	3,6%	3,3%

F+E-Bereich (Forschung- und Entwicklung)
Wie entwickelt sich Ihr F+E-Kostenanteil?
Stehen den F+E-Kosten entsprechende Ergebnisse gegenüber.
Kurz: Lohnt sich Forschung und Entwicklung?

	Ist 2004	Plan Juni 2005	Ist Juni 2005	Ziel Dez. 2005
F+E-Kosten	90.000	45.000	43.000	90.000
Gesamtleistung	890.000	450.000	440.000	900.000
	10,1%	10,0%	9,8%	10,0%

Kostenartenanalyse

Materialkosten
Steigt der %-Anteil, wird zur Leistungserstellung in Relation mehr Material verbraucht.

	Ist 2004	Plan Juni 2005	Ist Juni 2005	Ziel Dez. 2005
Materialkosten	190.000	90.000	93.000	180.000
Gesamtleistung	890.000	450.000	440.000	900.000
	21,3%	20,0%	21,1%	20,0%

Die Materialkosten können jetzt je nach Bedarf detailliert analysiert werden, z.B. Rohstoffe, Zukaufteile usw.

Energie
Kostenanteil Energie an der Gesamtleistung.

	Ist 2004	Plan Juni 2005	Ist Juni 2005	Ziel Dez. 2005
Energiekosten	40.000	17.500	14.000	35.000
Gesamtleistung	890.000	450.000	440.000	900.000
	4,5%	3,9%	3,2%	3,9%

Konkrete Methoden der Kostensenkung

Ausschuss
Wie viel Material geht durch Ausschuss verloren?

	Ist 2004	Plan Juni 2005	Ist Juni 2005	Ziel Dez. 2005
Ausschuss in EUR	35.000	12.500	13.500	25.000
Materialeinsatz	890.000	450.000	440.000	900.000
	3,9%	2,8%	3,1%	2,8%

Personalkosten gesamt
Wichtig: Wie hoch ist der Anteil der Personalkosten an der Gesamtleistung?

	Ist 2004	Plan Juni 2005	Ist Juni 2005	Ziel Dez. 2005
Personalkosten	420.000	200.000	215.000	400.000
Gesamtleistung	890.000	450.000	440.000	900.000
	47,2%	44,4%	48,9%	44,4%

Variable Personalkosten
Mit wie viel variablen Personalkosten wird die Leistung erbracht?

	Ist 2004	Plan Juni 2005	Ist Juni 2005	Ziel Dez. 2005
variable Personalkosten	240.000	115.000	118.000	230.000
Gesamtleistung	890.000	450.000	440.000	900.000
	27,0%	25,6%	26,8%	25,6%

Fixe Personalkosten
Mit wie viel fixen Personalkosten wird die Leistung erbracht?

	Ist 2004	Plan Juni 2005	Ist Juni 2005	Ziel Dez. 2005
Fixe Personalkosten	180.000	85.000	97.000	170.000
Gesamtleistung	890.000	450.000	440.000	900.000
	20,2%	18,9%	22,0%	18,9%

Anteil fixer Personalkosten an den Gesamtpersonalkosten
Schlecht, wenn der Anteil der fixen Personalkosten steigt

	Ist 2004	Plan Juni 2005	Ist Juni 2005	Ziel Dez. 2005
Fixe Personalkosten	180.000	85.000	97.000	170.000
Gesamtpersonalkosten	420.000	200.000	215.000	400.000
	42,9%	42,5%	45,1%	42,5%

Wie kontrolliert man Kostensenkungserfolge: Kennzahlen 2

Fehlzeiten Personal
Zu den Fehlzeiten gehören bezahlte Feiertage, Urlaub, Krankheit und sonstige Fehlzeiten (z.B. Weiterbildungsurlaub).
Fehlzeiten müssen bezahlt werden, sind also Kosten ohne Leistung.

	Ist 2004	Plan Juni 2005	Ist Juni 2005	Ziel Dez. 2005
Fehlzeiten	580	250	245	500
Anwesenheit	13.200	6.600	6.800	13.200
	4,4%	3,8%	3,6%	3,8%

Abschreibungen
Steigt diese Kennzahl, wird die Leistung mit zunehmenden Abschreibungen erbracht.
Oder die Leistung ist bei gleichen Abschreibungen gesunken
= schlechtere Kapazitätsnutzung

	Ist 2004	Plan Juni 2005	Ist Juni 2005	Ziel Dez. 2005
Abschreibungen	65.000	32.500	32.000	65.000
Gesamtleistung	890.000	450.000	440.000	900.000
	7,3%	7,2%	7,3%	7,2%

Instandhaltung
Bei steigenden Kosten: Sind unsere Anlagen veraltet oder werden sie nicht vernünftig gewartet?

	Ist 2004	Plan Juni 2005	Ist Juni 2005	Ziel Dez. 2005
Instandhaltungskosten	24.000	10.000	6.800	20.000
Gesamtleistung	890.000	450.000	440.000	900.000
	2,7%	2,2%	1,5%	2,2%

Alle weiteren Kostenarten können jetzt je nach Bedarf detailliert analysiert werden.

Abb. 27: Abbildung Kennzahlen

Tipp:
Viele Kennzahlen beziehen sich auf die Gesamtleistung. Dies beinhaltet nicht nur den Umsatz sondern auch alle anderen Leistungskomponenten, z. B. Bestandsveränderungen oder sonstige Leistungen wie aktivierte Eigenleistungen. Der Hintergrund ist, dass auch für Leistungen neben dem Umsatz Kosten aufgewandt werden. Prüfen Sie allerdings, ob man bei Ihnen im Unternehmen nicht den Umsatz als Bezugsgröße nehmen kann, z. B. wenn die anderen Leistungen sehr gering sind oder keine bzw. nur unwesentliche Kosten verursachen.

2 Konkrete Methoden der Kostensenkung

Beispiel: Mit diesen Kennzahlen arbeitete ein Unternehmen

Ein Unternehmen der verarbeitenden Industrie arbeitete im Rahmen von Kostensenkungsmaßnahmen mit lediglich den folgenden fünf Kennzahlen. Auch nach den Kostensenkungsmaßnahmen arbeitete man mit diesen Kennzahlen weiter:

- Gesamtkosten zur Gesamtleistung in Prozent
- Anteil der fixen Kosten an der Leistung in prozent
- Vollkosten pro Leistungseinheit
- Leistung zu Anwesenheit in Prozent
- Fehlzeiten Personal

Damit, fand man, war alles Wesentliche abgedeckt. Dies waren sog. Kopfkennzahlen. Wenn eine Kennzahl aus dem Ruder lief, ging man dann tiefer in die Analyse.

Kennzahlen für besondere Situationen

Besondere Situationen benötigen besondere Kennzahlen

Situationsbedingt kann es immer wieder einmal notwendig werden, seine Kennzahlen zu ergänzen. Wenn sich der Betrieb z. B. in einer Erweiterungsphase befindet, wird man spezielle Kennzahlen bilden und beobachten, ob die Erweiterungskosten nicht aus dem Ruder laufen, z. B. in welchem Verhältnis die Kosten der Erweiterung zum Umsatzwachstum stehen.

Wer viel forscht und entwickelt, benötigt Kennzahlen, die z. B. prüfen, ob sich die Kosten für Forschung und Entwicklung amortisieren.

Arbeitet man viel mit Projekten, wird man Projektkostenkennzahlen bilden, z. B. das Verhältnis Verbrauch des Projektbudgets in Prozent zum geplanten Budget. Idealerweise schaut man sich in diesem Zusammenhang dann die Kosten des verbrauchten Budgets im Verhältnis zum Projektfortschritt an.

Tipps: Nicht oft ändern, aber bitte kommentieren!

Nicht dauernd die Kennzahlen oder die Berichterstattung ändern. Die Empfänger sollen sich an die Auswertungen gewöhnen, Routine in der Analyse bekommen.

Verteilen Sie nicht einfach nur Kennzahlen und Berichte, sondern schulen Sie im Zweifel die Empfänger. Nicht jeder ist Controllingexperte und kann Kennzahlen leicht lesen.

2 Wie kontrolliert man Kostensenkungserfolge: Kennzahlen

Bei der Arbeit mit Kennzahlen wird man schnell Routine bekommen und vor allem „ein Gefühl" für die Zahlen. Meist genügt dann ein Blick und man weiß, ob eine Zahl o. k. ist oder ob man analysieren und infolge handeln muss.

CD-ROM

Checkliste: Kennzahlen
- Bildet die Kennzahl das Kostenproblem auch tatsächlich ab?
- Können Kennzahlen, die im ersten Ansatz zur Kostensenkung erarbeitet wurden, auch weiterhin zur Kostenbeobachtung eingesetzt werden?
- Werden Kennzahlen zeitnah erstellt (nicht aktuelle Kennzahlen werden weniger beachtet)?
- Kennen die Kennzahlenempfänger die betriebswirtschaftlichen Inhalte der Kennzahlen? Konkret: Weiß jeder, was die Kennzahl eigentlich „sagen" will?
- Wird über die Kennzahlen auch diskutiert oder werden Sie nur routinemäßig zur Kenntnis genommen? Konkret: Wir bei Ihnen aktiv mit Kennzahlen gearbeitet?
- Und zum Schluss. Eigentlich ist es selbstverständlich, aber trotzdem: Ist richtig gerechnet worden?

3 Kostenmanagement

Eigentlich muss ein gutes Management dafür sorgen, dass es gar nicht zur Notwendigkeit für intensive Kostensenkungsmaßnahmen kommt. Statt zu *reagieren* sollte man rechtzeitig *agieren*. Durch geeignete Brandschutzmaßnahmen (Kostenmanagement) muss die Feuerwehr (Kostensenkungsmaßnahmen) erst gar nicht zum Einsatz kommen.

Kostenmanagement ist deswegen so wichtig geworden, weil sich die Rahmenbedingungen für die Unternehmen in den letzten Jahren geändert haben. Hier (nicht abschließend) einige Beispiele; sicherlich finden Sie hier einige Probleme Ihres Unternehmens wieder:

- **Nachfragerückgang**
  Viele Branchen leiden unter einem Nachfragerückgang, z. B. der Konsumartikelbereich. Manch einer ist verwundert, wenn Absatz oder Umsatz auf einmal um 10 % gesunken sind.

- **Konkurrenzdruck**
  In nahezu jeder Branche tauchen mehr Wettbewerber auf. Wobei die besondere Problematik heutzutage ist, dass diese Wettbewerber aus Ländern oder Regionen kommen, die ungleich günstigere Kostenstrukturen aufweisen.

- **Kostendruck**
  Der Kostendruck wächst überall.
  – Der Kostendruck kommt zum einen von der Konkurrenz. Viele machen erschreckt die Entdeckung, dass die Konkurrenz mit Verkaufpreisen aufwartet, die deutlich unter den Kosten im eigenen Unternehmen liegen. Ja manchmal fragt man sich überrascht, wie derartige Preise überhaupt möglich sind und resigniert: Dieses niedrige Kostenniveau wird man auf die Schnelle niemals erreichen.

Kostenmanagement

- Kostendruck kommt aber auch von den Kunden. Viele Unternehmen geben den eigenen Kostendruck auf ihre Zulieferanten weiter, z. B. in der Automobilindustrie. Jetzt im Geschäft bzw. in der Gewinnzone zu bleiben, wird zunehmend schwerer.

- **Kürzere Produkt- und Technologiezyklen**
  In immer kürzeren Intervallen werden Neuprodukte entwickelt und auf den Markt gebracht. Wer sich heute ein Notebook kauft, schaut morgen schon kritisch in die Zeitung, ob er technisch noch auf dem neuesten Stand ist. Alles wird schnelllebiger. Dieser rasche Wechsel kostet: Forschung, Entwicklung, Markteinführung, Vertrieb usw. Schnell muss sich eine Investition amortisieren, damit Geld für die nächste Produktgeneration vorhanden ist. Ein Teufelskreis.

Und nicht zu vergessen: **Die Bürokratie.** In vielen Unternehmen geht es noch recht behäbig zu. In guten Zeiten ließ sich vortrefflich „Speck" ansetzen. Jetzt hat man intern lange Entscheidungswege, es gibt Mitarbeiter, die an die „Dynamik des Marktes" nicht gewöhnt sind. Und vor allem: Jeder kleine Einschnitt, jede Änderung im gewohnten komfortablen Ablauf, jede Kostensenkungsmaßnahme stößt auf internen Widerstand.

Die schlechte Nachricht: Die wirtschaftlichen Rahmenbedingungen werden sich voraussichtlich nicht verbessern, Stichwort Globalisierung.

Die gute Nachricht: Mit einem effektiven Kostenmanagement kann man manch problematische Entwicklung auffangen.

3 Kostenmanagement

3.1 Warnsignale! Was läuft eventuell schief?

> Immer wieder macht man die Erfahrung, dass Unternehmen überrascht sind, wenn plötzlich die Welt wirtschaftlich nicht mehr in Ordnung ist. Jetzt gibt es auf einmal Probleme mit der Liquidität, Gewinne sind eingebrochen, die Kosten pro Stück steigen usw. Offensichtlich hat man versäumt, auf bestimmte – wenn auch vielleicht manchmal schwache – Signale zu achten. Deswegen muss man sich um Warnsignale kümmern, die auf einen Handlungsbedarf im Kostenmanagement hinweisen.

Wann gibt es akuten Bedarf für Kostenmanagement?

Die Frage ist: Bei welchen Entwicklungen muss die Warnlampe blinken?

Problem: Zwar steigen die Umsätze, aber merkwürdigerweise infolge nicht die Gewinne

Viele Verantwortliche in den Unternehmen legen sich entspannt zurück, wenn es gelungen ist, den Umsatz zu steigern. Und dann kommt irgendwann das Controlling und rechnet ihnen vor, dass trotz steigender Umsätze der Gewinn gesunken ist. Nun wundert man sich: Wie kann denn das passieren? Und erst in Nachhinein erkennt man jetzt z. B. folgende Probleme:

Die Kosten „fressen" die Gewinne

- Der steigende Umsatz ist mit einer ausufernden Produktvielfalt erzielt worden. Damit waren aber hohe Investitionen und teurer Vertriebsaufwand verbunden.
- Die Fixkosten sind aus dem Ruder gelaufen. Um hohe Umsätze zu erzielen, mussten teure Kredite aufgenommen werden, z. B. für Entwicklung oder Kapazitätserweiterungen.
- Mit vielen Produkten wurde letztlich kein Geld verdient. Sie brachten Umsatz, aber keine positiven Deckungsbeiträge (siehe hierzu zum Beispiel Kapitel 2.5).

Das Kostenmanagement empfiehlt jetzt, sich eher an den Deckungsbeiträgen und weniger am Umsatz zu orientieren.

3 Warnsignale! Was läuft eventuell schief?

Problem: Kleinkunden und Kleinaufträge nehmen zu

Der Markt, das Angebot wird immer breiter. Dadurch wird immer differenzierter eingekauft und infolge sinken die Ordermengen. Folglich sind mehr Kleinkunden bzw. Kleinaufträge zu bewältigen. Dies bedeutet einen Mehraufwand im Bereich Logistik, Vertrieb und Administration bei niedrigen Umsätzen.

Mehr Kunden = mehr Kosten

Das Kostenmanagement fragt jetzt: Kennen Sie Ihre Kosten für die Betreuung eines Auftrages. Wird an Kleinaufträgen überhaupt noch verdient oder sind die Handlingkosten zu hoch?

Problem: Die Produktvarianten nehmen zu

Die Märkte werden immer individueller. Jeder Kunde möchte am liebsten das auf ihn speziell zugeschnittene Produkt. Wenn die Konkurrenz wächst, versucht man sich durch spezielle Produkte abzuheben. Aber genau dies ist teuer (Investitionen, Werbung usw.)

Das Kostenmanagement stellt nun die Frage, ob die Kosten für eine neue oder veränderte Produktvariante transparent sind. Konkret: Lohnt es sich, viele Produktvarianten anzubieten?

Wie differenziert muss Ihre Produktpalette sein?

Problem: Unveränderte organisatorische Abläufe trotz großer Umsatzrückgänge oder Umsatzzuwächse

Gewachsene Strukturen bzw. Organisationen haben die Tendenz zur Trägheit. So kommt es z. B. vor, dass trotz geringerer Umsätze die alte Vertriebsstruktur immer noch in alter Größe aufrechterhalten wird. Oder ein immer dynamischer werdender Markt wird mit der Aufblähung der alten Strukturen beantwortet, statt dass man vielleicht die internen Abläufe überdenkt.

Alles ändert sich, nur Ihre Organisation nicht?

Nun fragt das Kostenmanagement, ob die gewachsenen (Kosten-)Strukturen noch zur aktuellen Situation passen.

3 Kostenmanagement

Problem: Die auf Produkte bzw. Aufträge nicht direkt zurechenbaren Kosten sind deutlich gestiegen

Idealerweise kann man einen Großteil der Kosten direkt den Produkten zurechnen. Material- und direkte Personalkosten sowieso. Aber es steigt der Gemeinkostenanteil, also die Kosten, die sich nicht direkt zurechnen lassen: Service, Qualitätssicherung, Kundenbetreuung, Logistik usw. All diese Kosten müssen aber auch erwirtschaftet werden. Nun ist es eine alte Erfahrung, dass die Verantwortlichkeit der Produkte für diese Gemeinkosten sehr unterschiedlich ist. Ein vermeintlich Gewinn bringendes Produkt verursacht hohe Servicekosten oder bindet viele Logistikkapazitäten.

Was treibt die Kosten nach oben?

Das Kostenmanagement muss die Frage untersuchen, welche Gemeinkosten durch welche Produkte bzw. welche internen Prozesse verursacht werden. Die entscheidende Frage ist nun: Was sind die Kostentreiber, also welche internen Aktivitäten treiben die Kosten für die interne Betreuung der Produkte nach oben?

Problem: Die Planungen werden immer unsicherer, die Abweichungen zur den Planannahmen nehmen zu

Heute schon wissen, was morgen passiert

Im Rahmen der Planung müssen Umsätze und Kosten ins richtige Verhältnis gebracht werden. Aber auch wenn solide geplant wird: Heutzutage ändern sich die wirtschaftlichen Bedingungen so kurzfristig, dass es immer schwieriger wird, Unsicherheiten in den Griff zu bekommen. Jetzt besteht die Gefahr, dass Umsätze und Kosten nicht mehr zusammen passen: Umsätze sind schnell eingebrochen, die Kosten können allerdings nicht so flott angepasst werden. Schnell ist ein Unternehmen jetzt vielleicht „von den Fixkosten erschlagen".

Hier muss das Kostenmanagement aussagekräftige Analysemethoden zur Verfügung stellen. Auch müssen Prognosen rechtzeitig kommen und vor allem stimmen.

Warnsignale! Was läuft eventuell schief? 3

Problem: Mangelnde Liquidität

Möglicherweise sind die Umsätze in Ordnung. Und trotzdem wird das Geld knapp.
- Mit einigen Produkte wird vielleicht unter dem Strich nichts mehr verdient.
- Die Fixkosten verschlingen zu viel „Cash" (Zinsen, Qualitätskosten, Vertriebskosten, Verwaltung usw.).
- Vorleistungen werden immer höher (z. B. für Investitionen).
- Die Zahlungsmoral der Kunden sinkt.

Warum wird das Geld knapp?

Kostenmanagement muss unterstützend bei der Sicherung der Liquidität aktiv sein. Liquidität ist nicht nur mehr eine Frage der Finanzabteilung sondern auch insbesondere eine Frage der richtigen Dimensionierung der internen Kosten.

Die Kostenmanagementprobleme müssen also auf mehreren Ebenen gelöst werden:
- Auf der Ebene des so genannten **Kostenniveaumanagements**: Jetzt gilt es, die Gesamtkosten zu reduzieren.
- Auf der Ebene des **Kostenstrukturmanagements**: Es geht darum, die Kostenblöcke (fixe und variable Kosten, Einzel- und Gemeinkosten) in die richtigen Relationen zu bringen. Konkret heißt das: So wenig fixe Kosten wie möglich, so wenig Gemeinkosten wie möglich.
- Und auf der Ebene des **Kostenverlaufsmanagements**: Kosten sollen sich am Markt orientieren. Ändert sich der Markt, sollte flexibel im Kostenbereich reagiert werden.

Kostenmanagement kennt viele Ansatzpunkte

CD-ROM

Checkliste: Warnsignale für ein Kostenmanagement

Wenn einer der untenstehenden Punkte für Ihr Unternehmen zutrifft, sollten Sie „nervös" werden:
1. Stagnieren oder sinken Ihre Deckungsbeiträge?
2. Verdienen Sie immer weniger pro Stück?
3. Müssen Sie immer mehr Kunden akquirieren, um die Umsätze zu halten?
4. Verlangt der Markt nach einer immer größeren Variantenvielfalt?

3 Kostenmanagement

> 5. Werden die Lebenszyklen Ihrer Produkte immer kürzer?
> 6. Lassen sich bei Ihren Hauptkunden immer geringere Preise durchsetzen?
> 7. Steigen Ihre Fixkosten überproportional zu den variablen Kosten?
> 8. Nimmt Ihr Gemeinkostenblock zu (Logistik, Qualität, Verwaltung usw.)?
> 9. Fehlt Ihnen Transparenz über die wichtigsten Kostentreiber, also die wichtigsten Kosteneinflussgrößen?
> 10. Ist es fraglich, zukünftige Aufgaben noch sicher finanzieren zu können?

3.2 Welche Basiswerkzeuge braucht man: Kostenrechnung/Controlling

> Für ein effektives Kostenmanagement benötigt man Kostentransparenz. Man arbeitet mit Instrumenten, die zunächst die Kosten registrieren und verursachungsgerecht verteilen. Das ist die Kostenrechnung. Des Weiteren geht es dann um die Steuerung dieser Kosten bzw. der Ergebnisse, man bewegt sich Richtung Controlling.

Welche Kosten wo und wofür?

Die **Kostenrechnung** konzentriert sich auf wesentliche drei Fragen:
- Welche Kosten sind entstanden (Kostenartenrechnung)
- Wo sind diese Kosten entstanden (Kostenstellenrechnung)
- Wofür sind die Kosten entstanden (Kostenträgerrechnung)

Welche Kosten sind entstanden (Kostenartenrechnung)?

Zunächst natürlich alle, die auch im Rahmen der Buchhaltung erfasst wurden: Personalkosten, Materialkosten, Mieten, Energie, Instandhaltung, Abschreibung, Büromaterial usw. Für kostenrechnerische Fragestellungen müssen wir die Kosten aber weiter unterteilen bzw. analysieren. Es gibt:

Welche Basiswerkzeuge braucht man: Kostenrechnung/Controlling 3

- **Fixe Kosten:** Fix bedeutet, diese Kosten fallen an, ob wenig oder viel abgesetzt oder produziert wird. Sie sind unabhängig von der Ausbringung. Zum Beispiel Abschreibungen, Mieten, Verwaltungspersonal usw. Dies wird spätestens dann zum Problem, wenn Fixkosten für eine gewisse Kapazität ausgegeben wurden, diese Kapazität aber nicht erreicht wird. Die variablen Kosten können jetzt zurückgefahren werden, auf den fixen bleibt man sitzen.

    Die Klassiker, die jeder kennen muss: Fixe und variable Kosten

- **Variable Kosten:** Diese sind abhängig von der Ausbringung. Typisch variabel ist Fertigungsmaterial. Während die fixen Kosten „da" sind, egal ob überhaupt etwas passiert, fallen die variablen Kosten erst an, wenn etwas passiert. Beim privaten PKW ist die Versicherung fix, das Benzin variabel. Falls man die Entscheidung treffen will, ob man aus Kostengründen Bahn oder Auto fährt, wird man dies auf Basis der variablen Kosten tun und die Versicherung nicht auf die Kosten pro Kilometer umlegen. Somit sind die variablen Kosten die entscheidungsrelevanten Kosten, denn Fixkosten fallen sowieso an. Auf dieser Erkenntnis basieren moderne Kostenrechnungssysteme wie z. B. die Teilkostenrechnung, die zunächst nur die variablen Kosten betrachtet und auf dieser Basis Ergebnisse (siehe Kapitel 2.5) errechnet.

Ferner gibt es:
- **Einzelkosten:** Wir sind bei der Frage angelangt, wie man Kosten auf das Produkt kalkuliert. Das ist bei Einzelkosten einfach, denn diese kann man direkt dem Produkt zurechnen. Einzelkosten werden für ein Stück verursacht. Zum Beispiel Löhne in der Fertigung. Man kennt die notwendige Zeit für die Erstellung des Produktes und den Lohnsatz. Bei den Einzelkosten gibt es also keine Probleme.

    Wie werden Kosten verrechnet?

- **Gemeinkosten:** Dies sind „gemeine" Kosten. Sie lassen sich nämlich nicht direkt verrechnen. Zum Beispiel die Gehälter in der Verwaltung oder Gebäudekosten. Klar – irgendwie müssen sie auf das Produkt kalkuliert werden, aber wie? Hier muss man mit Verteilungsschlüsseln arbeiten, die aber nicht selten fragwürdig sind. Häufig spricht man auch von Gemeinkostenbereichen. Damit sind dann die Bereiche im Unternehmen gemeint,

3 Kostenmanagement

die für mehrere andere Bereiche aktiv sind. Sie werden auch manchmal „Querschnittsbereiche" genannt: Logistik, Qualitätswesen, Verwaltung usw.

Das Kostenmanagement legt seinen Schwerpunkt auf die Fix- und Gemeinkosten.

Wo sind die Kosten entstanden – die Kostenstellenrechnung

In nahezu jedem Unternehmen gibt es Kostenstellen – die Orte der Kostenverursachung. Die Buchhaltung erfasst also nicht nur die Kosten sondern ordnet sie den Kostenstellen zu. Im Wesentlichen werden folgende Aufgaben verfolgt:

Kostentransparenz für die Verantwortungsträger im Unternehmen

- **Kosteninformation für die Kostenstellenverantwortlichen:** Jeder Verantwortliche soll regelmäßig Kosteninformationen über die Kosten bekommen, für die er verantwortlich ist. Sinnvoll ist es jetzt, neben den Ist-Zahlen gleichzeitig Planzahlen auszuweisen. Über die Abweichungen zwischen Plan und Ist kann man dann diskutieren.

Welche Basiswerzeuge braucht man: Kostenrechnung/Controlling 3

KOSTENSTELLENAUSWERTUNG					
Kostenstelle:	1370 Fräserei				
Kostenstellenleitung:	Herr Schubert				
Zeitraum:	Februar 2005				

In 1.000 EURO	Plan	Ist	Abweichung absolut	%	
Material	111.800	135.700	-23.900	-21%	„was ist hier passiert?"
Löhne	273.100	266.500	6.600	2%	
Gehälter	85.400	84.300	1.100	1%	
Energie	15.600	17.400	-1.800	-12%	
Instandhaltung	3.200	9.100	-5.900	-184%	„was ist hier passiert?"
Reisekosten	4.300	4.100	200	5%	
Administrationskosten	13.200	12.900	300	2%	
Abschreibungen	35.000	34.800	200	1%	
Zinsen	0	0	0		
Sonstige Kosten	23.500	36.400	-12.900	-55%	„was ist hier passiert?"
Umlagen	25.000	25.000	0	0%	
Summe Kosten	590.100	626.200	-36.100	-6%	

Abb. 28: Tabelle Kostenstellenauswertung

Was ist warum passiert? Was darf zukünftig nicht mehr passieren? Können wir den Plan noch halten? *Sind die Kostensenkungsziele erreicht worden?* Gerade die Abweichungen machen Kostenstellenauswertungen für alle interessant.

<small>Was ist passiert?</small>

- **Vorbereitung für die Kalkulation:** Die Kostenstellenrechnung ist der Kalkulation vorgelagert. Bei der Kalkulation geht es darum, dass ein verursachungsgerecht ermittelter Teil der Kosten ins Produkt wandert, also Material, Löhne usw. In der Kostenstellenrechnung werden nun Kosten gesammelt und es wird ein Kostensatz gebildet: *Was kostet die Minute oder eine Stunde in meiner Kostenstelle?* In diesen Minuten- oder Stundensätzen schlagen sich Kostensenkungsmaßnahmen nieder (siehe Kapitel 2.11).

Wofür sind die Kosten entstanden (die Kostenträgerrechnung)?

Hier spielt die eigentliche betriebswirtschaftliche „Musik" im Bereich Kostenrechnung. Kostenträger sind Produkte, Dienstleistungen usw. Ihnen werden die Kosten zugerechnet, sie müssen sie tragen und durch den Verkauf möglichst mit Gewinn wieder hereinholen.

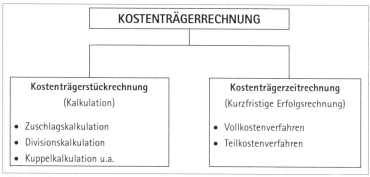

Abb. 29: Kostenträgerrechnung

Die Kostenträgerrechnung hat zwei Dimensionen:

Die richtigen Preise finden
- Zum einen die Produktbetrachtung: **Was kosten die Produkte?** Dies ist die Kalkulation (Kostenträgerstückrechnung). Sie ist unerlässlich als Hilfe bei preispolitischen Entscheidungen. Kostensenkungsmaßnahmen müssen sich in der Produktkalkulation niederschlagen: Das Produkt wird billiger in der Herstellung.

Was verdienen wir am Produkt?
- Zum anderen die Zeitbetrachtung: **Welchen Erfolg haben wir mit diesen Produkten** (Kurzfristige Erfolgsrechnung)? Wie hoch ist z. B. der Anteil einzelner Produkte am Gesamtergebnis? Lohnt sich das Produkt überhaupt? Womit machen wir gar Verluste (und wissen es bislang noch gar nicht)? Kostensenkungsmaßnahmen müssen sich jetzt ebenfalls hier niederschlagen: Der Produkterfolg steigt.

Verbreitet sind z. B. folgende Erfolgsrechnungen:
- **Artikelergebnisrechnungen:** Man berechnet den Gewinn oder Verlust eines bestimmten Produktes.

Welche Basiswerkzeuge braucht man: Kostenrechnung/Controlling

- **Kundenergebnisrechnungen:** Jetzt will man wissen, was an bestimmten Kunden oder Kundengruppen verdient wird.
- **Gebietsergebnisrechnungen:** Was verdienen wir in bestimmten Verkaufsgebieten (Länder, Regionen usw.)?

Produktergebnisrechnung:
Welchen Anteil hat das Produkt am Gesamtergebnis?

	Produkt City	Produkt Fashion	Produkt Lady	Summe
Absatz in Stück	11.900	34.600	6.250	52.750
Durchschnittspreis netto	47,50	35,00	35,50	37,88
Bruttoumsatz	516.550	1.100.100	203.250	1.819.900
Erlösschmälerungen	48.700	110.900	18.600	178.200
Umsatz netto	565.250	1.211.000	221.850	1.998.100
Kosten:				
Produktherstellkosten	313.900	559.000	160.700	1.033.600
Transportkosten	10.900	24.800	4.600	40.300
Vertreterprovisionen	113.200	248.000	44.800	406.000
Sonstige Kosten	88.900	153.400	63.500	305.800
Summe Kosten	526.900	985.200	273.600	1.785.700
Produktergebnis	38.350	225.800	−51.750	212.400

Abb. 30: Tabelle Artikelergebnisrechnung

Kostensenkungsmaßnahmen müssen sich an steigenden Ergebnissen in den einzelnen Erfolgsrechnungen niederschlagen. Genau deswegen betreiben wir Kostensenkung!

3 Kostenmanagement

Controlling: Das Unternehmensschiff steuern

Von der Kostenrechnung führt der Weg direkt in das Controlling.

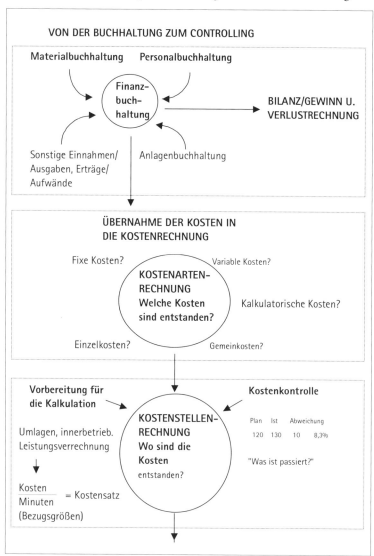

3 Welche Basiswerkzeuge braucht man: Kostenrechnung/Controlling

Abb. 31: Buchhaltung – Controlling

Was ist eigentlich Controlling?

Bitte nicht Controlling mit Kontrolle gleichsetzen. Durch die Übernahme des Wortes Controlling aus dem amerikanischen hören viele bei dem Wort Controlling immer noch Kontrolle heraus, obwohl dies keineswegs richtig ist. Allein schon das Verb „to control" bedeutet nicht kontrollieren sondern richtig übersetzt eher steuern, regeln.

Ganz wichtig! Controlling ist nicht Kontrolle

Controlling als Lotsendienst

Richtig verstanden, kann Controlling als ökonomischer Lotsendienst bezeichnet werden. Als Lotsendienst, der das Unternehmensschiff um die ökonomischen Klippen und Untiefen herumführt und dem Kapitän, sprich der Unternehmensleitung, Hilfestellung bietet. So ist der oder die Controller/in die betriebswirtschaftliche Begleitung, die in Abstimmung mit der Unternehmensführung Ziele setzt, den

Ein Lotse muss an Bord

3 Kostenmanagement

Zielerfüllungsgrad beobachtet und im Notfall Korrekturzündungen vorschlägt bzw. einleitet. So werden zum Beispiel die Kosten beobachtet. Sowie sie über einen gewissen Punkt aus dem Ruder gelaufen sind, geht die rote Lampe an und es werden Kostensenkungsmaßnahmen angestoßen.

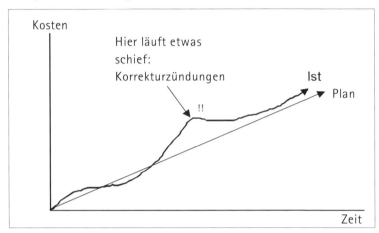

Abb. 32: Korrekturzündung

Wer macht Controlling?

Viele machen Controlling

Controlling macht nicht etwa nur ein Controller. Die Controller arbeiten eng mit nahezu allen Bereichen des Unternehmens zusammen, insbesondere aber auch mit der Unternehmensleitung. Üblicherweise wird die Controllingfunktion als sog. Schnittmengenbild dargestellt.

3 Welche Basiswerkzeuge braucht man: Kostenrechnung/Controlling

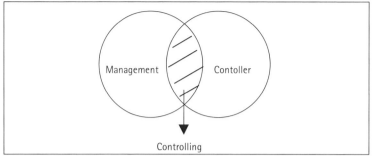

Abb. 33: Schnittmengenbild Controlling

Um bei unserem Lotsenbeispiel zu bleiben: Hat man einen Lotsen (Controller), sagt dieser dem Kapitän, wo es langgeht. Befehle aber gibt der Kapitän (die Unternehmensleitung).

Beispiel: Sind öffentliche Aufträge lukrativ?
Ein größeres Bauunternehmen ist gut ausgelastet, was insbesondere auch an öffentlichen Aufträgen liegt. Ansonsten ist man stark im „Häuslebauer-Geschäft" tätig. Der Controller ist schon eine Zeit lang skeptisch, was die Gewinne aus den öffentlichen Aufträgen betrifft. Eine Analyse ergibt, dass hier deutlich weniger verdient wird als in der Vergangenheit, ja, dass es Aufträge gibt, an denen gar nichts mehr verdient wird. Der Controller muss nun auf den Alarmknopf drücken (Eisberg voraus!). Nun müssen Korrekturzündungen eingeleitet werden: Kostenanalysen mit dem Ziel der Kostensenkung, exaktere Kalkulationen und unter Umständen auch einmal Verzicht auf einen Auftrag.

Letztlich bedeutet Controlling
... Steuerung
... durch Zahlen
... im Hinblick auf Ziele.

Das heißt:
- Controller müssen für Transparenz sorgen,
- Controller koordinieren Ziele und Planung und organisieren daraus ein Berichtswesen,

Basisaufgaben des Controllings

3 Kostenmanagement

- Controller sind die internen betriebswirtschaftlichen Berater aller Entscheidungsträger und wirken als Lotsen zur Zielerreichung.

Strategisches/operatives Controlling

Strategisches und operatives Controlling vernetzt

Das Controlling bewegt sich auf zwei Ebenen: Auf der strategischen und auf der so genannten operativen Ebene. Strategisch als langfristiges und operativ als kurzfristiges Handeln anzusehen, wäre falsch. Strategisch bedeutet, dass heute Maßnahmen ergriffen werden, die auch zukünftig die Existenzsicherung ermöglichen und man plant, welche Schritte morgen notwendig sind, damit übermorgen nichts passiert. Vielfach wird formuliert:

- Strategisch: Die richtigen Dinge tun
  Was ist unsere Kernkompetenz. Was können wir?
  Was will der Markt; morgen, übermorgen?
  Wo stehen wir jetzt, wo wollen wir hin?

- Operativ dagegen: Die Dinge richtig tun
  Abgeleitet aus der Strategie: Was sind die nächsten Schritte? Welche Dinge sind jetzt notwendig? So konkretisiert z. B. die operative Planung die strategische Planung.

Es gibt vor diesem Hintergrund einen von Controllern immer wieder gern genannten Spruch:
„Was man strategisch versäumt, muss man operativ ausbaden."

Wenn Sie z. B. bei der Urlaubsreise strategisch nicht darauf achten, dass das Hotel am Strand liegt, dürfen Sie sich nicht wundern, wenn Sie dies operativ ausbaden müssen, indem Sie jeden Tag einen langen Fußmarsch zum Strand antreten.

Und im Unternehmen? Wenn strategisch versäumt wird, sich um ein effektives Kostenmanagement zu kümmern, darf man sich nicht wundern, wenn eines Tages überhastet Kostensenkungsmaßnahmen eingeleitet werden müssen.

Planung: Die Zukunft

Ein gängiger Spruch im Controlling ist: Planung ist die Ersetzung des Zufalls durch den Irrtum. Klar ist, dass die Wirklichkeit fast nie

Welche Basiswerkzeuge braucht man: Kostenrechnung/Controlling

exakt die Planung trifft. Auf der anderen Seite: Wer nicht weiß, wo er hinwill, kommt irgendwo oder gar nicht an. Das kann es auch nicht sein.

Sind die strategischen Eckdaten gesetzt, geht es ins Detail der operativen (Jahres-)Planung. Einmal im Jahr wird geplant, meist um den Oktober herum. Es ist die hohe Zeit des Controllings. Sämtliche Bereiche des Unternehmens werden durchgeplant und man versucht, das nächste Jahr gedanklich bzw. zahlenmäßig vorwegzunehmen.

Wo wollen wir hin?

Jetzt muss noch entschieden werden, wer plant. Nicht ausschließlich das Controlling plant. Man sollte versuchen, „buttom up" zu planen. Es plant nach Vorgaben die Abteilung, der Bereich. Die Bereiche werden verdichtet; es entsteht die Gesamtplanung und diese wird mit den strategischen Zielen wiederum abgestimmt. Einfacher ist es freilich, „top down" zu planen: Man gibt den Bereichen einfach die Planzahlen vor. Nur – wer identifiziert sich dann mit der Planung? Kommt es im nächsten Jahr zur Abweichung, wird argumentiert: „Ich habe doch die Zahlen nicht gemacht, rede mich nicht an oder beziehe mich das nächste mal in die Planung mit ein."

Auf jeden Fall stehen am Ende des Planungsprozesses Planzahlen für alle Bereiche, die von der Geschäftsleitung abgesegnet werden und dann für alle verbindlich sind.

Jeder muss wissen, was er zu tun hat

3 Kostenmanagement

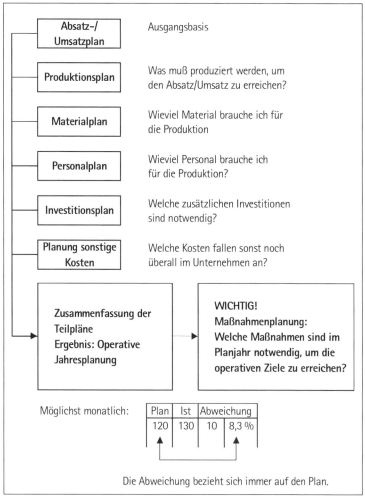

Abb. 34: Planung

Das Ist wird mit dem Plan verglichen

Idealerweise hat jetzt jeder Bereich, jede Abteilung, auf jeden Fall aber jeder Verantwortliche Plandaten, an denen er sich messen kann. Sind diese auf den Monat heruntergebrochen, werden die monatlichen Istdaten dagegengesetzt. Der interessante Prozess der Abweichungsanalyse kann beginnen. Ein Terrain, auf dem sich der

Welche Basiswerkzeuge braucht man: Kostenrechnung/Controlling 3

Controller austoben kann und im Notfall Korrekturzündigen vorschlägt: „Stop, hier läuft etwas falsch, der Plan ist in Gefahr." Möglicherweise wird im Laufe der Zeit erkannt, dass die strategischen Ziele nicht zu erreichen sind, z. B. weil sich die Konjunkturdaten schlecht entwickelt haben oder weil der Boom doch nur eine kurze vorübergehende Modewelle war. Hier muss dann eine Kurskorrektur erfolgen.

> Und natürlich werden in die Planung auch Kostensenkungsziele eingearbeitet. Jetzt ist allerdings darauf zu achten, dass diese Ziele mit konkreten Maßnahmen gestützt werden (also z. B. mit den Instrumenten aus Kapitel 2 dieses Buches).

Controllinginstrumente: Der Werkzeugkasten des Controllings

Man spricht gern von „Controlling-Tools", den Werkzeugen des Controllings. Hier zusammengefasst die wichtigsten Instrumente, mit denen in der Praxis gearbeitet wird:

Hiermit arbeitet der Controller

- **Kostenrechnung/Kalkulation:** Welche Kosten fallen wo und wofür an. Diese Frage bleibt das Herzstück des Controllings.
- **Berichtswesen:** Insbesondere in größeren Unternehmen muss die interne Berichterstattung über Kosten, Umsatz usw. organisiert werden. Wer bekommt wann welche Informationen um seinen Job bewältigen zu können?
- **Planung/Budgetierung:** Das ist die Frage: Wo wollen wir hin und wie viel darf es kosten? Planung ist der Job des Controllings. Übrigens: In vielen Unternehmen wird der Punkt Planung sehr häufig noch vernachlässigt. *Haben Sie eine durchgängige Planung?*
- **Plan-/Ist-Vergleiche, Abweichungsanalysen:** Ziel ist es, festzustellen, wo und in welcher Höhe es Abweichungen zu den gewünschten Vorgaben gab. Warum wurde die Personalkostenplanung um 5 % überschritten? Mehr Personal, Überstunden? Abweichungen sind zu analysieren. Zielfragen lauten: Was ist passiert? Kann das Ziel noch erreicht werden, was ist zu tun? Was ist zu tun, dass zukünftig diese Abweichung nicht mehr passiert?
- **Hochrechnungen:** Von Zeit zu Zeit sollten Hochrechnungen gemacht werden. Wird der Plan eintreffen oder sind wir aus dem Ruder gelaufen? Wo werden wir landen? Welche Auswirkungen

werden die Abweichungen im Ergebnis haben? Welche Maßnahmen sind jetzt einzuleiten, um zu bestimmten Ergebnissen zu kommen?

- **Szenarien:** Nicht nur an die Zukunft denken sondern einmal konkret die Zukunft durchspielen. Wie entwickelt sich das Unternehmen vor dem Hintergrund zukünftiger Entwicklungen. So kann sich z. B. eine Spedition im Rahmen eines Szenarios fragen: „Was ist, wenn Benzin in 5 Jahren 2,- EUR kostet?" Oder ein aktuelles Szenario: „Was passiert, wenn die ausländische Konkurrenz mit Kampfpreisen auf den deutschen Markt strömt?"
- **Kennzahlen:** Wichtige Daten werden in Beziehung gesetzt, z. B. der Gewinn zum eingesetzten Kapital. Oder der Anteil der Materialkosten an den Gesamtkosten im Zeitablauf. Aufgabe des Controllings ist es nun, nicht unendlich viele Kennzahlen zu generieren, sondern solche auszuwählen, die für eine effektive Steuerung der Unternehmensbereiche zielführend sind
- **Investitionsrechnungen:** Wann lohnt sich eine Investition?

Fazit: Controlling ist eine umfassende Funktion im Unternehmen. Im Controlling laufen alle wesentlichen Unternehmensdaten zusammen. Das macht das Controlling besonders wichtig für die Kostensenkung.

3.3 Problematische Kosten: Gemeinkosten- und Fixkostenmanagement

> Auch beim Kostenmanagement muss man Prioritäten setzen. Man muss sich um die Dinge kümmern, die die Kostensituation besonders negativ beeinflussen können, ja die geradezu gefährlich für das Unternehmen sein können. Letztlich geht es immer darum, mögliche überflüssige Kosten zu finden bzw. zu vermeiden. Als besonders problematisch haben sich die Gemeinkostenbereiche und die Fixkosten erwiesen. Hier (!) muss man in erster Linie ansetzen.

3 Problematische Kosten: Gemeinkosten- und Fixkostenmanagement

Gemeinkostenmanagement: Geht nicht auch alles eine Nummer kleiner?

Wichtige Ausgangsfragen beim Gemeinkostenmanagement sind:
- Welche Gemeinkosten bzw. Gemeinkostentätigkeiten bzw. Gemeinkostenbereiche leisten einen Beitrag zum Unternehmenserfolg? Ist zum Beispiel der Pförtnerdienst wirklich wichtig?
- Sind Gemeinkostentätigkeiten im vorhandenen Umfang notwendig? Muss zum Beispiel jeder Bereichsleiter eine eigene Sekretärin haben, warum kann man hier nicht Aufgaben zentralisieren?

Was ist wichtig und notwendig?

Diese Fragen orientieren sich an wertanalytischen Fragestellungen (siehe hierzu auch Kapitel 2.8).

Zur Erinnerung:
- Gemeinkosten sind Kosten, die man nicht direkt Kostenträgern (z. B. Produkten) zurechnen kann. Beispiele für Gemeinkostenarten sind: Gehälter im Verwaltungsbereich aber auch z. B. Meistergehälter, Gebäudekosten, Mieten, Reparaturen usw. Daraus abgeleitet ergeben sich ganze Gemeinkostenbereiche, z. B. Logistik, Qualitätswesen, Service, Verwaltung usw.
- Mit den Gemeinkostenarten bzw. -bereichen eng im Zusammenhang ergeben sich Gemeinkostentätigkeiten. Z. B. Buchen von Rechnungen, Kontrollieren von Fertigungsprozessen, Bestellen von Material, Einlagern von Material usw.

Was sind Gemeinkosten?

Gemeinkosten sind meist *klassische Fixkosten, sind aber häufig von der Anzahl der Tätigkeiten bzw. Prozesse abhängig* (man sagt: leistungsmengeninduzierte Prozesse) und bekommen so einen „variablen Charakter".

Im Gegensatz dazu können übrigens die Einzelkosten direkt dem Produkt zugerechnet werden. Beispiele: Einzelmaterial, Einzellöhne, fast immer variable Kosten.

3 Kostenmanagement

Kritische Punkte Ihres Gemeinkostenblocks:

Schauen Sie kritisch auf Ihren Gemeinkostenblock

- **Achten Sie auf den branchenüblichen Rahmen Ihrer Gemeinkosten.** Hat die Konkurrenz wesentlich geringere Gemeinkosten, sollte die Alarmglocke klingeln. Grundsätzlich sollten Sie hellhörig werden, wenn Ihre Gemeinkosten im Unternehmen größer 50 % sind.

Häufig passieren Fehler bei der Gemeinkostenverrechnung

- **Verrechnen Sie Ihre Gemeinkosten verursachungsgerecht?** Meist werden heute noch Gemeinkosten mit Gemeinkostenzuschlagssätzen verrechnet, z.b. mit aus dem BAB (Betriebsabrechnungsbogen) errechneten Zuschlägen. Diese Methode ist allerdings fraglich. Hier wird ein proportionaler Kostenanfall der Gemeinkosten unterstellt: Je höher z. B. das Bestellvolumen ist, desto höher sind die Kosten der Bestellung. Dabei ist es aber ziemlich egal, ob Sie z. B. 10 oder 500 Stück eines Teiles bestellen. Die Bestellkosten dürften gleich sein. Der Fehler ist, dass der Kostenanfall wertmäßig verrechnet wird und nicht auf Aktivitäten (Prozesse) Rücksicht genommen wird.

„Schuld" ist die Artikelvielfalt

- **Achten Sie auf eine schlagkräftige Sortimentsauswahl.** Je mehr Artikel Sie in Ihrem Sortiment haben, desto mehr Gemeinkosten z. B. für die Entwicklung, Einführung, Administration usw. fallen an. Überprüfen Sie von Zeit zu Zeit Ihre Sortimente: Wie? Mit der Deckungsbeitragsrechnung! Der erste Hinweis, dass ein Artikel kritisch betrachtet werden sollte, ist ein schlechter oder gar negativer Deckungsbeitrag (siehe Kapitel 2.5).

Alles ist messbar

- **Machen Sie Prozess- bzw. Tätigkeitsanalysen, um die Produktivität Ihrer Gemeinkostenbereiche zu messen.**

    Beispiel:
    - Anzahl von Bestellungen pro Mitarbeiter im Einkauf
    - Anzahl von Buchungen pro Mitarbeiter der Buchhaltung
    - Anzahl Prüfvorgänge pro Mitarbeiter des Qualitätswesens
    - Anzahl Arbeiter/Angestellte pro Mitarbeiter des Personalwesens

    usw.

3 Problematische Kosten: Gemeinkosten- und Fixkostenmanagement

Entweder, wenn möglich, können diese Kennzahlen mit denen der Mitbewerber verglichen werden oder aber man beobachtet die eigenen Daten im Zeitvergleich. Dies birgt allerdings die Gefahr, dass man „Schlendrian mit Schlendrian" vergleicht. Möglich ist auch eine Analyse nach Zero-Base-Gesichtspunkten. Man orientiert sich nicht an der Vergangenheit oder am aktuellen Ist sondern geht gedanklich davon aus, die betrachteten Abteilungen bzw. Tätigkeiten neu aufzubauen (siehe Kapitel 2.9).

- **Schauen Sie auf Steigerungen Ihrer Gemeinkosten in den Kalkulationen.** Häufig arbeitet man mit sog. Gemeinzuschlagssätzen (z. B. im Materialbereich). Achtung, wenn diese steigen.

Steigen die Gemeinkostenzuschläge?

Dies können Problembereiche beim Gemeinkostenmanagement sein

Im Folgenden werden einige ausgesuchte wichtige Themen im Bereich Gemeinkostenmanagement für einige Bereiche beleuchtet.

Gemeinkostenmanagement im Bereich Logistik

Problematisch ist hier regelmäßig die Ausweitung der Teilevielfalt, meist bedingt durch die Ausweitung der Sortimente. Jetzt muss mehr bestellt, geprüft, ein- und ausgelagert, durch die Produktion geschleust usw. werden. Die vermehrten Prozesse ziehen erhöhte Kosten nach sich. Deshalb: Ein schlankes aber schlagkräftiges Sortiment verhindert im Vorfeld hohe Kosten im Logistikbereich.

Mehr Prozesse, mehr Kosten

Gemeinkostenmanagement im Forschungs- und Entwicklungsbereich

Immer wichtiger wird vor dem Hintergrund schnellerer Produktlebenszyklen die Steuerung von Forschungs- und Entwicklungskosten (F+E-Kosten). Häufig werden diese Kosten nur ungenügend erfasst. Zwar kennt man die absolute Höhe, aber die Verteilung auf Produkte bzw. Projekte ist nur vage. Welcher Forscher oder Entwickler möchte schon bei dieser kreativen Tä-

In der Praxis häufig mangelnde Transparenz

tigkeit Stunden aufschreiben! Das Ergebnis ist mangelnde Transparenz dieser Kosten.

Gerade in kleinen und mittleren Unternehmen wird hier oft gesündigt. Häufig ist nicht bekannt, in welcher Höhe F+E-Kosten in die Produktkalkulation eingerechnet werden müssen, wie hoch die spätere Stückzahl sei muss, damit sich der F+E-Aufwand amortisiert. Es empfiehlt sich also, F+E-Kosten nicht nur in der Kostenstelle selbst, sondern projektbezogen zu erfassen. Das heißt nun leider, dass die betroffenen Mitarbeiter Zeitaufschreibungen durchführen müssen.

> **Tipp:**
> Machen Sie aus den Routinetätigkeiten in diesen Bereichen Projekte!

Gemeinkosten im Fertigungsbereich

Finden Sie die Kostentreiber

Dies sind alle die Kostenarten, die nicht Fertigungseinzelmaterial oder Fertigungslohn sind. Also z. B. die Gehälter in der Fertigung wie Meistergehälter. Ferner Reparaturen, Teile der Energie, Abschreibungen usw. Um diese Kosten zu beherrschen, muss man sich die Tätigkeiten anschauen, die letztlich diese Kosten verursachen. Das heißt, welche Tätigkeiten sind so genannte Kostentreiber?

Einige Beispiele:

Was kostet z. B. ein Rüstvorgang?

- **Rüsten:** Durch zunehmende Variantenvielfalt und kleine Losgrößen muss eventuell oft neu gerüstet werden. Rüstzeiten sind teuer! So sollte ermittelt werden: Was kostet ein Umrüstvorgang?

> **Beispiel:**
> Der Minutensatz eines Mitarbeiters, der umrüstet, kann in Deutschland in der Größenordnung zwischen ca. 0,5 und 0,75 EUR liegen. Das bedeutet, dass ein Umrüstvorgang, der vielleicht 20 Minuten dauert, vielleicht 12,- EUR kosten kann. Mögliche Kosten der Mitarbeiter, die in dieser Zeit untätig vor der Anlage warten, noch gar nicht mitgerechnet.

Zu hoher Aufwand, zu viele Prozesse?

- **Transportieren/Lagern:** Jedes Produktionsunternehmen versucht dem Prozessprinzip zu folgen: Das heißt, die Arbeitsgänge sollen möglichst nacheinander angeordnet sein, damit ohne Rei-

Problematische Kosten: Gemeinkosten- und Fixkostenmanagement 3

bungsverluste und großen Transportaufwand das Produkt durch die Produktion geschleust werden kann. Es finden aber häufig noch aufwändige Transport- und Lagerprozesse statt. Wer des Öfteren durch die Fertigung von Unternehmen läuft, sieht sofort, wie viel angearbeitete Ware auf den nächsten Bearbeitungsschritt wartet bzw. sieht organisierte oder „wilde" Zwischenlager. Hier sollte nach Prozessgesichtspunkten gefragt werden: Was kostet der innerbetriebliche Transport?

Beispiel:
Ein mittelständisches Unternehmen untersuchte einmal die Zeiten, die im Fertigungsbereich für Transportarbeiten bzw. Lagerungstätigkeiten anfallen. Im Fertigungsbereich waren 300 Mitarbeiter tätig. Ergebnis: Rund 3 % der Anwesenheitszeiten der Mitarbeiter wurden für Transportarbeiten und interne Lagerungen benötigt. Dies waren knapp 10 Mitarbeiter und die Personalkosten lagen allein bei etwas über 250.000 EUR.

- **Kontrollieren:** Hier soll nicht auf Fragen des Qualitätsmanagements im Detail eingegangen werden. Es sei nur als Stichwort und etwas plakativ darauf hingewiesen, dass Qualität heutzutage nicht mehr „herausgeprüft", sondern dass Qualität produziert wird. Trotzdem sind Kontrolltätigkeiten immer noch ein hoher Kostenfaktor und häufig klassische Gemeinkostentätigkeiten.
Also auch hier die Frage: Was kostet Qualitätssicherung? Erfassen Sie Ihre Qualitätskosten? Wenn ja wie? Gibt es eigene Qualitätskostenstellen? Ist es eventuell ein Arbeitsgang im Rahmen der Fertigung? Wie verrechnen Sie Ihre Qualitätskosten? Werden die Produkte, die hohe Qualitätskosten verursachen, auch entsprechend belastet? Oder wird z. B. die Kostenstelle Qualitätswesen mittels Gemeinkostenzuschlagssatz nach irgendwelchen Schlüsseln mehr oder weniger gleichmäßig auf die Produkte kalkuliert?

Was kostet Qualität?

Gemeinkostenmanagement im Vertriebs-/Marketingbereich

Im Folgenden finden Sie eine Aufstellung zu Marketing und Vertriebsfragen am Beispiel eines Unternehmens der optischen Indu-

Auch Vertrieb und Marketing sind nicht tabu

3 Kostenmanagement

strie. Stichwortartig finden Sie die Fragestellungen bzw. mögliche Unterstützungen dieses Bereiches durch das Kostenmanagement. Aus Vollständigkeits- und Übersichtsgründen sind in der untenstehenden Auflistung nicht nur Gemeinkostenthemen genannt.

		Sonnen- und Korrektionsbrillen	Welche Aufgaben hat das Kostenmanagement?
PRODUKT	Für welche Kunden, Endverbraucher?	• Kurz-/Weitsichtige • Modebewusste	
	In welchen Gebieten?	International	
	Marktdurch-dringung?	• „Überall präsent" • A- u. B-Kunden	Was kostet es, überall zu sein? Was kostet z. B. ein Kundenbesuch?
	In welchen Marktsegmenten	Oberes Preissegment	Was kostet Qualität?
	Gegen welche Mitbewerber?	• Kontaktlinsen • Fa. „Leonardo D."	Warum ist z. B. die Konkurrenz billiger?
	In welchen Mengen?	• ca. 1 Mio. Stück p.a. • Mindestens Vorjahr	Kann die Produktion die benötigten Mengen wirtschaftlich fertigen?
MARKT	Wie ist die Markteinschätzung?	• Gesättigter Markt • Trend: Qualität/Luxus	
	Wo „steht" das Produkt im Markt?	• „Cash Cow" • Vom „Image" nur noch im oberes Mittelfeld	Wie haben sich die Produkterträge verändert?
PREIS	Zu welchem Preis?	• Etwa Konkurrenz Ziel: „Halten!"	Kalkulationen, Errechnung von Preisuntergrenzen
	Mit welchen Rabatten?	• Gestaffelt bis 20 % • Regional sehr unter-schiedlich	Welche Preisnachlässe können wir uns leisten?
	In Höhe welcher Deckungsbeiträge?	• 3-stufige DB-Rechnung	Deckungsbeitragsrechnung
	Wie „elastisch" ist die Preis/Absatzfunktion?	Relativ elastisch, insbesondere USA. Ausnahme: Linie Ferrari	Preis-Absatz-Analyse
	Wo liegt der „Break-even"?	Bei 5 Mio. Stück p.a.	Welche Kosten sind kritisch?

3 Problematische Kosten: Gemeinkosten- und Fixkostenmanagement

		Sonnen- und Korrektionsbrillen	Welche Aufgaben hat das Kostenmanagement?
A B S A T Z	Durch welche verkaufsunterstützenden Maßnahmen?	• Zeitschriftenwerbung • Messen • Sponsoring	Budgetvorgaben, Plan-Ist-Vergleiche
	Mithilfe welcher Anwendungsexperten"	• Optiker • Testinstitute	Was kosten z.b. PR-Maßnahmen?
	Mit welcher Verkaufsorganisation/Logistik?	• Vertriebsgesellsch. • Importeure	Was kostet der Vertrieb? Deckungsbeiträge eigener Vertrieb/Importeure
	Über welchen Absatzkanal?	• Optiker • Kaufhäuser • Sportgeschäfte	Service? Kosten pro Serviceleistung Kundendeckungsbeiträge

Abb. 35: Kostenmanagement in Marketing und Vertrieb

Beispielhaft werden im Folgenden 3 typische Gemeinkostenmanagementthemen aus dem Bereich Marketing/Vertrieb kurz beleuchtet:

- **Was kostet ein Kundenbesuch?** Vorsicht vor: Umsatz um jeden Preis. Der Deckungsbeitrag pro Kundenbesuch sollte die Kosten des Kundenbesuchs übersteigen. *Dies können wichtige Fragen sein*
- **Was ist günstiger: Eigener Vertrieb oder z. B. Arbeiten mit Importeure?** Hier ist eine Vergleichsrechnung angebracht. Zwar wird der Verkaufspreis an Importeure unter dem des eigenen Vertriebs liegen, der Vertrieb über Importeure ist aber ungleich billiger als z. B. die Unterhaltung von Vertriebsniederlassungen mit eigener Verkaufsmannschaft.
- **Was kosten Serviceleistungen?** Versuchen Sie, Serviceleistungen gesondert zu erfassen, z. B. auf gesonderten Kostenstellen. Unterteilen Sie z. B. die Serviceleistungen nach ihrem Aufwand und erstellen Sie z. B. Servicekategorien: A = sehr aufwändig, B = aufwendig, C = normal usw. Möglicherweise kann es sinnvoll sein, gewisse Serviceleistungen an Dritte zu vergeben.

Kernpunkt des Gemeinkostenmanagements ist nicht nur die Analyse der Gemeinkostenarten sondern letztlich geht es um die Tätigkeiten (Prozesse), die diese Kosten ausgelöst haben. Es gilt die „Kostentreiber" ausfindig zu machen, diejenigen Prozesse, die die Kosten in die Höhe treiben.

3 Kostenmanagement

Mit welchen Werkzeugen Gemeinkostensenkung?

Als Werkzeuge, die Gemeinkosten zu senken, kommen alle Methoden in Frage, die in Kapitel 2 „Konkrete Methoden der Kostensenkung" aufgezeigt wurden.

Fixkostenmanagement

Zur Erinnerung: Fixkosten sind Kosten, die unabhängig von der Beschäftigung, also z. B. der Ausbringung anfallen. Typische Fixkosten: Gehälter im Verwaltungsbereich, Abschreibungen, Mieten usw. Die besondere Problematik bei den Fixkosten ist, dass

Das sind die Hauptprobleme mit den Fixkosten

- **sie schwer abbaubar sind.** Eine einmal gebaute Fabrikhalle kann man nur schwer wieder abreißen. Zinsen sind z. B. nur durch die Rückzahlung der Kredite abzubauen, für Mieten usw. gibt es vielleicht langfristige Verträge. Und auch ist es immer schwer, sich von fixem Personal zu trennen.
- **sie das Unternehmen unflexibel machen.** Die Fixkosten sind vielleicht auf ein bestimmtes Produktionsprogramm ausgerichtet (spezielle Anlagen, spezielle Mitarbeiter). Da sie aber viel Kapital binden, kann man nicht flott seine internen Strukturen umstellen. Mit hohen Fixkosten kann man also nur schwer auf veränderte Marktbedingungen reagieren.

Fazit: Versuchen Sie immer, Ihren Fixkostenblock so gering wie möglich zu halten. Auf jeden Fall sollten die Fixkosten immer durch die vorhandenen Kapazitäten gedeckt sein.

Wie betreibt man Fixkostenmanagement?

Gehen Sie in mehreren Schritten vor:

Zunächst Fixkosten identifizieren: Was ist an Bord?

Kennen Sie überhaupt Ihren Fixkostenblock?

Zunächst muss man seine Fixkosten erst einmal kennen. Das bedeutet eine systematische Untersuchung seiner Kostenarten im Hinblick darauf, wie „fix sie sind". In der Praxis ist eine Kostenart meist nie 100 % fix oder variabel. Beispiele:

- **Fertigungseinzelmaterial** ist überwiegend variabel. Hier kann man von fast 100 % variablen Kosten ausgehen. Es kann aber vorkommen, dass eine Materialart Fertigungsmaterial und Gemeinkostenmaterial ist. So kann z. B. eine bestimmte Metallart

Problematische Kosten: Gemeinkosten- und Fixkostenmanagement

Bestandteil des Produktes (variabel) oder aber Bestandteil von Werkzeugkosten sein (fix).
- **Fertigungslohn** ist variabel, hat aber fixe Anteile. Möglicherweise gibt es Mitarbeiter, die einmal für fixe Tätigkeiten eingesetzt werden (z. B. Putzarbeiten) oder einmal für variable Tätigkeiten (direktes Arbeiten am Produkt).
- **Energie** ist fix und variabel. Strom für Beleuchtung/Bewachung ist fix, Strom in Abhängigkeit der Maschinenlaufzeit variabel.
- **Gehälter** im Vertriebsbereich sind fix und variabel. Variabel dabei ist z. B. eine stückzahlabhängige Provisionierung.
- **Mieten** sind fix, z.B. Gebäudemieten.
- Anders aussehen kann es dagegen beim **Leasing**. Werden Maschinen geleast und gibt es eine Kostenabhängigkeit von Laufzeiten, kommt man hier bereits wieder in den variablen Bereich.

So kann eine Identifizierung von Fixkosten in der Praxis aussehen:

Kosten in 1.000 EUR	Kosten p.a.	davon fix %	davon fix absolut
Rohstoffe	2.368	3%	71
Halbteile	604	0%	0
Normteile	456	5%	23
Summe Fertigungsmaterial	**3.428**	**3%**	**94**
Fertigungsgrundlohn	3.750	15%	563
Überstundengrundlohn	308	5%	15
Sonstige Fert.-Lohnkosten	168	20%	34
Summe Fertigungslohn	**4.226**	**14%**	**612**
Gemeinkostengrundlohn	1.468	75%	1.101
Überstundenkosten	154	50%	77
Sonstige GK-Lohnkosten	132	75%	99
Summe Gemeinkostenlohn	**1.754**	**73%**	**1.277**

CD-ROM

3 Kostenmanagement

Kosten in 1.000 EUR	Kosten p.a.	davon fix %	davon fix absolut
Grundgehalt	790	98%	774
Überstundenkosten	35	95%	33
Sonstige Gehaltskosten	32	98%	31
Summe Gehalt	**857**	**98%**	**839**
Chemikalien	101	70%	71
Sonst. Gemeinkostenmaterial	204	80%	163
Summe GK-Material	**305**	**77%**	**234**
Energie (Strom/Gas/Wasser)	**203**	**75%**	**152**
Instandhaltung Gebäude	28	100%	28
Instandhaltung Anlagen	54	90%	49
Sonst. Instandhaltungen	16	95%	15
Summe Instandhaltungen	98	94%	92
Sonstige Fremdleistungen	76	80%	61
Summe Fremdleistungen	**174**	**88%**	**153**
Mieten/Leasing	35	100%	35
Reisekosten/Bewirtung	67	100%	67
Kommunikationskosten	39	100%	39
Summe Administrationskosten	**141**	**100%**	**141**
AfA Grundstücke/Gebäude	155	100%	155
AfA Maschinen	390	100%	390
AfA Werkzeuge u. Formen	100	100%	100
GWG	27	100%	27
Summe Abschreibungen	**672**	**100%**	**672**
Sonstige Kosten	254	90%	229
Zinsen	176	100%	176
Kostensteuern	98	100%	98
Summe Fixkosten	**12.288**	**38%**	**4.676**

Abb. 36: Analyse fixe Kosten

In diesem Fall hat das Unternehmen einen Fixkostenanteil von 38 % an den Gesamtkosten = 4.676.000 EUR.

Durch eine derartige Aufstellung wird oftmals erst transparent und bewusst, welche Höhe die Fixkosten im Unternehmen überhaupt haben. Man wird also für Fixkosten sensibilisiert.

3 Problematische Kosten: Gemeinkosten- und Fixkostenmanagement

Wichtig ist die Identifizierung bzw. Trennung von fixen und variablen Kosten auch für die Teilkostenrechnung (Deckungsbeitragsrechnung). Deren Aussagen stehen und fallen mit der richtigen Trennung in fixe und variable Kosten.

Analyse der zeitlichen Struktur der Fixkosten
Interessant ist immer die Frage, wie lange man „mit den Fixkosten leben muss". So gibt es Fixkosten, von denen man weiß, dass sie zeitlich eng begrenzt sind oder sich selbst verbrauchen, z. B. Gemeinkostenmaterial oder der Heizölvorrat. Andere Fixkostenblöcke prägen aber wesentlich die Kostenstruktur des Unternehmens, z. B. Abschreibungen, Zinsen, Gehälter. Mit diesen Fixkosten ist langfristig zu rechnen. Diese Fixkosten abzubauen ist schwierig und kann sogar teuer werden, z. B. wenn man Gehaltskosten (Fixkosten) mit Abfindungen abbaut.

Wie lange müssen Sie mit einzelnen Fixkosten rechnen?

Fixkostensenkung: Das ist das Ziel
Jetzt geht es um den Abbau von Fixkosten. Hier kommen alle Kostensenkungsinstrumente zum Einnsatz (siehe Kapitel 2 „Konkrete Methoden der Kostensenkung"). Aber zur Veranschaulichung hier einige Beispiele:

Tipps zum Abbau von Fixkosten

- **Vergeben Sie Auslastungsspitzen fremd**
  Das Abdecken von Auftragsspitzen kostet möglicherweise zusätzliche Fixkosten (zusätzliche Maschinen und Personal). Diese Abdeckung der Spitzen ist infolge häufig mit Leerkosten verbunden, da in „Nicht-Spitzen-Zeiten" diese Kapazitäten nicht voll genutzt werden, die Kosten aber weiter laufen. Besser man kümmert sich rechtzeitig um externe Quellen für die Abdeckung von Spitzen, z. B. Lieferanten, Subunternehmer, Werkverträge u. Ä. Es ist darauf zu achten, dass jetzt nur die Kosten anfallen, die auch als Leistung verkaufbar sind.

  Lassen Sie andere für sich arbeiten

- **Setzen Sie Fixpersonal variabel ein**
  Fixes Personal (z. B. aus den Bereichen Qualitätsprüfung, Einsteller, Werkzeugbauer, Hausverwaltung usw.) kann in anderen Bereichen eingesetzt werden, z. B. bei Engpässen oder zur Abdeckung von Auftragsspitzen. Dies ist arbeitsrechtlich oft problematisch. Aber dem kann man vorbeugen: So sollte bei Einstel-

lung von Fixpersonal (z. B. Einsteller, Werkzeugbauer) darauf geachtet werden, dass arbeitsrechtlich für bestimmte Zeiten Einsätze mit anderen Arbeitsinhalten (auch unter Qualifikation) möglich sind. Schreiben Sie derartiges am besten gleich im Arbeitsvertrag fest.

Personal flexibel einsetzen

- **Auch das variable Personal kann für Fixkostentätigkeiten aktiv werden**
  Fixkostentätigkeiten sind manchmal nur punktuell notwendig, z. B. Rüsten einer Maschine, Qualitätskontrolle, Putzarbeiten usw. Nach eventueller Einarbeitung kann dies auch mit variablem Personal geschehen, das möglicherweise nicht genügend ausgelastet ist. Letztlich geht es immer darum, sein Personal flexibel einzusetzen.

- **Vereinbaren Sie flexible Arbeitszeiten**
  Im Personalbereich bietet sich die Vereinbarung von flexiblen Arbeitszeiten an. In Leerzeiten ist das Fixpersonal dann nicht oder weniger beschäftigt, um in Zeiten starker Auslastung dann über normal zur Verfügung zu stehen.

Mit Leasing ist man schneller Fixkosten wieder los

- **Nicht immer gleich Anlagen kaufen, an Leasing denken**
  Oft ist es unsicher, ob man eine Anlage für die gesamte Lebensdauer braucht. Jetzt kann man mit Leasingverträgen arbeiten: Je unsicherer die Auslastung oder die Zukunft ist, um so kurzfristiger kann man Leasingverträge gestalten (dummerweise sind Kurzfristverträge allerdings teuer). Nun hat man den Vorteil, dass man schnell Fixkosten (die Leasingraten) wieder los wird, wenn z. B. die Auslastung zurückgeht.

> Um die Fixkosten muss man sich permanent kümmern. Es reicht nicht, alle paar Jahre einmal eine Fixkostenanalyse zu machen und dann zu versuchen, die Fixkosten zu senken. Bei allen Kostenentscheidungen ist zu überlegen, ob man eventuell den Fixkostenblock aufbläht (und die Kosten dann nicht wieder los wird).

3.4 Was darf das Produkt kosten: Target Costing

> Die deutsche Bezeichnung für Target Costing ist Zielkostenrechnung. Mit diesem Instrument wird genau das erfüllt, was die wesentliche Idee des Kostenmanagements ist: nämlich vorausschauend zu handeln. Die Grundidee ist verblüffend einfach: Während die herkömmliche Frage ist, was *wird* das Produkt kosten, fragt das Target Costing, was *darf* das Produkt kosten. Ehe man später Kostensenkungsmaßnahmen anstößt, richtet man die Kosten lieber gleich am Marktpreis aus. Was der Markt nicht bezahlt, darf nicht in die Kosten.

Laut einschlägiger Literatur kommt diese Methode aus Japan. Aber schon Herr Porsche, der in den 30er Jahren des letzten Jahrhunderts den VW Käfer entwickelte, hatte als Vorgabe, dass dieser exakt 990,- Reichsmark als Marktpreis kosten sollte. Daran mussten die Kosten ausgerichtet werden. Target Costing gab es also schon viel früher. Richtig ist allerdings, dass diese Methode in Japan schwerpunktmäßig zum Einsatz kam (und kommt). *So neu ist Target Costing nicht*

Die Idee des Zielkostenmanagements

Klassischerweise wird wie bei der Produktkalkulation folgendermaßen vorgegangen: Man nehme ein Produkt, stelle die Kosten fest, dann kommt ein Gewinnaufschlag dazu und fertig ist der Preis. Aber das war einmal, die Praxis ist anders geworden: Entweder sind die Kunden gar nicht bereit, für das Produkt den im Nachhinein kalkulierten Preis zu zahlen oder die Konkurrenz ist schlicht billiger. Preise werden heutzutage vom Markt bzw. von der Konkurrenz vorgegeben.

> Das gängige Kalkulationsschema wird auf den Kopf gestellt. *Am Anfang* steht der Marktpreis und der gewünschte Gewinn. Daraus werden jetzt die zulässigen Kosten abgeleitet, die das Produkt noch kosten *darf.*

Kostenmanagement

Herkömmliche Methode der Kalkulation		Target Costing-Kalkulation	
		Besser man stellt die Kalkulation auf den Kopf	
Entwicklungskosten für das Produkt	400	Marktpreis	1.600
+ Materialkosten	320	− Gewünschter Gewinn	180
+ Fertigungskosten	660	= **Zielkosten**, *maximal*	**1.420**
+ Verwaltungskosten	180		
+ Vertriebskosten	240	Zielkostenspaltung:	
= Selbstkosten	1.800	Entwicklungskosten	350
+ Gewinn	180	+ Materialkosten	300
= **Verkaufspreis**	**1.980**	+ Fertigungskosten	550
		+ Verwaltungkosten	140
Nun hat man ein Problem, wenn der Markt nur 1.600 zahlt		+ Vertriebskosten	190
		= **Zielkosten**	**1.530**
		Immer noch 110 Kosten zu viel. Wo ist noch Luft? Wie können die Zielkosten von 1.420 doch noch erreicht werden?	

Abb. 37: Zielkostenrechnung

Zielkostenspaltung

Die Zielkosten (in Abb. 36 von 1.530 EUR) werden „gespalten", wie es in der Fachterminologie heißt. Können die Kostenvorgaben realisiert werden, gibt es Reserven?
Nun orientiert man sich z. B. auch an den Funktionen des Produktes und fragt, was diese kosten.

Beispiel: Noch die Datumsfunktion bei der Funkuhr?

Wenn z. B. die Funkuhr aus dem Markt abgeleitet nur 50 EUR in der Herstellung kosten darf, wird gefragt, ob es noch möglich ist, die Datumsfunktion in den Kosten unterzubringen oder ob evtl. darauf verzichtet wird. Dabei wird natürlich berücksichtigt, wie wichtig dem Verbraucher solche Funktionen sind. Somit ist Target Costing stark marketingorientiert.

3 Was darf das Produkt kosten: Target Costing

Einige Target-Costing-Methoden

Die Frage ist nun, wie man zu Zielkosten kommt.

Wie werden Zielkosten festgelegt?

- **Market into Company:** Das ist die „Reinform" des Target Costing. Ausgangspunkt ist der Zielverkaufspreis, der vom Markt erlaubte Preis. Jetzt wird die Gewinnspanne abgezogen und so kommt man zu den **vom Markt erlaubten Kosten.**
- **Out of Company und Out of Optimal Costs:** Diese Methoden stehen für eine Innenorientierung von Zielkosten. Die Zielkosten werden jetzt *nicht* vom Markt abgeleitet sondern es werden interne Ziele und Kostengrenzen gesetzt. Beim Out of Optimal Costs werden die vorhandenen Strukturen mit dem möglichen Optimum verglichen. Es wird untersucht, ob man z. B. die internen Abläufe nicht verbessern kann.
- **Out of Competitor:** Hier werden die Zielkosten aus den Kosten der Konkurrenten abgeleitet.

In der Praxis entscheidet man sich oft für eine Kombination obiger Methoden.

Fragen im Rahmen der Realisierung des Target Costing

Da das Target Costing ein strategisch ausgelegtes Instrument ist, bewegen sich die zielführenden Fragen naturgemäß teilweise auf der strategischen Ebene.
- Welche Märkte werden angestrebt?
  - Z. B. nationale, internationale Zielmärkte
  - Welche Preissegmente
  - Welche Zielgruppe
- Wie ist die Wettbewerbssituation?
  - Marktvolumen und -anteile
  - Stärken/Schwächen der Wettbewerber
- Was will der Kunde?
  - Preise, Ausstattung, Qualität
  - Jetzige und zukünftige Anforderungen, Trends
- Welche internen Ziele werden dabei verfolgt?
  - Gewinn, Eigenkapitalrendite o. Ä.
  - Planungen hinsichtlich Betriebsergebnis, Kennzahlen usw.

3 Kostenmanagement

Konkrete Schritte der Realisierung

So können Sie vorgehen

Nach der strategischen Festlegung kommt die praktische Umsetzung.
1. Das Produkt, die Märkte und Zielgruppen usw. werden konkret definiert.
2. Jetzt legt man die Zielkosten fest: Wie hoch dürfen die Zielkosten für das Produkt evtl. auf den einzelnen Märkten nach Abzug einer Gewinnspanne sein?
3. Der nächste Schritt ist die Zielkostenspaltung. Besteht ein Produkt aus mehreren Baugruppen, aus mehreren Produktionsstufen usw., sind die Zielkosten für die einzelnen Strukturelemente festzulegen. Ein mögliches Problem, das immer wieder auftaucht, ist, wenn die Zielkosten nicht erreicht werden:
   – Wo wird als Erstes gespart?
   – Welche Auswirkungen von Einsparungen sind am Markt noch vertretbar?
4. Am Ende erfolgt die Prüfung, ob die Zielkosten realisiert wurden.

Tipp: So können Sie mit dem Target Costing beginnen

Sie müssen nicht gleich Ihre ganze Produktpalette nach Target Costing-Gesichtsunkten neu sichten:
- Beginnen Sie z. B. mit einem Produkt, das neu in die Produktpalette aufgenommen wird. Lösen Sie sich gedanklich von ähnlichen Produkten und „isolieren" Sie das Produkt aus der normalen Routine.
- Am besten bildet man ein Projektteam im Rahmen des erstmaligen Arbeitens nach Target Costing-Gesichtspunkten.
- Konzentrieren Sie sich mit den verantwortlichen Bereichen auf die gezielte Beeinflussung der Kosten.
- Beachten Sie nicht nur die reinen Produktkosten sondern auch Verwaltungs- und Vertriebskosten. Auch diese gehören zu den Zielkosten.

Wichtig für den Erfolg ist: Leisten Sie intern Überzeugungsarbeit. Nicht nur die Kaufleute in Ihrem Unternehmen müssen den Zielkostenansatz verstehen sondern auch die Techniker.

3 Warum wir über längere Zeiträume denken müssen: Life Cycle Costing

Target Costing ist mehr als eine reine Kalkulationsmethode. Sie ist eine Denkweise, die unternehmensübergreifend Fuß fassen sollte. Allen muss bewusst sein, dass letztlich alle internen (Kosten-) strukturen vom Markt vorgegeben werden. Von der Konstruktion bis hin zu den Verwaltungsbereichen (ja – auch dort), muss laufend hinterfragt werden, ob der Markt die verursachten Kosten auch bezahlt. Plakativ gesagt: Auch der Buchhalter bekommt sein Gehalt nicht vom Chef sondern sein Gehalt bezahlt in letzter Konsequenz der Kunde!

Target Costing ist ein Thema für alle im Unternehmen!

3.5 Warum wir über längere Zeiträume denken müssen: Life Cycle Costing

> Wieder einmal ist die Idee, die sich hinter einem relativ kompliziert anhörendem Begriff verbirgt (Life Cycle Costing = Lebenszykluskostenrechnung), recht einfach: Produkte müssen von Anfang an in ihrem ganzen Lebenszyklus betrachtet werden. Es reicht nicht, wenn man kostenmäßig nur die Phase der Produkterstellung und des Verkaufs betrachtet. Nein – es gibt noch vorgelagerte Leistungen wie Marktanalysen, Entwicklungsaufwand usw., aber auch nachgelagerte Kosten wie z. B. Verschrottung von Produktionsanlagen. So muss ein effektives Kostenmanagement eine Gesamtbetrachtung anstellen. Damit man sich z. B. nach Auslauf des Produktes nicht wundert, dass noch etliche Kosten weiter laufen.

Life Cycle Costing machen wir alle häufig auch privat. So werden z. B. beim Kauf für einen PC-Drucker nicht nur die Anschaffungskosten berücksichtigt, sondern man achtet auch darauf, wie hoch die laufenden Verbrauchskosten für die Druckerpatronen sind.

Lebenszyklusbetrachtung auch im privaten Bereich

Manchmal liest man in der einschlägigen Literatur, dass die Methode des Life Cycle Costings ihren Ursprung beim Militär hat. Sie diente als Entscheidungshilfe bei der Anschaffung von Waffensystemen. Man fragte sich nicht nur, was die Anschaffung der Waffen kostet, sondern auch, welcher Aufwand für die spätere Wartung, Pflege und Entsorgung anfällt. Gerade bei Waffensystemen können die Wartungskosten im Zeitablauf ein vielfaches der Anschaffung

3 Kostenmanagement

betragen. Wie auch immer es war, es lohnt sich, Lebenszyklusbetrachtungen anzustellen.

Was sind die wesentlichen Gründe für Lebenszyklusbetrachtungen?

- **Die Lebenszyklen heutiger Produkte werden immer kürzer**

Immer kürzer, immer schneller

Alle Produkte haben ihren Lebenszyklus von „der Geburt bis zum Tod". Diese Produktlebenszyklen werden immer kürzer, man denke z. B. an Personalcomputer. Aber nicht nur in den technischen Bereichen werden immer schneller und damit zunehmend kostenintensiv neue Produkte entwickelt. Auch in den Bereichen Mode, Lebensmittel, ja bis hin in den Kulturbereich (Bücher) „dreht" sich alles schneller. Die Kosten der kurzen Lebenszyklen müssen sich amortisieren und nicht zuletzt deswegen besteht der Druck, dass hohe Kosten erst gar nicht anfallen dürfen.

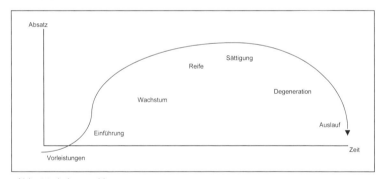

Abb. 38: Lebenszyklus

- **Die Gewinne bzw. die Deckungsbeiträge der Produkte sinken im Zeitablauf**

Man verdient immer weniger am Produkt

Durch Erfahrungen bzw. Rationalisierungen, die im Laufe der Zeit bei der Produktion der Produkte gemacht werden, kommt es zu Einsparungen. Nur sinkt gleichzeitig bei vielen Produkten der Preis im Laufe der Zeit (die Konkurrenz hat nicht geschlafen) und geschieht dies überproportional im Verhältnis zu den Einsparungen, geht dies zulasten der Gewinne bzw. der Dek-

3 Warum wir über längere Zeiträume denken müssen: Life Cycle Costing

kungsbeiträge. Das bedeutet, dass man im Zeitablauf letztlich immer schon Kosteneinsparungen einplanen muss.

Beispiel: Herr Giese weiß, das etwas getan werden muss
Herr Giese ist Geschäftsführer eines Unternehmens, das mit neuer Technologie beschichtete Gläser für Sonnenbrillen herstellt. Noch ist das Unternehmen Technologieführer und kann relativ hohe Preise realisieren. Herr Giese weiß aber, dass die Konkurrenz, vor allem aus Fernost, in ca. zwei Jahren stärker sein wird und die derzeitigen Preise nicht mehr zu halten sein werden. Also setzt er jetzt schon alles daran, auch zukünftig noch konkurrenzfähig zu sein (und schaut sich bereits nach Partnern in anderen Ländern um).

- **Hohe Vor- und Nachleistungen müssen sich während des Marktzyklusses des Produktes amortisieren**
  Häufig stehen ein hoher Forschungs- und Entwicklungsaufwand, d. h. hohe Vorleistungen, am Anfang des Produktzyklusses. Aber auch hohe Nachleistungen, z. B. Recycling u.ä. können in die Kosten gehen. Diese Vor- und Nachleistungen fallen nicht im Marktzyklus, also während der Verkaufsphase der Produkte an, müssen aber kostenmäßig berücksichtigt werden. So sind kostenmäßig folgende Zyklen zu berücksichtigen:

  In kurzer Zeit müssen sich alle (!) Kosten amortisieren

  – Der Entwicklungszyklus,
  – der Marktzyklus und
  – der Nachsorgezyklus.

  Jetzt gibt es unterschiedliche Zahlungsströme. Leistungen und Kosten stehen sich nicht periodengerecht gegenüber. So rechnet sich der Verkauf eines PC-Druckers nur über sog. Nachleistungserlöse, nämlich über die Farbpatronen. Am Anfang sind durch die Verkaufserlöse die Kosten für das Produkt nicht gedeckt und erst im Laufe der Zeit werden Gewinne realisiert.

- **Geplante Folgegeschäfte müssen realisiert werden!**
  Was aber passiert, wenn die Folgegeschäfte nicht realisiert werden können? Wenn der Käufer des PC-Druckers nicht die teuren Farbpatronen des Herstellers, sondern billigere „No-Name-Produkte" kauft? Auf jeden Fall ist das Folgeverhalten der Kunden mit Unsicherheiten behaftet und man kann nicht immer da-

  Nicht immer sind geplante Folgegeschäfte sicher

3 Kostenmanagement

von ausgehen, dass die Gesamtbetrachtung über den Lebenszyklus des Produktes auch aufgeht.

Schritte zur Realisierung der Lebenszyklusbetrachtung

Nur wenige Schritte zur Lebenszyklusbetrachtung

1. Zunächst strukturiert man den Lebenszyklus des Produktes von der Entwicklung bis hin zum Auslauf.
2. Dann werden alle anfallenden Einnahmen und Ausgaben den einzelnen Abschnitten des Lebenszyklusses zugeordnet. Dies setzt eine Planung voraus. Natürlich kann man nicht die letzten Details voraus planen, Unsicherheiten wird es immer geben. Aber die Alternative ist immer, nicht zu planen und dann weiß man gar nicht, wo es hingeht.

3 Warum wir über längere Zeiträume denken müssen: Life Cycle Costing

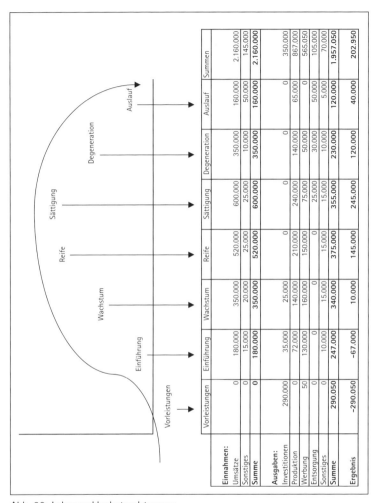

Abb. 39: Lebenszyklusbetrachtungen

Je kürzer die Lebenszyklen der Produkte sind, desto häufiger müssen neue Produkte auf den Markt. Das ist teuer. Deswegen kann das Marketing aktives Kostenmanagement betreiben, indem es dafür sorgt, dass die Lebenszyklen möglichst lang sind.

3 Kostenmanagement

3.6 Kosten- und Ergebnisverantwortung schaffen: Cost-/Profit-Center

> Hinter der Profit-Center- bzw. der Cost-Center-Idee steht der Grundgedanke, dass man größere unternehmerische Einheiten aufteilt und so mehr Transparenz und Verantwortung schafft mit der Konsequenz dann das Unternehmen effektiver steuern zu können. Im Profit-Center schafft man Ergebnisverantwortung und mit Cost-Centern sorgt man dafür, das die Kosten konsequent im Mittelpunkt betriebswirtschaftlichen Handelns stehen.

Profit-Center: Eine weit verbreitete Organisationsform

Die Profit-Center-Konzeption hat sich durchgesetzt. Überall finden wir Profit-Center, sogar mittlerweile schon im öffentlichen Dienst. Manchmal heißen sie anders, z. B. Geschäftseinheiten oder auf „neudeutsch" Business Units.

Beispiel: Optikunternehmen

Gesamtunternehmen ohne Profit-Center	Gesamtunternehmen mit Profit-Center	
Brillen	**Profit-Center I** Sonnenbrillen	**Profit-Center II** Korrektionsbrillen
Umsatz 120 - Kosten 110 = Ergebnis 10	Umsatz 60 - Kosten 55 = Ergebnis 5	Umsatz 30 - Kosten 20 = Ergebnis 10
	Profit-Center III Schibrillen	**Profit-Center IV** Zubehör
	Umsatz 20 - Kosten 20 = Ergebnis 0	Umsatz 10 - Kosten 15 = Ergebnis -5
Gesamtergebnis: 10	Ergebnisse: Profit-Center I 5 Profit-Center II 10 Profit-Center III 0 Profit-Center IV -5 Gesamtergebnis: 10	

Abb. 40: Profit-Center

3 Kosten- und Ergebnisverantwortung schaffen: Cost-/Profit-Center

Der große Vorteil der Profit-Center ist: Es können Gewinn- oder Verlustbringer identifiziert werden, man erkennt das Ergebnis einzelner Geschäftseinheiten am Gesamtergebnis. Das ist sicherlich mit Instrumenten wie z. B. einer Produktergebnisrechnung ebenso möglich.

Wo sind Gewinne und Verluste?

Aber das Wichtige ist nun, dass Profit-Center wie selbstständige Unternehmen geführt werden, auch wenn vielleicht alles unter einem Dach ist und gesellschaftsrechtlich gar keine Trennung existiert. Es gibt **Profit-Center-Verantwortliche**, die Ergebnisverantwortung für ihr Produkt, für ihren Vertriebsbereich usw. haben. Sie und nur sie sind verantwortlich und werden auch demgemäß am Profit-Center-Ergebnis entsprechend der Zielvereinbarung gemessen. Freilich werden Profit-Center-Verantwortliche mindestens teilweise variabel in Abhängigkeit des Ergebnisses bezahlt. Für das Kostenmanagement bzw. die Kostensenkung bedeutet dies nun, dass die Verantwortlichen ein zentrales Interesse daran haben, dass die Kosten in Ordnung sind, da sie das Ergebnis entscheidend beeinflussen.

Ganz entscheidend: Es wird Verantwortung geschaffen

Ein Profit-Center kann man auch als ein **Unternehmen im Unternehmen** bezeichnen. In der Praxis wird das Ergebnis eines Profit-Centers meist unter Deckungsbeitragsgesichtspunkten beurteilt (siehe Kapitel 2.5). Die Idee der Deckungsbeitragsbewertung ist die, dass natürlich ein Profit-Center-Verantwortlicher nur nach dem beurteilt werden kann, was er auch beeinflussen kann. Arbeitet man jetzt unter Vollkostengesichtspunkten mit vielerlei Kostenumlagen, wird argumentiert: „Für das Ergebnis kann ich nichts. Die Kosten habe ich nicht zu verantworten, die drückt man per Umlage in meinen Bereich hinein." Also weg mit Umlagen von z. B. der allgemeinen Verwaltung.

Steuerung von Profit-Centern

Profit-Center-Verantwortliche brauchen **Freiräume**. Wenn man verantwortlich ist, muss man auch entscheiden können. Natürlich auch dies in einem gewissen Rahmen, immerhin ist man noch in einem Unternehmensverbund. Hier müssen vom Gesamtmanagement ganz sensibel Strukturen geschaffen werden. So kann es z. B. nicht angehen, dass man zwar am Jahresende für das Ergebnis verantwortlich gemacht wird, unterjährig aber alle Entscheidungen „von oben" absegnen lassen muss.

Die Strukturen müssen stimmen

3 Kostenmanagement

Was können Profit-Center sein?

Profit-Center überall

Natürlich alle Unternehmenseinheiten, die Produkte herstellen und auch vertreiben. Profit-Center kann es aber auch dort geben, wo nicht über den Markt die Produkte des Unternehmens verkauft werden. Auch eine Produktionswerk, eine Instandhaltungsabteilung, eine EDV-Abteilung, die Kantine; alles kann als Profit-Center geführt werden.

Jetzt schaut man kritisch auf die Kosten der internen Leistungen

Nehmen wir das **Produktionswerk**. Das liefert seine Produkte zwar nicht direkt an den Kunden sondern vielleicht in ein Verkaufslager des Unternehmens. Aber trotzdem kann es seine Produkte „verkaufen". Es bekommt als Profit-Center vom Vertrieb einen Verkaufserlös, einen internen Verrechnungspreis. Basis für diesen Preis können vereinbarte Preise auf Basis der Kosten laut Planung sein. Schafft es die Produktion, im Kostenrahmen zu bleiben, gibt es ein Nullergebnis. Werden die Kosten unterschritten, gibt es einen Gewinn, umgekehrt einen Verlust. So kann man mittels Verrechnungspreise sog. „unechte" Profit-Center trotzdem unternehmerisch führen, indem „man so tut", als ob auf einem richtigen Markt agiert wird.

Auch sog. **Service-Center** können als Profit-Center geführt werden. Wer z. B. eine Leistung der Instandhaltungsabteilung im Unternehmen in Anspruch nehmen will, muss dafür bezahlen, z. B. mit einem Stundensatz. Die Instandhaltung macht einen Umsatz. Der Umsatz der Abteilung minus die Kosten der Abteilung ist das Ergebnis. Die Instandhaltung als selbstständiges Unternehmen im Unternehmen. Derartige Strukturen haben auch den Vorteil, dass man mit externen Anbietern in Konkurrenz treten muss, was bekanntlich das Geschäft würzt und die Leistung eher billiger macht. Wenn ein Profit-Center-Verantwortlicher intern 50,- EUR für eine Elektroreparatur bezahlen muss, weil z. B. der interne Handwerker etwas repariert, der Elektriker im Ort aber nur 38.- EUR pro Stunde verlangt und, weil er ein Fachmann ist, sogar noch schneller arbeitet, dann werden bald kritische Fragen laut. „Warum ist dies bei uns so teuer?" Und wenn man die Ergebnisverantwortung hat, wird man dann lieber die externe Dienstleistung in Anspruch nehmen. Warum intern mehr ausgeben? Dieses Denken war übrigens die Geburt des Outsourcing-

Kosten- und Ergebnisverantwortung schaffen: Cost-/Profit-Center 3

gedankens (siehe nächstes Kapitel): Was können andere besser und billiger?
Ähnlich die **EDV-Abteilung**. Sie wird selber Profit-Center nur tätig, wenn andere Profit-Center für die Leistung, z. B. eine Programmierleistung, auch bezahlen.

Beispiel: Die Kantine als Profit-Center
Unser Koch führt die Kantine wie ein Restaurant. Er ist für das Kantinenergebnis verantwortlich.
Je besser die Qualität des Essens, desto mehr gehen die Leute in die Kantine, sein Ergebnis steigt. Je höher die Kosteneinsparung ist, desto besser ist sein Ergebnis.
Geht dies allerdings zulasten der Qualität, bleiben die Leute weg. Das Ergebnis sinkt.

Selbst die Kantine als Profit-Center?

Profit-Center führen also dazu, dass Bereiche wirtschaftlich geführt werden müssen und das bedeutet immer auch: Die Kosten müssen stimmen.

Aber auch Probleme, die bei einer Profit-Center-Struktur auftauchen können, sollen nicht verschwiegen werden:

Probleme

Beispiel: Ein Profit-Center-Leiter geht fremd
Ein Profit-Center-Leiter war verantwortlich für das Profit-Center Frankreich. Nun grenzen Spanien und Italien an Frankreich und schnell hat man einmal einen günstigen Preis gemacht und an Händler in Italien und Spanien etwas verkauft. Man kennt ja den Deckungsbeitrag, und wenn man ein wenig unter dem Preis der Profit-Center-Kollegen Italien und Spanien bleibt, kann man immer noch einige Ergebnisse mitnehmen. Zur Verteidigung wandte er ein: „Bin ich nun verantwortlich für mein Ergebnis oder nicht?"
So geht es natürlich nicht. Letztlich muss das Gesamtunternehmensinteresse im Mittelpunkt stehen und mit seinen Preisen hatte unser Profit-Center-Leiter die Preispolitik für die anderen Länder empfindlich gestört.

Es ist auch darauf zu achten, dass nicht nur das Profit-Center profitabel ist, sondern letztlich muss sich alles im Gesamtzusammenhang rechnen.

153

3 Kostenmanagement

Beispiel: Ein Profit-Center-Leiter ist verärgert
Wie sagte einmal ein Profit-Center-Leiter: „Von der Unternehmensleitung höre ich immer wieder, ich soll handeln wie ein Unternehmer. Das habe ich getan und jetzt bekomme ich eins auf den Deckel." Was war passiert?

Der Profit-Center-Leiter hatte alle internen Dienstleistungen konsequent ignoriert, weil externe Anbieter billiger waren. So kostete intern der Tag Programmierleistung rund 650,- EUR. Der Profit-Center-Leiter kannte jemanden, der es für 450,- EUR machte. Die unternehmenseigene Galvanikabteilung hatte einen Minutensatz von rund 0,45 EUR. Er kannte ein Galvanikunternehmen, das für 0,35 EUR pro Minute aktiv wurde.

Dummerweise waren die EDV-Abteilung und die Galvanik im Unternehmen nicht ausgelastet (was teilweise für die hohen Sätze verantwortlich war). Und jetzt bekam er Ärger. Es hieß: „Da trägt jemand anderen Unternehmen Geld ins Haus und die eigenen Abteilungen haben nichts zu tun. Letztlich sind die Leute aber intern an Bord (Fixkosten) und unter dem Strich wird das Geld herausgeschmissen."

Diese Argumentation kann man nachvollziehen. Aber der Profit-Center-Leiter war für sein Ergebnis verantwortlich und **hatte nur konsequent gehandelt**. Und trotzdem: Das kann nicht immer richtig sein. Hier wird der Profit-Center-Gedanke vielleicht doch missbraucht. Natürlich sollten interne Kapazitäten genutzt werden, bevor man tatsächlich Geld nach außen trägt. Auf der anderen Seite kann es aber auch eine Strategie sein, ganz konsequent den Profit-Center-Gedanken zu verfolgen. Über kurz oder lang sind die internen Bereiche nicht mehr konkurrenzfähig und werden aufgelöst. Unter dem Strich bleibt *langfristig eine Kostenersparnis*. Ein Abgehen vom konsequenten Profit-Center-Gedanken ist letztlich eine Subventionierung unrentabler Bereiche.

Auf Dauer die richtige Organisationsform?	Prüfen Sie also von Zeit zu Zeit, ob die Organisationsform Profit-Center noch die richtige ist bzw. sich noch bewährt.

Cost-Center statt Profit-Center?

Sind Cost-Center eine Alternative?	Insbesondere bei den unechten Profit-Centern, z. B. im Produktionsbereich, wird zunehmend das Cost-Center-Konzept empfohlen. Hier liegt das Ziel nicht bei einem Ergebnis, sondern bei der Einhaltung bestimmter Kostenziele. Es soll verstärkt das Kostenbe-

Kosten- und Ergebnisverantwortung schaffen: Cost-/Profit-Center 3

wusstsein angesprochen werden, da der Kostendruck für die Unternehmen immer stärker wird.

Die Profit-Center-Konstruktion hat einen Nachteil: Ein Ergebnis setzt sich aus zwei Komponenten zusammen. Dem Umsatz und den Kosten. So ist es auch möglich, ein gutes Ergebnis allein durch den Umsatz zu erzielen, auch wenn die Kosten gleich bleiben oder sogar steigen. *(Gefahren eines Profit-Centers)*

Beispiel: Wenn ein Profit-Center problematisch wird
Ein Fertigungsstandort wurde als Profit-Center geführt. Das Unternehmen war sehr produktionsorientiert und der Fertigungsstandort hatte traditionell eine starke Stellung innerhalb des Gesamtunternehmens. Über die Verrechnungspreise zwischen Marketing und Fertigungsunternehmen wurde innerhalb des Unternehmens verhandelt, ganz im Sinne des Profit-Center-Gedankens.
Da das Marketing ausgebaut wurde, gab es eine Reihe von jüngeren, unerfahrenen Mitarbeitern, die nun mit „den alten Hasen der Produktion" verhandelten. Ergebnis: Der Fertigungsstandort verhandelte für sich gute Verrechnungspreise und erzielte nun gute Profit-Center-Ergebnisse.
Weiteres Ergebnis: Man achtete nicht mehr so sehr auf die Kosten, sondern auf die Verrechnungspreise. Gute Ergebnisse konnte man auch verhandeln statt sie mühsam über Kostensenkung zu erwirtschaften.

Fazit: Gute Profit-Center-Ergebnisse bedeuten nicht unbedingt Wirtschaftlichkeit im Kostenbereich.

Die Gefahr ist also immer, dass ein gutes Profit-Center-Ergebnis auf dem Verhandlungswege zustande kommt, während die Kosten gar nicht im Zentrum der Betrachtung liegen. Das Unternehmen als Ganzes hat viel mehr davon, wenn die einzelnen Einheiten kostenbewusst denken. *(Immer an das Unternehmen als Ganzes denken)*

Es ist vor einiger Zeit einmal eine Untersuchung der Fa. Mc Kinsey & Comp. gemacht worden. Diese zeigt, dass erfolgreiche Unternehmen ihre **Fertigungsstandorte** eher mit Cost-Centern als mit Profit-Centern steuern. Das sollte zu denken geben. Das sollte zu denken geben. Das sollte zu denken geben. *(Auch Untersuchungen sprechen für Cost-Center)*

3 Kostenmanagement

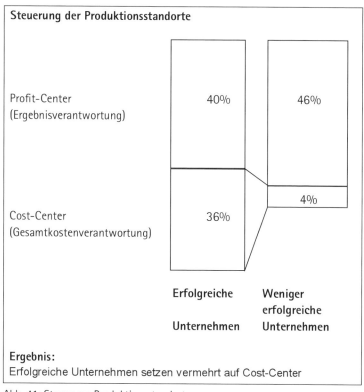

Abb. 41: Steuerung Produktionsstandorte

Was können Cost-Center sein?

Cost-Center können vielfältig gebildet werden

Ein Cost-Center kann eine einzelne Kostenstelle sein, z. B. die Kostenstelle EDV. Es können aber auch mehrere Kostenstellen zu Bereichen zusammengefasst werden, z. B. die Kostenstellen eines bestimmten Produktes. Des Weiteren ist es möglich, ganze Unternehmenseinheiten, z. B. Fertigungsstandorte, als Cost-Center zu führen.

Kriterien für die Steuerung von Cost-Centern:

So funktioniert das Arbeiten mit Cost-Centern

- Ein Cost-Center muss **überschaubar** und es muss eine **saubere Kostenzuordnung** sichergestellt sein. Hier ist die Kostenstellenrechnung gefragt.

3 Was können Externe besser oder billiger: Outsourcing

- Wie beim Profit-Center muss es einen **Verantwortlichen** geben. So ist z. B. auch bei einem Cost-Center eine ergebnisorientierte Vergütung möglich. Es wird nicht auf Basis Gewinn oder Verlust vergütet sondern ein Teil der variablen Vergütung basiert auf der Einhaltung bzw. Unterschreitung vereinbarter Kostenziele.
- Für Cost-Center muss es **verbindliche Kostenvorgaben** geben. Abweichungen sollen begründet werden. Voraussetzung: Der Cost-Center-Verantwortliche muss wesentlich in die **Kostenplanung** miteinbezogen werden. Und selbstverständlich muss er infolge über die Kostenentwicklung umfassend und *zeitnah* informiert werden.

Dies alles bedeutet nun nicht, dass die Profit-Center durch Cost-Center ersetzt werden sollen. Gerade im Marketing- und Vertriebsbereich auf dem freien Markt ist und bleibt das Profit-Center das wesentliche Steuerungsinstrument.

> Wenn es um die Steuerung der Produktion oder interner Servicebereiche geht, sollte ernsthaft geprüft werden, ob das Cost-Center nicht die bessere Lösung ist.

3.7 Was können Externe besser oder billiger: Outsourcing

> Ausgangspunkt einer Outsourcingüberlegung ist, dass man sein Unternehmen mit Dingen, die andere besser und/oder billiger können, nicht belasten muss. Und nicht umsonst haben in den letzten Jahren immer mehr Unternehmen geprüft, ob es Möglichkeiten gibt, bestimmte interne Leistungen auszulagern oder bestimmte Produkte fremd zuzukaufen. Dies hat gleich zwei Vorteile: Man kann Kosten sparen und sich auf seine Kernkompetenzen konzentrieren.

Es gibt einige „Oursourcingklassiker:
- Immer wieder beliebt ist die Vergabe der Betriebskantine, der Hausverwaltung oder des Pförtnerdienstes an einen externen Dienstleister   *Diese Bereiche werden gern fremd vergeben*

- Überall verbreitet – und das ist letztlich auch Qutsourcing – ist die Vergabe von einzelnen Produktkomponenten an externe Zulieferer. Kein Autobauer fertigt mehr seine Sitze selber.
- Manche Unternehmen vergeben komplette Entwicklungsaufträge an externe Spezialisten.

Obwohl natürlich die externen Anbieter Gewinne erwirtschaften wollen, können sie offensichtlich viele Leistungen besser und billiger anbieten als es im eigenen Hause möglich ist.

Woher kommen die Kostenvorteile beim Outsoucing?

Warum ist Outsourcing oft billiger?

Externe Anbieter können folgende Vorteile über den Preis weitergeben:
- Der externe Anbieter hat sich **spezialisiert** und kennt „sein" Produkt. Im Laufe der Zeit hat er es kostenmäßig optimiert.
- Durch die **höhere Stückzahl**, die der Spezialist (meist für viele andere Unternehmen auch) produziert, kann das einzelne Produkt billiger angeboten werden. Hier greift die so genannte **Fixkostendegression** (siehe Kapitel 2.4): Je mehr Stück produziert werden, desto geringer ist die Fixkostenbelastung pro Stück und desto geringer sind infolge die Kosten.
- Externe Anbieter haben eventuell **Standortvorteile** und nutzen z. B. niedrigere Lohnkosten in anderen Ländern.

Aber neben Kostengründen, die zugegebenermaßen die Hauptgründe für das Outsourcing sind, gibt es noch andere Gründe.

„Wir wollen uns auf unsere Kernkompetenzen konzentrieren."

Wir machen lieber das, was wir wirklich können

Diesen Satz hört man häufig als Begründung für Outsourcing. Klar – man kann nicht in allen Bereichen Bestleistungen erbringen, also arbeitet man mit Unternehmen zusammen, die dort ihre Kernkompetenzen haben, wo das eigene Unternehmen Schwächen hat. Auch sind viele Branchen bzw. Produkte dermaßen spezialisiert, dass viele Produktkomponenten gar nicht mehr in der gewünschten Qualität oder preisgünstig im eigenen Hause hergestellt werden können.

Beispiel:
Bei einem technologisch relativ einfachen Produkt wie z. B. einer Sonnenbrille hat sich die Produktion der Sonnengläser derart technologisch spezialisiert, dass kaum ein Unternehmen der Sonnenbrillenbranche noch eigene Gläser herstellt geschweige denn sich der Forschung und Entwicklung dieser Komponente annimmt. Die Hersteller dieser Sonnengläser wiederum sehen ihre Kernkompetenz z. B. in der Schutzbeschichtung dieser Gläser und nicht in der Produktion der Rohlinge und vergeben diese wiederum fremd usw.

„Mit Outsourcing können wir flexibler reagieren"

Eine weitere Begründung für Outsourcing lautet: Durch Outsourcing werden quasi aus fixen variable Kosten. Leistungen, die ansonsten mit hohen Fixkosten vorgehalten werden müssen, können je nach Bedarf zugekauft werden, können also schnell aufgestockt aber auf zurückgefahren werden. Beispiele: Der eigene **Fuhrpark** wird durch externe Speditionsleistungen ersetzt. Eventuell wurde der eigene Fuhrpark nicht voll genutzt, es fielen Leerkosten an (zu Leerkosten siehe Kapitel 2.3). Durch die Einbindung externer Speditionen ist es jederzeit möglich, entweder gar keine oder ganz geballt Speditionsleistungen in Anspruch zu nehmen. Oder **Produktionsspitzen** werden nicht mit dem eigenen Maschinenpark abgedeckt sondern man kümmert sich rechtzeitig um entsprechende Zulieferer.

> Häufig gilt die Regel: Je mehr fremd vergeben wurde, desto weniger Fixkosten muss man vorhalten.
>
> Allerdings: Achten Sie auf die Vertragsbedingungen.

Es gibt aber auch Gefahren beim Outsourcing!

Nach einer Outsourcingentscheidungen ist man natürlich abhängig von anderen Unternehmen. Es gibt immer die Gefahr von

Vorsicht, Vorsicht!

- Lieferverzögerungen,
- Qualitätsmängeln,
- Unternehmenszusammenbrüchen externer Unternehmen,
- Vertragskündigungen,

3 Kostenmanagement

- Preiserhöhungen oder Konditionsänderungen,
- Abhängigkeiten durch Aufgabe eigener Kompetenzen auf dem fremdvergebenen Gebiet.

Man gibt also immer ein Stück Sicherheit auf.

Wie rechnet sich Outsourcing?

Beim Outsourcing vergleicht man Kosten

Die klassische Herangehensweise ist der Kostenvergleich. Man vergleicht dabei die eigenen Kosten mit denen des externen Anbieters. Wichtig ist aber nun, nur die **entscheidungsrelevanten Kosten** heranzuziehen. So dürfen z. B. nicht Kosten beim Vergleich wegfallen, *wenn diese nach dem Outsourcing weiterhin vorhanden sind*, z. B. Abschreibung Räumlichkeiten oder Energiekosten.

Beispiel: Outsourcing des Bereiches Empfang

Bislang wurde der Empfang mit eigenem Personal geführt. Insgesamt lagen die Kosten bei 86.250 EUR.
Eine Fremdfirma bietet die Empfangsleistungen nun für 48.000 EUR an.
Soll man zugreifen?

Jahresbetrachtung in EUR			
	Eigene Kosten	Kosten des externen Anbieters	
Personalkosten	69.000	48.000	Angebot Fremdfirma
Aushilfen	3.600	0	im Angebot der Fremdfirma abgedeckt
Strom	1.200	1.200	Kosten fallen weiterhin an
Telefon	450	450	Kosten fallen weiterhin an
Abschreibung	12.000	12.000	Kosten fallen weiterhin an
Umlagen Hausverwaltung			Kosten fallen weiterhin an
Summe Kosten	**86.250**	**61.650**	

Jetzt ist zu prüfen, ob man den Empfang fremd vergibt, da unter dem Strich die Kosten günstiger sind.

Abb. 42: Outsourcing

3 Was können Externe besser oder billiger: Outsourcing

Hier ging es um den Empfangsbereich, ein typischer Gemeinkostenbereich. Aber auch andere Gemeinkostenbereiche eignen sich für das Outsourcing:
- Hausverwaltung
- Kantine
- Fuhrpark
- Instandhaltung
- Reinigungsdienst/Wäscherei
- Datenverarbeitung
- Buchhaltung insbesondere Personalbuchhaltung
- Dienstreisenorganisation
- Messeorganisation

Das kann alles „outgesourct" werden

Outsourcing im Produktionsbereich

Im Produktionsbereich stellt sich die Frage: Eigenfertigung oder Fremdvergabe. Man sagt auch: Make oder buy. Jetzt sind die variablen Kosten die entscheidungsrelevanten Kosten, also die Kosten, die in Abhängigkeit von der Leistungserstellung anfallen. **Fixkosten, die „sowieso da" sind und nach der Fremdvergabe nicht sinken, dürfen nicht in die Berechnung einbezogen werden.**

Make or Buy-Entscheidungen

	Produkte		
	A	B	C
Variable Kosten:			
Materialkosten	30	45	25
Lohnkosten	45	40	30
Sonstige variable Kosten	5	10	10
Summe variable Kosten	80	95	65
Fixkosten der Produkte	20	20	20
Selbstkosten der Produkte	100	115	85
Es werden folgende Zukaufpreise ermittelt	90	85	70
Man entschließt sich, Artikel B fremd zu beziehen. Begründung: Die Kosten des Fremdbezuges liegen unter den variablen Kosten der Eigenfertigung. Fixkosten würden bei Fremdbeschaffung nicht wegfallen.			

Abb. 43: Entscheidung Outsourcing Produktion

3 Kostenmanagement

Das Entscheidungskriterium variable Kosten ist aber lediglich das kostenrechnerische Kriterium. Es gibt mehr zu bedenken!

Beispiel: Es kann Pannen geben

Ein Gewerbeunternehmen der Holzverarbeitung im südlichen Bayern vergab Zuschnittarbeiten fremd und kaufte diverse Fertigteile zu, die ehemals selbst gefertigt wurden. Die Einsparung lag bei ca. 20 %. Das war eine erhebliche Kosteneinsparung. Nach einiger Zeit wurde allerdings festgestellt, dass pro Anlieferung erhebliche Prüf- und Nacharbeitskosten anfielen. Ferner zeigten sich bei späteren Verarbeitungsschritten der Holzteile Qualitätsmängel, die nicht bei der Eingangsprüfung entdeckt wurden.

Und noch ein „Flop": Ein Servicebetrieb im Bereich Gebäudemanagement kooperierte mit einem anderen Betrieb ähnlicher Art und ließ im eigenen Namen Reparatur- und Servicearbeiten durchführen. Die Einsparung betrug ebenfalls wieder etwa 20 %. Da die Mitarbeiter des anderen Betriebes schlampig arbeiteten, fielen erhebliche Nacharbeitskosten an und Kunden wurden verärgert.

Wichtige Punkte für Outsourcingentscheidungen

Bei Outsourcing ist auf einiges zu achten!

Es gibt einige Aspekte, die auch in strategischer Hinsicht zu bedenken sind. Folgende Punkte können zum Problem werden:
- Häufig gibt man bei Fremdvergabe einen Teil seines **Know-hows an den externen Lieferanten**. Damit kann dieser zu einem potenziellen Konkurrenten für das eigene Unternehmen werden.
- Ein großes Problem ist die **Weitergabe von Kernkompetenzen**. Deswegen stellt sich die Frage: Verlieren wir durch die Fremdvergabe Kernkompetenzen?
- Was man selber gefertigt hat, hatte man relativ sicher. Ist diese **Beschaffungssicherheit** auch durch die Fremdvergabe gegeben? Was passiert, wenn der externe Partner ausfällt, z. B. durch Vertragskündigung oder Insolvenz? Gibt es überhaupt Beschaffungsalternativen oder wie abhängig ist man von dem einmal gewählten externen Zulieferer?
- Vertrauen Sie dem externen Partner? Ist **das Vertrauen** langfristig (was ist, wenn die Zulieferfirma von anderen übernommen wird oder das Management wechselt)? Ist sicher, dass unser kostbares Know-how nicht weitergegeben wird?

Was können Externe besser oder billiger: Outsourcing

- Gibt es durch die Fremdvergabe **Marketingprobleme** (weil nun z. B. die Werbung mit „made in Germany" nicht mehr möglich ist)?
- Gibt es **Anlaufschwierigkeiten** mit dem externen Partner? Kann er sofort die gewünschten Mengen in der gewünschten Qualität liefern? Schnell sind Versprechungen gemacht um ins Geschäft zu kommen.

Obige Punkte sind nur schwer zu quantifizieren. Aber es gibt einige mögliche Problemfälle, die man gleich rechnerisch berücksichtigen kann: In der untenstehenden Tabelle finden Sie ein Praxisbeispiel, wie ein mittelständisches Unternehmen seine „Make or Buy-Endscheidungen" gerechnet hat. Zunächst wurde ein Normalfall prognostiziert. Da die Dinge nicht immer so eindeutig sind, wurde aber eine Risikospanne angesetzt; so kann es bestenfalls und schlimmstenfalls aussehen.

- Fallen noch **Prüfkosten** für die fremdbeschafften Produkte an (das bedeutet natürlich, dass man sich letztlich auf die zugelieferten Produkte nicht verlassen kann)?
- Fallen gar noch **Nacharbeitskosten** bei fremdgelieferten Produkten an, sei es durch Qualitätsmängel oder zusätzliche Bearbeitung?
- Fallen durch die Fremdbeschaffung zusätzliche **Finanzierungskosten** an (z. B. Vorfinanzierungskosten der Fremdbeschaffung)?
- Gibt es evtl. zusätzliche Kosten für **teure Alternativbeschaffungen**, weil ein Lieferant nicht oder schlecht geliefert hat?
- Gibt es **Währungsrisiken**? Ein vermeintlich niedriger Preis kann schnell durch einen ungünstigen Wechselkurs „weggefressen" werden.
- Können sich **Konditionen** ändern (z. B. Preiserhöhungen des Lieferanten)?
- Gibt es das Risiko, dass es z. B. **durch Qualitätsmängel oder Lieferausfälle zu Umsatzverlusten** kommt?

Das sollte in jede Fremdvergaberechnung einfließen

3 Kostenmanagement

Eigenfertigung oder Fremdvergabe			
	Normalfall Pro Stück	Risikospanne Minimum	Maximum
Kosten der Fremdleistung	490,00	450,00	520,00
Eigene Prüfkosten für die Fremdleistung	15,00	5,00	20,00
Eigene Nacharbeitskosten für die Fremdleistung	0,00	0,00	30,00
Zusätzliche Finanzierungskosten für die Fremdleistung	2,00	3,00	5,00
Mehrkosten für die Alternativbeschaffung bei Ausfall oder Mängeln der Fremdleistung	0,00	0,00	50,00
Währungsrisiko	0,00	0,00	20,00
Konditionsänderungsrisiko (z.B. Preiserhöhungen)	0,00	0,00	30,00
Summe Kosten Fremdprodukt	**507,00**	**458,00**	**675,00**
Bisherige eigene variable Kosten des Produktes	570,00	570,00	570,00
Ergebnis: (Kosten Fremdbeschaffung minus eigene variable Kosten)	-63,00	-112,00	105,00
Ergebnis in %	-11,1%	-19,6%	18,4%
mit Minuszeichen = die Fremdleistung ist billiger			
ohne Vorzeichen = die Fremdleistung ist teurer			

Abb. 44: Rechner Fremdbeschaffung

Auch dies ist eine Kostenvergleichsrechnung. Es werden die eigenen variablen Kosten mit den gesamten(!) Kosten der Beschaffungsalternative verglichen. Im Beispiel hat man im Normalfall nun eine Kosteneinsparung von rund 11 %, im günstigsten Fall sogar von rund 20 %. Wenn aber einiges schief geht, liegt man sogar um rund 18 % über den jetzigen eigenen Kosten. Fremdbeschaffung ist immer ein Risiko!

Checkliste: Fremdvergabe   CD-ROM

Folgende Punkte sind bei der Fremdvergabe immer zu berücksichtigen:

- Ist der **Know-how-Transfer** an externe Unternehmen problematisch? Ist sichergestellt, dass die Externen Lieferanten unser Know-how nicht weiter geben?
- Verlieren wir im Laufe der Zeit eigenes **Know-how**, wenn wir Leistungen an externe Lieferanten vergeben?
- Ist **Beschaffungssicherheit** durch die externen Partner gewährleistet (ist er zuverlässig, ist das externe Unternehmen wirtschaftlich gesund)?
- Gibt es durch die Fremdvergabe **Marketingprobleme** (made in Germany)?
- Kann der externe Partner unsere Wünsche sofort erfüllen oder müssen wir mit **Anlaufschwierigkeiten** rechnen?
- Fallen noch **Prüfkosten** für die fremdbeschafften Produkte an?
- Fallen gar noch **Nacharbeitskosten** an bei fremdgelieferten Produkten an?
- Fallen durch die Fremdbeschaffung zusätzliche **Finanzierungskosten** an?
- Gibt es evtl. zusätzliche Kosten für **teure Alternativbeschaffungen**?
- Gibt es Währungsrisiken?
- Können sich **Konditionen** ändern?
- Kann es zu **Umsatzverlusten** kommen?

4 Kommunikation, Motivation, Präsentation

Kostensenkung kann man anordnen, quasi als Befehl. Erfolg versprechender scheint es nach allen Erkenntnissen der Kommunikations- und Motivationsforschung zu sein, die betroffenen Mitarbeiter einzubinden, sie zu informieren und von der Notwendigkeit der Kostensenkung zu überzeugen. Dann werden diese mitarbeiten und nicht blockieren.

In diesem Kapitel geht es um die so genannten „**soft skills**". In den letzten Jahren wird diesen „soft skills" immer mehr Beachtung geschenkt. Es geht nicht mehr nur um die fachliche Beherrschung von Arbeitsgebieten, sondern vielmehr um deren Vermittlung, um den menschlichen Austausch, um die Sozialkompetenz. Zu diesen „weichen" Erfolgsfaktoren gehören auch die Themen Kommunikation, Motivation und Präsentation.

In diesem Kapitel erfahren Sie, wie Sie richtig kommunizieren, richtig motivieren und richtig präsentieren, damit Ihr Kostensenkungsvorhaben auch zum Erfolg führt!

4.1 Wie kommuniziert man Kostensenkungsmaßnahmen?

> Unangenehmes mitzuteilen ist sicher mit eine der schwersten Aufgaben im Zusammenhang mit Kommunikation. Wie soll man eine Kostensenkungsmaßnahme „positiv verkaufen"? Zu Beginn dieses Kapitels werden die Grundlagen der Kommunikation erläutert und anschließend erfahren Sie, wie Sie ein Kostensenkungsvorhaben vermitteln.

Wie funktioniert Kommunikation?

Das ganze Leben ist Kommunikation. Wir kommunizieren unentwegt. Auch wenn wir nichts sagen, spricht unser Gesichtsausdruck oder unsere Körperhaltung Bände über die Art und Weise, wie wir uns gerade fühlen, oder was wir von dem halten, was uns gerade jemand sagt.

Wir kommunizieren auch ohne Worte

Wenn Ihr Gesprächspartner z. B. die Arme verschränkt, während er Ihnen zuhört, deutet dies meist auf Skepsis hin. Oder stellen Sie sich vor, Ihr Gesprächspartner kann kaum das Gähnen zurückhalten. Dies könnte zwei Ursachen haben: Entweder ist Ihr Gesprächspartner tatsächlich von Ihren Ausführungen gelangweilt oder aber, was in Besprechungsräumen oft vorkommt, die Luft ist schlecht bzw. enthält zu wenig Sauerstoff. Dies führt unweigerlich zu Gähnen.

Im Berufsleben wie im Privatleben spielt Kommunikation eine wesentliche Rolle.

Sehen wir uns an, wie das **Grundmodell der Kommunikation** aussieht. Das **Sender - Empfänger - Modell** veranschaulicht, wie Kommunikation abläuf.

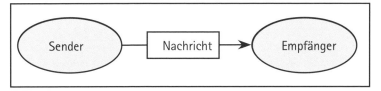

Abb. 45: Sender - Empfänger - Modell

Der Sender sendet eine Nachricht an den Empfänger. Das hört sich trivial an, aber im täglichen Leben können dabei eine Menge Missverständnisse auftreten.

> **Tipp: Folgender gern zitierte Merksatz verdeutlicht die Komplexität von Kommunikation:**
> - Gemeint ist nicht gesagt
> - Gesagt ist nicht verstanden
> - Verstanden ist nicht einverstanden

4 Kommunikation, Motivation, Präsentation

Beispiel: Wie Kommunikation schief gehen kann
Der kaufmännische Leiter eines mittelständischen Unternehmens ist mit einem Kostensenkungsprojekt betraut. In diesem Rahmen trifft er sich mit dem Produktionsleiter und sagt „Nach einer ABC-Analyse Ihres Bereichs habe ich festgestellt, dass die größten Kostenbrocken bei Ihnen die Material- und die Personalkosten sind." Der kaufmännische Leiter meinte dies lediglich als neutrale Feststellung. Der Produktionsleiter hört nur „... größte Kostenbrocken ... Personalkosten" und befürchtet, dass Mitarbeiter aus seinem Bereich entlassen werden sollen. Dabei sind diese doch gut ausgelastet und werden leistungsgerecht, aber nicht übermäßig, bezahlt.

Verzerrungswinkel zwischen Sender und Empfänger

Die Nachricht des kaufmännischen Leiters ist nicht so angekommen, wie sie gemeint war. In der Kommunikationswissenschaft nennt man dies einen „Verzerrungswinkel" zwischen Sender und Empfänger. Man könnte auch ganz einfach sagen, dass es zu einem Missverständnis zwischen den beiden gekommen ist.

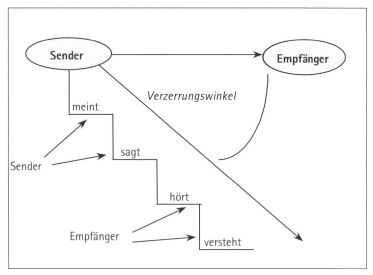

Abb. 46: Verzerrungswinkel

Der Sender (kaufmännischer Leiter) **meint**, den Produktionsleiter neutral über die Ergebnisse seiner ABC-Analyse zu informieren. Er **sagt**: „Nach einer ABC-Analyse Ihres Bereichs habe ich festgestellt,

Wie kommuniziert man Kostensenkungsmaßnahmen?   4

dass die größten Kostenbrocken bei Ihnen die Material- und die Personalkosten sind." Der Empfänger (Produktionsleiter) **hört** den Satz, aber vernimmt subjektiv vor allem nur die Schlagworte „größte Kostenbrocken" und „Personalkosten". Der Produktionsleiter **versteht** aus dem Gesagten einen Hinweis auf drohende Entlassungen in seinem Bereich und empfindet dies evtl. auch als Angriff auf seine Person als Produktionsleiter, der wohl nicht richtig managen kann, wenn er zu viele Leute in seinem Bereich hat.

Wie kann man nun diesen Verzerrungswinkel auflösen bzw. wie löst man das Problem von Missverständnissen? Das geht nur, wenn den Beteiligten überhaupt klar ist, dass es zu einem Missverständnis gekommen ist. Die Empfehlung der Kommunikationswissenschaft lautet daher: „Feed-back geben!". Das heißt, dass der Empfänger der Nachricht sagt, wie er/sie die Sache verstanden hat und fragt, ob es tatsächlich auch so gemeint war.

Bei Unklarheit: Nachfragen, Feed-back geben

Der Produktionsleiter könnte sagen: „Das heißt wohl, dass Sie mir Leute wegnehmen wollen?". Jetzt kann man über das Missverständnis reden. Der kaufmännische Leiter hatte keineswegs schon Entlassungen im Sinn, sondern wollte sich in dem Gespräch mit dem Produktionsleiter erst einmal einen ersten Eindruck von der Situation in der Produktion machen.

| **Tipp: Nachfragen, offen kommunizieren**
| Immer Nachfragen, wenn Sie meinen, dass der Gesprächspartner Andeutungen macht, aber nicht genügend konkret wird. Bitten Sie gleich darum, Unangenehmes offen anzusprechen und nicht zu verklausulieren. Stellen Sie klar, wie Sie selbst das Gehörte verstanden haben und fragen Sie nach, ob dies auch tatsächlich so gemeint war.

Wie vermittelt man ein Kostensenkungsvorhaben?

„Information ist alles!", sagt man nicht zu unrecht. Die Erfahrung hat gezeigt, dass Kostensenkungsmaßnahmen als weniger gravierend empfunden werden, wenn diese angekündigt werden und auch der Zweck und das Ziel der Kostensenkung klar ist.

Ankündigung der Kostensenkung nicht hinauszögern!

Beispiel: Wie man ein Kostensenkungsprogramm ankündigen kann

Sehr geehrte Mitarbeiterinnen und Mitarbeiter,

ich wende mich heute an Sie, um Ihnen die Maßnahmen des Kostensenkungsprogramms anzukündigen, das in den nächsten Tagen starten wird.

Der Hintergrund ist: Unsere Branche wurde im Rahmen der wirtschaftlichen Entwicklung der letzten Jahre arg in Mitleidenschaft gezogen. Auch die Ergebnisse unseres Unternehmens waren in den ersten Monaten dieses Geschäftsjahres aus unserer Sicht nicht befriedigend. Die Geschwindigkeit der Marktveränderungen hat uns einem Anpassungsdruck unterworfen, auf den wir jetzt wie alle anderen Mitbewerber auch reagieren müssen. Viele Unternehmen unserer Branche haben freiwillige Leistungen an ihre Mitarbeiter gekürzt, stellen keine neuen Mitarbeiter mehr ein und haben teils sogar Stellen abgebaut. Darauf haben wir bislang verzichtet.

Die jetzt anvisierten Kostensenkungsmaßnahmen werden für einige von Ihnen mit konkreten Auswirkungen auf Ihre tägliche Arbeit verbunden sein.

Bitte stellen Sie sich auf folgende Maßnahmen ein:

– Zusammenlegung von Büros, um einen Teil der angemieteten Bürofläche kündigen zu können
– Einschränkung der bisher vom Unternehmen getragenen privaten Telefongespräche
– PC-Equipment und sonstige Bürogeräte werden bis auf Weiteres nur bei Defekt ersetzt
– Einschränkung der Investitionsvorhaben

Darüber hinaus werden unternehmensweit weitere Kostensenkungsmaßnahmen ergriffen. Hierzu werden separate Projekte in nächster Zeit gestartet. Ich werde Sie hierzu auf dem Laufenden halten.

Ziel der eingeleiteten Maßnahmen ist es, unsere Rentabilität und damit die Arbeitsplätze für die Zukunft zu sichern. Auch wenn die eine oder andere Sparmaßnahme im ersten Ansatz unerfreulich sein mag, bitte ich um Ihr Verständnis.

Mit freundlichen Grüßen

Heinz Werner, Vorstandssprecher der Steina AG

Wie kommuniziert man Kostensenkungsmaßnahmen?

Ständige Information im Zeitablauf einer Kostensenkungsmaßnahme

„Wie geht es weiter?" – das fragen sich viele Mitarbeiter nachdem eine Kostensenkungsmaßnahme angekündigt wurde. Nicht nur die Information zu Beginn des Kostensenkungsprogramms ist also wichtig, sondern auch in regelmäßigen Abständen Zwischenberichte an die Mitarbeiter zu geben. Evtl. gibt es erste Erfolgsmeldungen mitzuteilen oder weitere Durchhalteparolen müssen ausgesprochen werden. Bedenken Sie immer „Information ist alles". Nicht-Information führt zu Gerüchteküche, Ganggesprächen, Verunsicherung, Unmut und insgesamt zu einem schlechten Betriebsklima. Information führt zu einer höheren Akzeptanz der Kostensenkungsmaßnahmen.

Zwischendurch über den aktuellen Stand berichten

Beispiel: Durchhalteparole

Liebe Mitarbeiterinnen und Mitarbeiter,

unser Unternehmensergebnis liegt weiterhin deutlich unter Plan. Da eine Entspannung der wirtschaftlichen Lage nicht in Sicht ist, werden die Kostensenkungsmaßnahmen weiterhin bestehen bleiben.

An dieser Stelle möchte ich mich bei allen Mitarbeiterinnen und Mitarbeitern bedanken, die bisher die Kostensenkungsmaßnahmen mitgetragen und weitere Verbesserungsvorschläge erarbeitet haben. Vielen Dank für Ihr Engagement!

Die See ist zur Zeit für unser Unternehmen sehr stürmisch, aber mit dieser hervorragenden Crew bin ich sicher, dass wir bald wieder in ruhigeren Gewässern segeln können.

Mit freundlichen Grüßen

Günther Bach, Geschäftsführer der Magnon GmbH

Tipps zur Gesprächsführung bei einem Kostensenkungsgespräch

Angenommen, Sie müssen mit einem Abteilungsleiter ein Gespräch über die Kostensituation in seiner Abteilung führen und gemeinsam Maßnahmen zur Kostensenkung festlegen. Wie verhalten Sie sich am besten in einem konkreten Einzelgespräch zum Thema Kostensenkung?

4 Kommunikation, Motivation, Präsentation

Fragen steuern den Gesprächsverlauf

Gesprächsablauf im Kostensenkungsgespräch:

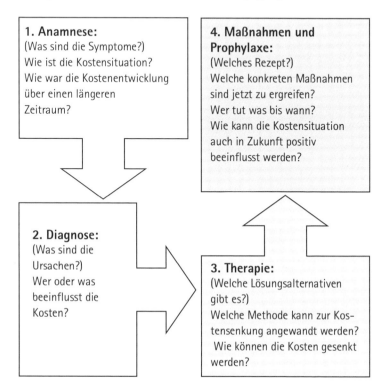

Abb. 47: Gesprächsführung

Wer fragt führt! Durch geschicktes Fragen leiten Sie das Gespräch. Steuern Sie das Kostensenkungsgespräch ähnlich wie ein Arzt durch folgenden Fragenablauf:

- **Anamnese:** Wie ist die Situation? – Frage nach dem Sachverhalt. Egal, ob Sie das Gespräch z. B. als Projektmitarbeiter eines Kostensenkungsprojektes führen, oder selbst als Kostenstellenverantwortlicher für die Kosten gerade stehen müssen, vermeiden Sie als Erstes immer die vermeintliche Schuldfrage: „Warum ist es so gekommen bzw. warum müssen Kosten eingespart wer-

Wie kommuniziert man Kostensenkungsmaßnahmen?

den?" Besprechen Sie zu Beginn des Gesprächs erst einmal ruhig die Kostensituation. Wie beim Arzt geht um die Vorgeschichte der Krankheit und die Symptome. Wie war die Kostenentwicklung in dem Bereich in der letzten Zeit? Was hat sich verändert? Welche Kosten sind besonders kritisch?

- **Diagnose:** Frage nach den Ursachen.
  Welche Entwicklungen haben die Kosten negativ beeinflusst. Liegen die Ursachen im Unternehmen selbst (z. B. hohe Kosten aufgrund uneffektiver interner Prozesse) oder liegen die Ursachen außerhalb des Unternehmens (z. B. gestiegene Beschaffungskosten). Analysieren Sie gemeinsam mit Ihrem Gesprächspartner die Ursachen für die Krise.
- **Therapie:** Wie soll es in Zukunft sein? – Frage nach einer möglichen Lösung des Problems.
  Lenken Sie durch eine Frage, wie z. B. „Wie geht es jetzt weiter?", die Aufmerksamkeit Ihres Gesprächspartners auf die Zukunft. Wie soll die Situation in Zukunft sein, was wäre eine akzeptable Lösung des Problems? Welche Methoden zur Kostensenkung könnten angewendet werden. Welche Kosten sollen gesenkt werden und wie?
- **Maßnahmen und Prophylaxe**: Welche Maßnahmen sind jetzt zu ergreifen? – Frage nach dem Handlungsbedarf, um die Problemlösung zu erreichen.
  Fragen Sie: „Was müssen wir jetzt tun, um die besprochene Lösung zu erreichen?", „Mit wem müssen wir jetzt reden? Wen müssen wir in die Maßnahmen miteinbeziehen?", „Was ist jetzt konkret zu tun?".
  Und erst jetzt zum Schluss stellen Sie die kritische Frage: „Wie konnte diese Situation entstehen, welche Fehlentwicklungen wurden nicht erkannt? Es empfiehlt sich, diese Frage nach dem „Warum?" bzw. „Wie konnte das passieren?" immer erst zum Schluss zu stellen. Sie haben eine mögliche Lösung diskutiert und auch schon festgehalten, welche Maßnahmen ergriffen werden müssen. Jetzt wird der Grundstein für die Prophylaxe gelegt: Wie kann in Zukunft eine ungünstige Kostensituation vermieden werden? Indem z. B. ein besseres Berichtswesen, Frühwarnsystem oder Risikomanagementsystem eingeführt wird.

4 Kommunikation, Motivation, Präsentation

Weitere Tipps für eine erfolgreiche Gesprächsführung:
- Bereiten Sie sich auf ein Gespräch immer gut vor.
Sammeln Sie vorher alle notwendigen Unterlagen. Gab es zu dem Thema z. B. schon einen Schriftverkehr, so lesen Sie ihn vorher nochmals durch, um zu Gesprächsbeginn auf dem aktuellen Stand zu sein. Ihr Gegenüber merkt sehr genau, ob Sie sich auf das Gespräch gut vorbereitet haben. Planen Sie für das Gespräche genügend Zeit ein.
Mit das Wichtigste bei der Vorbereitung eines Gesprächs über Kostensenkung: Überprüfen Sie die **Aktualität der Daten**, die Sie dem Gespräch zu Grunde legen wollen, z. B. Kostenstellenauswertungen etc. Fast bei jedem Gespräch über Kosten, wird Ihr Gegenüber versuchen, das Zahlenwerk infrage zu stellen. Sind die Zahlen wirklich aktuell? Sind die Daten richtig erhoben? Auf diese Fragen müssen Sie vorbereitet sein!
- Nehmen Sie Ihren Gesprächspartner immer als gleichwertigen Partner ernst.
Behandeln Sie Ihren Gesprächspartner weder von oben herab noch untertänig. Weder Arroganz noch Unterwürfigkeit sind gute Gesprächsbegleiter. Fordern Sie diese Einstellung aber auch von Ihrem Gesprächspartner ein.

CD ROM

> **Checkliste: Gesprächsführung**
>
> 1. Vorbereitung des Gesprächs:
>
> - Einladung zum Gespräch verschicken
> - Abklärung, ob weitere Personen an dem Gespräch teilnehmen sollten (Geschäftsführung, Projektleiter Kostensenkungsprojekt etc.)
> - Abklärung noch offener Fragen im Vorfeld
> - Terminzusage der Gesprächspartner einholen
> - Erforderliche Unterlagen zusammenstellen. Auf die Aktualität des Zahlenmaterials achten. Evtl. nochmals die aktuellen Daten bei der Controllingabteilung anfordern.
> - Besprechungsraum reservieren
>
> 2. Gesprächsablauf:
>
> - Wer protokolliert das Gespräch?
> - Haben alle Gesprächsteilnehmer denselben Informationsstand?

Wie kommuniziert man Kostensenkungsmaßnahmen?

- Welches Ziel soll mit dem Gespräch erreicht werden? Geht es um die Auswahl einer Kostensenkungsmethode oder um die Festlegung konkreter Maßnahmen? In welchem Zeitraum soll eine Kostensenkung erreicht werden?
- Was hat sich evtl. seit einem letzten Gespräch zu möglichen Kostensenkungsmaßnahmen verändert, verbessert?

3. Nachbereitung des Gesprächs:
- Gesprächsatmosphäre analysieren. Welche Widerstände gab es? Wie hätte man eine bessere Gesprächsatmosphäre erreichen können?
- Protokoll fertig stellen
- Protokoll an Gesprächspartner versenden
Gesprächspartner prüft das Protokoll und erklärt sich mit dem Inhalt einverstanden (besonders wichtig, wenn Maßnahmen vereinbart wurden).

Umgang mit Killerphrasen

In diesem Zusammenhang soll auch der Umgang mit sog. „Killerphrasen" angesprochen werden. Killerphrasen sind unkonstruktive, unqualifizierte, pauschale Aussagen wie z. B. „Davon haben Sie doch keine Ahnung!" oder: „Wir haben das schon immer so gemacht und lassen uns von einem Anfänger wie Ihnen schon gar nichts sagen!" oder: „Sie als Frau können da sowieso nicht mitreden!". Wie Sie sehen, sind Killerphrasen meist Angriffe unter die Gürtellinie. Killerphrasen sind Angriffe auf Sie als Person, ohne sich auf einen konkreten Sachzusammenhang zu beziehen und daher ist es auch so schwer, damit umzugehen.

Wie gehen Sie mit Angriffen auf Ihre Person um?

Wie verhält man sich?
- **Auf einen konkreten Sachverhalt festnageln!**
Die beste Strategie auf Killerphrasen zu reagieren ist, den Gesprächspartner auf einen konkreten Sachverhalt festzulegen. Wenn also jemand sagt: „Das können Sie gar nicht beurteilen! Bei uns können die Kosten nicht noch weiter heruntergefahren werden!" Dann fragen Sie: „Welche Sachkompetenz fehlt mir, um die Situation beurteilen zu können?", „Wer kann die Kostensituation Ihrer Meinung nach besser beurteilen?".

- **Tun Sie Ihrem Gegenüber nicht den Gefallen, emotional zu reagieren!**
  Oft legt es jemand, der Sie mit Killerphrasen traktiert, nur darauf an, Sie zu provozieren und zu ärgern. Reagieren Sie also immer bestimmt sachlich.
- **Drehen Sie den Spieß um!**
  Sie haben einen Verbesserungsvorschlag gemacht und jemand meint dazu: „Das klappt nicht. Das war bei uns schon immer eine spezielle Situation. Ihr Kostensenkungsvorschlag wird nicht klappen!". Entgegnen Sie: „Was sind denn konkret die Vorteile der jetzigen Vorgehensweise gegenüber meinem Verbesserungsvorschlag?". Bringen Sie also Ihren Gesprächspartner sozusagen in „Beweisnot".

4.2 Wie motiviert man Mitarbeiter zur Kostensenkung?

> Was könnte Ihre Mitarbeiter dazu motivieren, bei einem Kostensenkungsprogramm konstruktiv und engagiert mitzuarbeiten?
> Es gibt grundsätzlich zwei Ansatzpunkte zur Motivation:
> 1. Materielle Anreize
>   z. B. Prämien, Gehaltserhöhung, Erfolgsbeteiligungsmodelle usw.
> 2. Immaterielle Anreize
>   z. B. Wertschätzung, Lob, Möglichkeiten der Mitgestaltung usw.

Im Rahmen eines Kostensenkungsprogramms werden die Möglichkeiten für **materielle Anreize** eher eingeschränkt sein. Möglich ist z. B. die Vereinbarung von Prämien, falls besonders ehrgeizige Kostensenkungsziele erreicht werden. Manchmal werden auch materielle Anreize für „bessere Zeiten" in Aussicht gestellt, nach dem Motto: „Wer sich jetzt bewährt, wird in besseren Zeiten dafür belohnt werden." Dieses Versprechen muss dann natürlich später auch eingelöst werden.

Immaterielle Anreize können hingegen auch in wirtschaftlich schwierigen Zeiten gegeben werden. Man erläutert den Mitarbeitern die Ziele der Kostensenkung, man versucht, an Ihre Loyalität zum

4 Wie motiviert man Mitarbeiter zur Kostensenkung?

Unternehmen zu appellieren und sie so zur Mitarbeit zu motivieren. Hierbei muss man jedoch aufpassen, dass die Motivation nicht zu plump wirkt, wie z. B. „Sie sind mein bestes Pferd im Stall, Sie machen das schon!". Oder wenn von der Unternehmensleitung plötzlich an das Gemeinschaftsgefühl appelliert wird „Wir sitzen doch alle im selben Boot!", wenn andererseits bekannt ist, dass sich das Management längst durch entsprechende Verträge abgesichert hat. Manchmal geht es auch nur darum, die **Demotivation** der Mitarbeiter aufgrund von Einschränkungen im Rahmen von Kostensenkungsmaßnahmen **abzuschwächen**.

Im Folgenden einige Beispiele dafür, was die Motivation im Rahmen von Kostensenkungsvorhaben positiv beeinflussen kann.

Kostensenkungsziele individuell vorgeben, keine pauschale Kostenreduzierung

Kostensenkungsziele sollten individuell vorgegeben werden. Es ist unter psychologischen Gesichtspunkten ungünstig, pauschale Kostensenkungsvorgaben für alle gleich zu definieren. Pauschal heißt hier, alle bekommen dieselben Vorgaben, z. B. 5 % Kostensenkung in jeder Abteilung, jedem Bereich usw. Wer bereits vor der Kostensenkungsvorgabe gut gewirtschaftet hat, ist nun benachteiligt. Er muss 5 % Kostensenkung erreichen, obwohl er vielleicht schon vorher alle Möglichkeiten ausgeschöpft hat. Erreicht er die 5 % nicht, heißt es: Ziel nicht erreicht.

Pauschale Vorgaben werden der Realität nicht gerecht

Wer andererseits immer recht großzügig mit seinen Kosten umgegangen ist, wird die Vorgabe „- 5 %" leicht realisieren können und steht nun gut da, denn er hat das Kostensenkungsziel erreicht.

Wer derartige Erfahrungen gemacht hat, wird sich darauf einstellen und sich nicht allzu sehr bemühen, sparsam zu sein. Erst wenn eine Kostensenkung vorgegeben wird, wird man an die Thematik herangehen.

Die Erfahrungen in der Praxis haben daher gezeigt, dass Kostensenkungsziele für jeden Verantwortlichen individuell erarbeitet werden sollten. Wer vorher schon seine Kosten gut gemanagt hat, muss nun weniger einsparen, der „Schlendrian" hingegen wird nun besonders gefordert.

Individuelle Vorgaben, je nach bisherigem Kostenmanagement

4 Kommunikation, Motivation, Präsentation

> **Tipp: Vorgaben zur Kostensenkung können stark variieren**
> Die Schwankungsbreite von Kostensenkungsvorgaben kann durchaus zwischen 0 und 20 % liegen. 0 % für diejenigen, die glaubhaft machen können, dass alle Potenziale bereits ausgeschöpft sind. 20 % für diejenigen, die bisher wenig Kostenmanagement betrieben haben.

Über die einzelnen Vorgaben kann man sich im Detail immer streiten, aber grundsätzlich sind differenzierte Vorgaben bei der Kostensenkung angemessener und werden auch nach aller Erfahrung von den Mitarbeitern als gerechter empfunden.

Die Geschäftsleitung geht mit gutem Beispiel voran.

Sparen fängt „oben" an

Wenn gespart werden muss, sollen alle sparen, auch die Geschäftsführung. Hier haben die Führungskräfte im Unternehmen eindeutig *Vorbildfunktion*. Nichts ist schlimmer für die Motivation zur Kostensenkung, als wenn sich zum Beispiel ein Mitglied der Geschäftsführung einen neuen, teueren Dienstwagen gönnt, während überall gespart werden soll. Ähnliches gilt für Dienstreisen, Geschäftsessen usw. Gerade in Kostensenkungszeiten reagiert die Belegschaft sehr sensibel auf kostenmäßige Ausrutscher von Führungskräften.

> **Beispiel: Vorstand als schlechtes Vorbild während einer Kostensenkungsphase**
> In einem großen deutschen Dienstleistungsunternehmen mit mehreren Niederlassungen wurde ein hartes Kostensenkungsprogramm durchgeführt. Ein Vorstandsmitglied besuchte die Münchener Niederlassung für eine Besprechung. Als er kam, beobachtete ein Mitarbeiter, dass dieses Vorstandsmitglied von einem Chauffeurservice vom Flughafen zur Niederlassung gefahren wurde. Die Anordnung an die Mitarbeiter war eine völlig andere: Die Mitarbeiter durften aufgrund des Kostensenkungsprogramms noch nicht einmal ein Taxi benutzen, sondern sollten für Dienstreisen öffentliche Verkehrsmittel nutzen.
> Die Beobachtung des Mitarbeiters über dieses schlechte Vorbild des Vorstands verbreitete sich in der Münchener Niederlassung und durch Kontakte zu anderen Niederlassungen im gesamten Unternehmen. Die Motivation zur Kostensenkung hatte durch dieses Ereignis einen Dämpfer bekommen.

4 Wie motiviert man Mitarbeiter zur Kostensenkung?

Was zeigt dieses Beispiel in Hinblick auf die Wertschätzung der Mitarbeiter? Das Vorstandmitglied war offensichtlich der Meinung, sich selbst nicht an die Regeln des Kostensenkungsprogramms halten zu müssen. Im Umkehrschluss bedeutet dies eine Herabsetzung aller anderen Mitarbeiter des Unternehmens zum „Fußvolk".

Zu hartes Vorgehen kann Probleme schaffen

Kostensenkungsmaßnahmen müssen manchmal hart durchgesetzt werden. Man sollte aber immer auf rechtlich einwandfreiem Boden bleiben. Wer allen Mitarbeitern mit Entlassung droht, ohne Beachtung des Kündigungsschutzgesetzes, ist unglaubwürdig.

Rechtliche Rahmenbedingungen beachten

Beispiel:
Ein neu eingestellter Manager übernahm eine Abteilung, in der überproportional viele ältere und gut bezahlte Mitarbeiter arbeiteten. Er hatte wohl „von oben" die Anweisung, sich von einigen dieser Mitarbeiter zu trennen, da diese als „zu teuer" galten. Dabei ging er sehr hart und letztlich ungeschickt vor: Er bombardierte die Mitarbeiter regelrecht mit Abmahnungen, versuchte Mobbing durch unsinnige Aufgabenverteilung und viele unschöne Dinge mehr. Seine Wutausbrüche waren bald in der ganzen Abteilung bekannt.

Keine seiner Maßnahmen hatte jedoch rechtlich Bestand. Die Abmahnungen mussten von der Personalabteilung zurückgenommen werden und der Betriebsrat kontaktierte mehrmals die Unternehmensleitung wegen der Mobbingaktivitäten. Schließlich sah die Unternehmensleitung keine Möglichkeit mehr das Verhalten dieses Managers zu tolerieren und er musste das Unternehmen verlassen.

Das Ergebnis war eine demotivierte Abteilung, hohe Rechtskosten aufgrund der Arbeitsgerichtsprozesse (Klagen auf Entfernung der Abmahnung aus der Personalakte) und kein einziger Cent an Personalkosten wurde gespart.

Nachvollziehbare Entscheidungen und schlüssiges Auftreten schaffen Akzeptanz und Respekt

Viele scheuen die Kostensenkung aus Angst, nicht „gut" anzukommen. Man befürchtet Konflikte, denn Kostensenkung ist ein konfliktträchtiges Thema. Für harmoniebedürftige Führungskräfte kein

4 Kommunikation, Motivation, Präsentation

gutes Terrain. Aber wer folgende Ratschläge beachtet, wird in aller Regel von den Mitarbeitern respektiert werden.

- Zunächst sollten Sie entschlossen und nicht zaudernd auftreten. Sie müssen den Eindruck vermitteln, dass Sie selbst von der Notwendigkeit der Maßnahmen überzeugt sind.
- Auch für Führungskräfte gilt: Eine plausible Begründung für die Kostensenkungsmaßnahmen ist immer notwendig. Begründungen sind nie Eingeständnisse von Schwäche, sondern fördern das Verständnis und die Akzeptanz bei den Mitarbeitern für die Notwendigkeit der Kostensenkung.
- Kündigen Sie an, dass Sie nach Sichtung der Kostensenkungspotenziale auch wirklich handeln werden. Und bereiten Sie die Mitarbeiter auf Einschränkungen und Einschnitte in ihrem persönliches Arbeitsumfeld vor. Ein Verantwortlicher für Kostensenkung sagte einmal in Rahmen einer Betriebsversammlung, in der Kostensenkungsmaßnahmen angekündigt wurden: „Sehen Sie mich wie einen Arzt. Um den Patienten, nämlich unser Unternehmen, zu heilen, muss ich nun Dinge tun, die Ihnen und mir keinen Spaß machen: Nämlich Medizin verordnen, die nicht schmeckt und im Extremfall kranke Teile entfernen."

Man wird Sie respektieren, wenn es Ihnen gelingt, entschlossen und glaubwürdig aufzutreten. Dies fördert die Akzeptanz der Maßnahmen, die Sie im Rahmen der Kostensenkung ergreifen müssen.

Auch kleine Kostensenkungserfolge honorieren

Jede Kosteneinsparung verdient Anerkennung

Es gibt Bereiche, da sind die Potenziale zur Kostensenkung von vornherein begrenzt, z. B. wollte und konnte man einmal in einer Kantine kaum etwas sparen. Aber auch bei begrenzten Potenzialen und Erfolgen müssen alle Aktivitäten ernst genommen werden. Wer sich bemüht, hat Anerkennung verdient. Egal ob nun jemand an verantwortlicher Stelle Millionen gefunden hat oder der Auszubildende einige Euro.

Auch unkonventionelle Vorschläge ernst nehmen

Es gibt aus dem psychologischen Bereich Untersuchungen darüber, dass Meinungen dann wesentlich geprägt werden, wenn z. B. eine

Wie motiviert man Mitarbeiter zur Kostensenkung? 4

ganze Gruppe eine gewisse Meinung vertritt. Abweichende Meinungen Einzelner sind durch den sozialen Druck sehr selten. Konkret: Wer wagt es schon in der Praxis, der Meinungs-Außenseiter gegen den Rest des Unternehmens oder der Abteilung zu sein?

Hier sollte man im Vorfeld des Kostensenkungsprojektes bereits entsprechende Spielregeln aufstellen: Jeder Vorschlag zur Kostensenkung wird gewürdigt, auch wenn er im ersten Ansatz unkonventionell und nicht Erfolg versprechend scheint.

Spielregel: Jeder Vorschlag wird ernst genommen

Beispiel:
Ein Praktikant schlug vor, dass abends Grundkurse für Textverarbeitung bzw. andere Softwarelösungen des Unternehmens angeboten werden sollten. Er erzählte von seinem Praktikum bei einem anderen Unternehmen, wo man mit dieser Maßnahme gute Erfahrungen gemacht hätte. Im ersten Ansatz wurde der Vorschlag begrüßt. Die Notwendigkeit war aber nicht ganz einsichtig, da kein Mitarbeiter einen Schulungsbedarf eingefordert hatte. Trotzdem unterstützte man das Engagement des Praktikanten und die Abendveranstaltungen waren gut besucht.

Der Kosteneinsparungseffekt zeigte sich nach einiger Zeit: Die Kosten für externe EDV-Unterstützung gingen zurück. Grund: In der Vergangenheit hatte man bei Problemen mit der Software die Unterstützungsleistung des Softwareanbieters (z. B. Hotline) in Anspruch genommen. Jetzt stellte sich heraus, dass viele Probleme Anwendungsfehler waren und nach den Schulungen von dem betroffenen Mitarbeiter eigenständig gelöst werden konnten.

Des Guten zuviel ...

Der Aufwand für Kostensenkungsmaßnahmen muss in einem vernünftigen Verhältnis zum Kostensenkungserfolg stehen. Zuviel des Guten wird getan, wenn die Kostensenkungsmaßnahmen mit einem nicht mehr zu vertretenden administrativen Aufwand verbunden sind.

Kostensenkung muss wirtschaftlich sein

Beispiel:
In einem Unternehmen wollte man Kosteneinsparungen mit einer Reihe von administrativen Maßnahmen fördern. Man führte diverse Antragsformulare ein, z. B. auch für neues Werkzeug. Wenn nun der Hauselektriker einen neuen Stromprüfer brauchte, musste er für die Anschaffung

im Wert von ca. 0,75 EUR einen Antrag ausfüllen. Dass dies letztlich übertrieben war, wussten auch die Verantwortlichen, aber es hieß: „Wir wollen die Kostendisziplin fördern, auch bei kleinen Dingen soll man sich Gedanken machen." Dieser Grundsatz ist nachvollziehbar, aber wenn der administrative Aufwand zu hoch wird, sinkt die Akzeptanz für diese Maßnahmen bei den Mitarbeitern. Es wird als übertrieben und den Arbeitsablauf behindernd empfunden.

Um die Motivation für die Kostensenkungsmaßnahmen nicht zu gefährden, sollten also die Anstrengungen für die Kostensenkungsaktivitäten auch einen entsprechenden Erfolg haben und nicht schon von vornherein als unsinnig empfunden werden.

4.3 Wie präsentiert man?

Der Mensch behält in der Regel

- 10 % der Information, die er liest,
- 20 % der Information, die er hört,
- 30 % der Information, die er sieht,
- 50 % der Information, die er gleichzeitig sieht und hört,
- 70 % der Information, über die er selbst sprechen kann,
- 90 % der Information, die er unmittelbar anwenden kann.

So ist es die Aufgabe von Präsentationen, Inhalte so zu vermitteln, dass möglichst viel Information behalten wird. Im Rahmen der Kostensenkung gibt es immer wieder die Notwendigkeit, Inhalte, Methoden, Ergebnisse usw. einem größeren Kreis zu präsentieren. Dies wird umso effektiver, je professioneller die Präsentation ausfällt.

Die Kunst der Präsentation liegt darin, Informationen über mehrere Kanäle (Auge, Ohr) bzw. Anknüpfungspunkte für den Hörer (persönlicher Bezug, Anwendbarkeit für den Zuhörer usw.) zu vermitteln, damit die Informationen besser aufgenommen und behalten werden.

Wie präsentiert man? 4

Aufbau einer Präsentation

Eine erfolgreiche Präsentation muss gut vorbereitet werden. Planen Sie die einzelnen Bestandteile Ihrer Präsentation: Einleitung, Hauptteil, Abschluss und vergessen Sie auch nicht die Nachbereitung der Präsentation. Im Folgenden einige Tipps für den Aufbau einer Präsentation.

Präsentationsvorbereitung

Für die Vorbereitung einer Präsentation im Rahmen eines Kostensenkungsvorhabens gilt wie für jede andere Präsentation:
- Ausreichende fachliche Vorbereitung:
  Planung der fachlichen Inhalte, Zeitplan, Tagesordnung/Agenda, Präsentationsmedien, Hintergrundinformationen, Unterlagen usw.
- Planung der Rahmenbedingungen:
  Welcher Teilnehmerkreis ist einzuladen? Welche Räumlichkeiten? Einplanung von Pausen, Mittagessen usw.

Zusätzlich ist speziell bei der Präsentation von Kostensenkungsthemen zu beachten, dass die Präsentation evtl. nicht störungsfrei ablaufen wird. Bereiten Sie sich schon frühzeitig auf **mögliche fachliche Einwände, Widerstände und Kritik** vor. Stellen Sie sich jeden einzelnen Teilnehmer vor: Welche Gegenargumente könnte er/sie gegen Ihren Vortrag einbringen? Wie können Sie diese Gegenposition geschickt in Ihren Vortrag einbauen und so schon im Vorfeld entkräften?

Bereiten Sie sich auf Einwände und Kritik vor

Präsentationsablauf

Wichtig ist immer ein **guter Einstieg** in die Präsentation (Begrüßung, Vorstellung der Agenda und Zielsetzung der Besprechung), um die Aufmerksamkeit der Teilnehmer von Anfang an zu fesseln. Genauso entscheidend für eine gute Präsentation ist ein **einprägsamer Schluss**, z. B. ein Zitat oder ein Motto für die weitere Vorgehensweise. Die Teilnehmer müssen erkennen, dass Sie mit Ihrem Vortrag am Ende angekommen sind. Nichts ist schlimmer als eine

Einprägsamer Beginn und Schluss einer Präsentation

Kommunikation, Motivation, Präsentation

Präsentation zu beenden und es herrscht Stille, da niemand weiß, ob Sie nur eine Sprechpause machen oder schon fertig sind.

Weitere Tipps für eine gute Präsentation:
- *Präsentation vor einer U-Form halten*
  Stellen Sie die Konferenztische in der Form eines „U" auf. Während der Präsentation haben Sie die Möglichkeit auf jeden einzelnen Teilnehmer zuzugehen und Sie werden von allen gut gesehen und verstanden.
- *Sprechen Sie die Teilnehmer mit Namen an*
  Meist kennen Sie die Teilnehmer einer Präsentation zum Thema Kostensenkung mit Namen. Sprechen Sie die Teilnehmer also mit ihrem Namen an, fragen Sie die Teilnehmer nach ihrer Stellungnahme zu einem bestimmten Tagesordnungspunkt. So erhält die Präsentation mehr die Atmosphäre eines Workshops bzw. einer Arbeitsgruppe und die Teilnehmer fühlen sich ermuntert, mitzuarbeiten.
- *Fragen/Einwände der Teilnehmer wahrend der Diskussion wiederholen*
  Wiederholen Sie mit eigenen Worten die Frage oder den Einwand eines Teilnehmers und geben Sie evtl. die Beantwortung an das Plenum weiter.
  Vorteil: Oft werden Fragen oder Einwände akustisch von den anderen Teilnehmern nicht verstanden. Indem Sie die Frage oder den Einwand wiederholen, können alle aus dem Plenum mitreden und Sie haben sich selbst eine kleine Denkpause erarbeitet. Evtl. gibt es auch einen Teilnehmer, der an Ihrer Stelle auf die Frage bzw. den Einwand eingehen kann oder will.
- *Themenspeicher anlegen*
  Sammeln Sie die Fragen oder Anregungen der Teilnehmer, für alle gut sichtbar, auf einem Flipchart-Blatt als sog. „Themenspeicher". Sie signalisieren damit, dass Sie die Beiträge der Teilnehmer wichtig nehmen und Sie können anhand des Themenspeichers später auf die einzelnen Beiträge eingehen. Können Fragen nicht geklärt werden, so vereinbaren Sie für die Präsentation einen Folgetermin, bei dem anhand dieses Flipchart-Blattes „The-

Wie präsentiert man? 4

menspeicher" die noch offenen Fragen besprochen werden können.

- *Loben Sie die Beiträge der Teilnehmer, vermeiden Sie Kritik*
Verwenden Sie in Ihrer Präsentation Formulierungen wie, „Wie Frau Gruber gerade vorgeschlagen hat ..." oder „Ich bedanke mich für die Anregung, dass wir im Anschluss noch das Thema xy näher beleuchten sollten".
Vermeiden Sie Wertungen. Wenn ein Vorschlag wenig zielführend ist, sollte dies in der Diskussion herauskommen und nicht von Ihnen als Vortragendem von vornherein abgeblockt werden (außer natürlich in Extremfällen, wenn ein Teilnehmer Sie offensichtlich provozieren oder die Präsentation sabotieren will).

Checkliste: Überzeugungsstrategien für eine gute Präsentation — CD-ROM

So überzeugen Sie in einer Präsentation:

- Am Anfang das Thema eingrenzen, Begriffe sauber definieren
- Hinweise zur Vorgehensweise, z. B. wann beantworten Sie Zuhörerfragen? (sofort oder zum Schluss)
- Eigenes Fachwissen und Erfahrung betonen (aber nicht damit „prahlen")
- Emotionalen Kontakt herstellen
- Keine Einseitigkeiten, verschiedene Meinungen und Blickwinkel darstellen
- In sich schlüssig argumentieren, den Weg vom Problem zur Problemlösung darlegen
- Engagement zum Thema zeigen
- Informationsquellen, „Beweise" darlegen
- Sich immer an die Tagesordnung, an die Gliederung und an die Pausen halten
- Versuchen Sie, die Erwartungshaltung der Zuhörer zu treffen (was wollen die Zuhörer wirklich hören?)
- Kein Kommunikationsschaum, nichts Überflüssiges
- Vortrag „würzen" (Anekdoten, Zitate usw.)
- Zum Schluss ein Feed-back

Kurzum: Glaubwürdigkeit demonstrieren.

4 Kommunikation, Motivation, Präsentation

Präsentationsnachbereitung

Protokoll

Sie haben im Rahmen einer Präsentation zum Thema Kostensenkung evtl. einen Maßnahmenkatalog zusammen mit den Teilnehmern erarbeitet. Im Anschluss an die Präsentation ist es zweckdienlich, die Ergebnisse allen Teilnehmern zur Verfügung zu stellen. Ein Protokoll wird erstellt und z. B. auch denjenigen Teilnehmern zugesandt, die nicht an der Präsentation teilnehmen konnten.

Rückblick: Lessons learned

Für den Vortragenden selbst ist es lehrreich, sich nach einem kurzen zeitlichen Abstand den Verlauf der Präsentation nochmals zu vergegenwärtigen. Was lief gut, was lief schlecht, wo hätte man besser vorbereitet sein sollen? Man nennt diesen Rückblick „**Lessons learned**", d. h.: Was kann man aus den eigenen Fehlern lernen und das nächste mal besser machen?

CD-ROM

Checkliste: Präsentation

Präsentationsvorbereitung:

- Zeitplan für die Vorbereitung erstellen: Wie viel Zeit wird für die Vorbereitung benötigt? Wie lange soll die Präsentation sein?
- Inhaltliche Gliederung des Vortrags festlegen
- Welcher Zuhörerkreis ist einzuladen?
- Mit welchen Einwänden/Widerständen ist zu rechnen?
- Auf welchen bisherigen Ergebnissen/älteren Präsentationen kann aufgebaut werden?
- Präsentationsmedien festlegen
- Raum reservieren
- Einladungen verschicken
- Evtl. bestimmte Unterlagen vorab verschicken

Letzte Vorbereitungen vor Präsentationsstart:

- Ist den Teilnehmern die Tagesordnung/Agenda bekannt?
- Können die Teilnehmer von jedem Punkt im Raum aus gut sehen und den Vortragenden verstehen?
- Wer hilft bei den Auf- und Abbauarbeiten?
- Gibt es Handzettel für die Zuhörer (begleitendes Material zur Präsentation)?
- Sind die Pausen ausreichend geplant?
- Stimmt die Raumtemperatur?

Wie präsentiert man? 4

- Sind die Präsentationsmedien (Overheadprojektor, Flipchart, Beamer etc.) einsatzbereit?

Präsentationsbeginn:
- Auf Pünktlichkeit achten!
- Teilnehmer persönlich begrüßen
- Eigene Person und Thema der Präsentation vorstellen
- Tagesordnung/Agenda mit Zeitpunkt für Pausen vorstellen
- Begleitende Unterlagen (Handzettel) kurz erläutern
- Einstieg ins Thema

Präsentationsdurchführung:
- Störungen haben Vorrang, Einwände, Fragen der Teilnehmer beantworten
- Geplante Pausen einhalten
- Abwechslungsreicher Einsatz von Präsentationsmedien

Präsentationsabschluss:
- Zusammenfassung der Präsentation
- Darstellung des Ergebnisses
- Information über die weiteren Schritte, den weiteren Handlungsbedarf
- Verabschiedung der Teilnehmer

Präsentationsnachbereitung:
- Protokoll der Veranstaltung verschicken
- Präsentationsanalyse: Was lief gut, was lief schlecht

Präsentationsmedien

Der Sinn des Einsatzes von Präsentationsmedien (Fliphart, Overheadprojektor, Pinnwand oder PC-Präsentation mit Beamer) ist, neben dem gesprochenen Vortrag, den Zuhörern weitere Hilfestellungen zu geben, um die Informationen aufzunehmen und zu behalten. Man erinnert sich an die gesprochenen Worte besser, wenn man damit ein Bild, eine Graphik oder schlicht das geschriebene Wort verbinden kann.

Mehrere Sinne (Auge, Ohr) ansprechen

4 Kommunikation, Motivation, Präsentation

Visualisierung während der Präsentation bzw. Besprechung

Setzen Sie bei der nächsten Besprechung oder Sitzung zum Thema Kostensenkung ein Flipchart zur Visualisierung des zu besprechenden Themas ein. Es erleichtert den Gesprächsverlauf, wenn die wichtigsten Ergebnisse für alle sichtbar auf einer Folie oder einem Flipchart mitprotokolliert werden.

Overheadprojektor

Die häufigste Präsentationsart: Folienvortrag

Der Folienvortrag ist eine der gängigsten Präsentationsarten. Aber auch hier kann man viel falsch machen. Steht auf den Folien reiner Fließtext und wird dieser von dem Vortragenden nur vorgelesen, kann man sich den Folienvortrag getrost schenken. Auf die Folie gehören nur die Schlagworte oder die wesentlichen Aussagen eines Vortrages, nicht der gesamte Text zum Mitlesen.

Folien müssen gut lesbar sein!

Die Folien müssen auch noch aus der hintersten Reihe gut lesbar sein. Die Schriftgröße sollte daher ausreichend gewählt werden. Mit Farben kann man gezielt Akzente setzen. Die Folien nicht mit Inhalten überfrachten.

Blicken Sie nach vorne, zu Ihren Zuhörern

Beim Folienvortrag kann man immer wieder beobachten, dass die Vortragenden nur ihre Folie ansehen und keinen Blickkontakt zu den Zuhörern herstellen. Besonders schlimm wird das, wenn der Vortragende das projizierte Bild der Folie an der Wand hinter sich betrachtet und dabei nur mit der Wand spricht, statt sich dem Publikum zuzuwenden. Dagegen hilft ein Ausdruck der Folien, den man als Erinnerungsstütze während des Vortrags in der Hand behält. Reden Sie mit dem Publikum und nicht mit der Wand oder dem Overheadprojektor!

PC-Präsentationen mit Beamer-Einsatz

Grundsätzlich gelten hier dieselben Regeln wie für den Folienvortrag. Die Präsentation der Folien mittels PC und Beamer ist natürlich die umweltschonendere Variante des Folienvortrages, da die Folien selbst nicht gedruckt werden müssen. Diese Variante des Folienvortrages ist daher sehr zu begrüßen und erfreut sich immer größerer Beliebtheit.

Online-Zugriff

PC-Präsentationen eignen sich auch sehr gut für einen Vortrag, der eben nur mit einem PC möglich ist, z. B. die Präsentation der Kos-

Wie präsentiert man? 4

tensenkungsergebnisse live bzw. online durch Zugriff auf die kaufmännische Software bzw. die Datenbanken des Unternehmens.

Flipchart

Der Vorteil des Einsatzes eines Flipcharts liegt darin, dass man Inhalte schrittweise entwickeln kann. Man skizziert z. B. ein Thema und entwickelt darum herum die Schnittmengen mit anderen Themen oder zeigt, welche Abteilungen von diesem Thema betroffen sind. Anregungen der Teilnehmer können direkt sichtbar in das Flipchart-Bild eingebracht werden.

Flipchart: Viel Raum ein Thema zu entwickeln

Ein Flipchart-Blatt eignet sich besonders als „Themenspeicher", d. h. alle Fragen, die während einer Besprechung nicht geklärt werden können, werden auf diesem Blatt festgehalten. Bei der nächsten Besprechung geht man genau auf dieses Themenblatt ein und erläutert die Antworten auf die inzwischen geklärten Fragen.

In ähnlicher Weise kann ein Protokoll direkt sichtbar für alle Teilnehmer auf einem Flipchart-Blatt festgehalten werden. Maßnahmen werden mit Terminen und Verantwortlichen festgehalten. Der Clou ist, dass die Maßnahmen, Termine, Verantwortlichen für alle sichtbar während der Besprechung festgehalten werden. Ein späteres „Sich-Heraus-Reden", so hätte man das nie gesagt oder nie verstanden, ist damit ausgeschlossen.

Für alle sichtbares Protokoll

Pinnwand (Metaplanwand)

Pinnwände werden häufig in Zusammenhang mit einer Kartenabfrage eingesetzt. Nachdem man das zu besprechende Thema vorgestellt hat, z. B. „Wie können wir unsere internen Prozesse verschlanken?", kann man z. B. Karten an die Teilnehmer verteilen, mit der Bitte darauf niederzuschreiben, welche Ideen ihnen hierzu einfallen. Die Karten werden dann nach gleichartigen Ideen/Aussagen zu Gruppen zusammengefasst („clustern" heißt das im Moderatorenjargon, nach dem englischen Begriff „cluster" für Gruppe). Anschließend wird jede Themengruppe nacheinander besprochen.

Pinnwand: Sehr zweckmäßig für eine Kartenabfrage

Ein weiterer Vorteil der Pinnwände sind die großen Flächen, auf die man nicht nur die Karten der Kartenabfrage, sondern auch Plakate oder sonstige Schaubilder befestigen kann.

Schaubilder, Plakate

4 Kommunikation, Motivation, Präsentation

CD-ROM

Checkliste: Die 10 Hauptfehler einer Präsentation

1. Mangelhafte Vorbereitung

   Die Unterlagen/Handzettel sind nachlässig erstellt, die Zahlen sind unvollständig, der Dozent hat bestimmte Informationen übersehen bzw. nicht bedacht. Dies alles führt zu einem schlechten Gesamteindruck der Präsentation. Wenn die Präsentation schlecht vorbereitet ist, darf man sich nicht wundern, wenn man als Dozent angegriffen wird und evtl. die Präsentation abgebrochen werden muss, weil entscheidende Daten nicht berücksichtigt wurden.

2. Der Präsentationsbeginn, der „Einstieg" ist schlecht

   Jede Sympathie für den Vortragenden ist vorbei, wenn dieser zu spät kommt, dann seine Unterlagen nicht findet, irgend etwas von „Dann fangen wir mal an," nuschelt und am Ende noch Probleme mit der Technik hat (Overheadprojektor, Beamer usw., die man selbstverständlich im Vorfeld der Präsentation testet). Solch ein nachlässiges Verhalten zeugt von Geringschätzung der Teilnehmer und wird auch als solches gewertet. Kleine Fehler im Vortrag, die ansonsten leicht verziehen werden, fallen jetzt doppelt auf.

3. Der Blickkontakt zu den Zuhörern fehlt

   Fehlender Blickkontakt macht einen Vortrag anonym. Ein bekannter Moderator sagte einmal: „Als Hilfe denke ich immer, dass alle mit einem offenen Messer im Plenum sitzen. So wende ich dem Plenum nie den Rücken zu und bewahre selbst am Flipchart eine eher seitliche Haltung."
   Ein anderer: „Ich versuche stets, irgendjemanden direkt in die Augen zu schauen." Achten Sie einmal bei Vorträgen oder im Fernsehen darauf, wie sehr es Sie selbst stört, wenn der Blickkontakt fehlt.

4. Fehlende Interaktion

   Unabhängig davon, wie klar und nachvollziehbar Ihr Vortrag aufgebaut ist, Sie sollten immer Zwischenfragen zulassen und darauf achten, wie Ihr Publikum reagiert. Sind die Zuhörer noch bei der Sache oder in Gedanken schon weit weg? Bauen Sie einige Fragen in Ihre Präsentation ein. Fragen Sie bei bestimmten Argumenten nach der Meinung der Teilnehmer. Eine kleine Diskussion zwischendurch lockert die Präsentation auf und erhöht die Aufmerksamkeit.

Wie präsentiert man?

5. Keine vernünftige Zeiteinteilung

   Gehen Sie bei Ihrer Präsentation ABC-analytisch vor. Das heißt, behandeln Sie bei einer Präsentation im Rahmen der Kostensenkung die Themen, die wertmäßig, kostenmäßig das wichtigste Volumen ausmachen, ausführlich und Themen, die nicht so relevant für Ihr Kostensenkungsthema sind, eher kürzer. Leider passiert es immer wieder, dass der Vortragende die Fachfragen besonders herausstellt, bei denen er sich gut auskennt, während andere Fragestellungen, in denen er sich nicht so zuhause fühlt, eher nachrangig behandelt werden. Es kommt aber bei einer Präsentation zur Kostensenkung nicht darauf an, in welchem Bereich Sie sich besonders gut auskennen, sondern wo z. B. das höchste Kostensenkungspotenzial schlummert.

6. Der Vortragende spricht unverständlich

   Während der Präsentation ist es wichtig, verständlich zu sprechen (nicht zu schnell, nicht zu langsam, nicht zu leise …). Unverständliches Sprechen hat oft die Ursache in der inneren Aufregung des Vortragenden. Hier helfen Seminare oder auch einfach, den Vortrag im Vorfeld vor ein paar wohlwollenden Kollegen zu halten, um selbstsicherer zu werden und damit auch verständlicher sprechen zu können.

7. Die Präsentation ist schlicht langweilig

   Lockern Sie die Präsentation auf. Reden Sie in Bildern, bilden Sie Beispiele, visualisieren Sie usw. Beispiel: Nicht: „Im Einkauf haben wir ein Kostensenkungspotential von 8 % entdeckt." Sondern: „Stellen Sie sich vor! Im Einkauf haben wir ein Kostensenkungspotenzial im Wert eines Einfamilienhauses gefunden, nämlich rund 250.000 EUR."

8. Die Präsentation ist kopflastig, monoton

   Der Vortragende verzichtet auf den Einsatz von Medien (Flipchart, Overheadprojektor usw.) und liest nur monoton von einem Blatt ab. Auch beim besten Willen werden die Zuhörer dann nur schwer dem Vortrag folgen können.

9. Es fehlt an Engagement und Begeisterung

   Freilich ist Kostensenkung ein Thema, bei dem der Vortragende nicht vor Begeisterung Funken sprühen wird. Aber das Plenum merkt genau, wie engagiert präsentiert wird.

4 Kommunikation, Motivation, Präsentation

10. Kein Hinweis auf die Verwertbarkeit der Inhalte

    Wie oft hört man: „Die Präsentation war ja ganz nett, aber was soll das und was geht es mich an?" Bei jeder Präsentation darf der Hinweis auf die Praxisrelevanz, die Verwertbarkeit der Erkenntnisse nicht fehlen. Und die Präsentation sollte betroffen machen. In einem mittelständischen Unternehmen sagte einmal ein Controller: „Der aktuelle Stundensatz im Bereich Instandhaltung liegt über dem der örtlichen Handwerker." Der Verantwortliche für die Instandhaltung war zwar etwas erschreckt, aber auch motiviert, seine Kosten kritisch zu betrachten.

Hier nun eine konkretes Beispiel für eine Präsentation im Rahmen der Kostensenkung

Beispielpräsentation

Hintergrund: Es geht um ein mittelständisches Unternehmen, das ein Kostensenkungsprojekt starten will. Hierzu hat der kaufmännische Leiter erste Überlegungen angestellt, die er nun im Rahmen dieser Präsentation vor den Abteilungsleitern des Unternehmens vorstellen will.

CD-ROM

Zuerst wird die Tagesordnung vorgestellt.

Tagesordnung Kostensenkungsmeeting

1. Veränderungsbedarf für unser Unternehmen
2. Fehlentwicklungen vermeiden!
3. Vorgehensmodell Kostensenkungsprojekt
4. Anwendung von Change Management
5. Maßnahmenplan
6. Erfolgsfaktoren für das Kostensenkungsprogramm

Geplanter Zeitraum: 10.00– ca.13:00 Uhr

Abb. 48: Tagesordnung

4 Wie präsentiert man?

Zum Einstieg in das Thema präsentiert der kaufmännische Leiter die Einflüsse auf das Unternehmen, die eine Veränderung bzw. ein Kosteneinsparungsprogramm notwendig machen.

Abb. 49: Einstieg in das Thema

Zudem weist der kaufmännische Leiter darauf hin, dass man Fehlentwicklungen bei der Kostensenkung frühzeitig vermeiden sollte, indem man die folgenden drei Punkte beachtet:

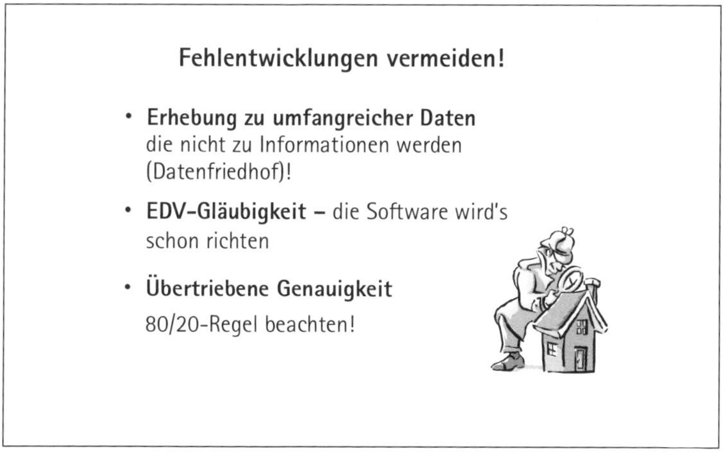

Fehlentwicklungen vermeiden!

- **Erhebung zu umfangreicher Daten**
  die nicht zu Informationen werden
  (Datenfriedhof)!

- **EDV-Gläubigkeit** – die Software wird's
  schon richten

- **Übertriebene Genauigkeit**
  80/20-Regel beachten!

Abb. 50: Hinweis auf Fehlentwicklungen

Dann wird die konkrete Vorgehensweise in dem Kostensenkungsprojekt vorgestellt:

Abb. 51: Vorgehensmodell

Zudem soll parallel der Changemanagement-Ansatz angewendet werden:

Wie präsentiert man?

Anwendung von Changemanagement:

Phasen des Veränderungsprozesses:

Gestalten und initialisieren	Analysieren	Aktivieren und anpassen	Umsetzen	Verstetigen
· Betroffene Bereiche/ Personen identifizieren · Chancen/ Risiken identifizieren · Kommunikationskonzept · Qualifizierungskonzept · Vorstand, Führungskräfte und Multiplikatoren einbinden	· Veränderungsthemen erheben/ analysieren · Handlungsbedarf ermitteln · Ideen und Maßnahmen erarbeiten · Verantwortliche benennen, Rollen definieren	· Kommunikationskonzept starten · Führungskräfte sensibilisieren · Multiplikatoren aktivieren · Beteiligten Perspektiven aufzeigen · Veränderungsthemen anpassen · Ideen und Maßnahmen konkretisieren · Maßnahmenpläne/ Aufgabenkataloge festlegen	· Maßnahmen überprüfen · Detailprojekte starten · Projektverläufe dokumentieren · Feed-back-Prozesse einrichten · Entscheidungsträger coachen · Konflikte aktiv bearbeiten	· Erfolge dokumentieren und kommunizieren · Veränderungscontrolling betreiben · Veränderungsbedarf kontinuierlich erheben/ analysieren · Themen und Ziele formulieren

Information und Kommunikation

Abb. 52: Anwendung von Changemanagement

Ein paar erste Vorschläge für Maßnahmen im Rahmen der Kostensenkung sehen folgendermaßen aus:

Maßnahmenplan

1. Prozesse verbessern
2. Kundenzufriedenheit steigern
3. Produktmix überprüfen
4. Einkaufskonditionen verbessern
5. Mitarbeiter einbinden

Abb. 53: Maßnahmenplan

Folgende Faktoren, sollen den Erfolg des Kostensenkungsprogramms gewährleisten:

Abb. 54: Erfolgsfaktoren

Mit diesem Motto beendet der kaufmännische Leiter seine Präsentation:

Abb. 55: Beendigung der Präsentation

Und eröffnet die an die Präsentation anschließende Diskussion:

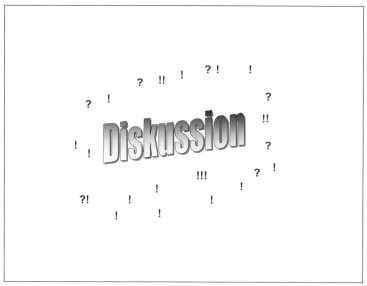

Abb. 56: Eröffnung der Diskussion

5 Mögliche Fehler und Fallen

In der Praxis stellt man immer wieder fest, dass Kostensenkungsprogramme trotz großem Aufwand nicht richtig in Schwung kommen, ins Stocken geraten, ja sogar scheitern. Dies kann unterschiedliche Ursachen haben: Fehlende Informationen, Sabotage, Konflikte etc. Diesen Ursachen wollen wir in diesem Kapitel auf den Grund gehen.

5.1 Welches sind die häufigsten Fehler bei der Kostensenkung?

> Kostensenkungsmaßnahmen werden meist nicht in den guten Zeiten eines Unternehmens angestoßen, vielmehr befindet sich das Unternehmen in der Krise. Die Stimmung im Unternehmen ist schlecht und die Kostensenkungsmaßnahmen werden misstrauisch beäugt. Oft geht es um Einschnitte im direkten Arbeitsumfeld der Mitarbeiter und Fehler hierbei treffen einen empfindlichen Nerv.

Kosten senken, wo es schnell, aber zulasten der Zukunft geht

Schnelle Erfolge, aber auf Kosten der Zukunft

Kostenblöcke wie Werbung oder Schulungskosten sind schnell und einfach zu reduzieren. Die Effekte der Kostensenkung sind sofort zu sehen, denn jeder eingesparte Euro erhöht das Ergebnis. Das tut keinem im Unternehmen so richtig weh und wenn doch, kann man immer noch argumentieren, dass man ansonsten Mitarbeiter hätte entlassen müssen.

Beispiel: Reduzierung des Werbeaufwands

Ein Markenartikelhersteller wollte schnell Kosten sparen und fuhr das Werbebudget nach unten. Das verbesserte das Ergebnis der nächsten Monate und alles schien gut zu laufen. Aufgrund der geringeren Werbung gingen jedoch die Umsatzzahlen zuerst unmerklich, dann aber immer steiler zurück. Die Kunden kauften Konkurrenzprodukte, für die mehr geworben wurde. Die Kostensenkung schadete auf lange Sicht dem Unternehmen mehr, als die kurzfristige Einsparung einbrachte.

Beispiel: Reduzierung des Schulungsaufwands

Eine Unternehmensberatung musste umgehend Kosten sparen. Also wurden mit sofortiger Wirkung alle Schulungen gestrichen. Man nahm sogar Stornogebühren in Kauf, damit wenigstens die Reisekosten für die Schulungen eingespart werden konnten. Die Kunden der Unternehmensberatung durften das natürlich nicht erfahren, denn wer möchte schon viel Geld für einen Berater ausgeben, der nicht auf dem neuesten Stand ist. Die Maßnahme, die über längere Zeit aufrecht erhalten wurde, führte zu einem gewaltigen Know-how Rückstand der Mitarbeiter dieses Unternehmens, von dem sich besagte Unternehmensberatung lange nicht erholt hat.

Dies sind Beispiele für Kostensenkung auf die leichteste Art, aber eben auch auf die gefährlichste Art:
Kostensenkung zulasten der Zukunft des Unternehmens!

Sparen, ohne die Folgekosten zu beachten

Ein Fehler bei der Durchführung von Kostensenkungsmaßnahmen kann sein, die Folgekosten der Maßnahmen nicht in die Betrachtung mit einzubeziehen.

Kostenersparnis, aber unerwartete Folgekosten

Beispiel: Billiger Drucker, teure Farbpatrone

Ein Unternehmen musste einen neuen Drucker kaufen und entschied sich für das billigste Modell. Was nicht beachtet wurde war, dass die Farbpatronen zu diesem Drucker wesentlich teurer waren als bei vergleichbaren Druckern. Am Ende kam diese Lösung teurer, als wenn man von Anfang an die Kosten des Druckers und die Betriebskosten zusammen betrachtet hätte.

5 Mögliche Fehler und Fallen

Beispiel: Zentrale Druckerei und Copy-shop

In einem größeren Unternehmen mit mehreren Niederlassungen in Deutschland hatte man die Idee, in der Zentrale einen Hochleistungsdrucker und Kopierer für große Aufträge anzuschaffen (Kundenbroschüren, Mailingaktionen etc.) und in den verschiedenen Zweigniederlassungen die Drucker und Kopierer zu reduzieren und nur noch einige Geräte, die für kleinere Papiermengen geeignet waren, zu belassen.

Die Kosteneinsparung funktionierte sogar, wenn man nur die Kosten für Papier, Farbpatronen und die Leasinggebühren für Drucker und Kopierer betrachtete. Was man nicht bedacht hatte war, dass man die fertigen Kundenbroschüren, Prospekte, Serienbriefe usw. per Post an die Zweigniederlassungen versenden musste und die *gestiegenen Portokosten* die ganze schöne Kostensenkung zunichte machten.

Kostensenkung auf dem Papier

Kostensenkung muss unter dem Strich auch zu einer tatsächlichen Reduzierung der Kosten führen. Dies ist nicht immer der Fall, z. B. wenn Kostensenkungspotenziale zwar vorhanden sind, aber nicht realisiert werden können.

Unerreichbare Kostensenkungsziele

Kostensenkung scheitert an nicht bedachten Rahmenbedingungen

Oft werden Kostensenkungspotentiale erkannt, die aber nicht umgesetzt werden können, also im Endeffekt nicht zu einer Reduzierung der Kosten führen. Meist ist dies das Ergebnis von Organisationsuntersuchungen, die zu dem Schluss kommen, dass man z. B. 10 Mitarbeiter zuviel im Lager beschäftigt. Dies sind jedoch Mitarbeiter, die schon lange im Unternehmen sind oder besonderen Kündigungsschutz genießen. Also kann das Einsparpotenzial nicht realisiert werden. Speziell Unternehmensberatungen operieren des Öfteren mit „Kostensenkungspotenzialen", die als großer Projekterfolg gefeiert werden, aber nicht oder nur zum Teil umsetzbar sind.

Kostensenkungsziele sollen herausfordernd, aber auch erreichbar sein!

Welches sind die häufigsten Fehler bei der Kostensenkung?

Umverteilung der Kosten: Nullsummenspiele

Es ist in vielen Unternehmen üblich, die Kosten der zentralen Abteilungen (Verwaltung, Marketing, IT u. Ä.) auf die einzelnen Unternehmensbereiche oder -sparten zu verteilen bzw. umzulegen. Diese Kostenumlagen oder -verrechnungen sind des Öfteren Gegenstand der Debatte. Eine Abteilung meint, sie zahlt zuviel, die Umlage sei zu hoch und kommt evtl. mit dieser Forderung durch. Ergebnis: Die Kosten dieser Abteilung sinken (geringere Umlagen der zentralen Abteilungen), aber wurde dadurch eine Kostensenkung erreicht? Natürlich nicht. Die Höhe der Kosten der zentralen Abteilungen bleibt insgesamt gleich und muss nun von anderen Bereichen getragen werden. Die Kosten wandern nur von der einen Umlage in die andere. Das Unternehmen hat dadurch keinen Cent gespart.

Keine Kostenersparnis durch andere Verteilung der Kosten

Spiel mit Ergebnisbegriffen

Selten wird das Ergebnis als Gewinn oder Verlust bezeichnet. Inzwischen haben sich eine Reihe von Ergebnisbegriffen durchgesetzt, z. B. das operative Ergebnis oder der EBIT, (Earnings before interests and taxes = Ergebnis vor Zinsen und Steuern). Ohne auf alle Details einzugehen: Hier eliminiert man bestimmte Kostenblöcke aus dem Ergebnis und schon sieht die wirtschaftliche Situation des Unternehmens natürlich besser aus.

Keine Kostenersparnis durch Verwendung eines anderen Ergebnisbegriffs

- Beim **operativen Ergebnis** werden z. B. außerordentliche oder einmalige Kosten eliminiert, z. B. Abfindungen oder Aufwendungen für die Sanierung des Unternehmens. Viele Unternehmen definieren auch ein separates neutrales Ergebnis. Dort werden dann die nicht betrieblich bedingten Kosten ausgewiesen wie z. B. Spenden.
  Die Berechnung des operativen Ergebnisses ist natürlich betriebswirtschaftlich sinnvoll, wenn man sehen will, was das Unternehmen mit der eigentlichen Leistungserstellung verdient.
- Oder man definiert ein **Ergebnis vor Zinsen und Steuern (EBIT)**. Auch hierfür gibt es wieder vernünftige betriebswirtschaftliche Gründe. Das Ergebnis soll z. B. innerhalb einer Branche mit anderen Unternehmen vergleichbar sein und dafür eliminiert man die Finanzierungskosten (z. B. Zinsen) und die Steuern. Hintergrund: Finanzierungskosten sind z. B. abhängig

5 Mögliche Fehler und Fallen

von der Rechtsform und der Art der Finanzierung (z. B. Finanzierung durch Aktien, Einbringung von Eigenkapital durch den Inhaber, Kreditfinanzierung durch die Bank usw.). Steuern sind ebenfalls abhängig von der Gesellschaftsform (z. B. GmbHs zahlen Körperschaftssteuern, Einzelunternehmen Einkommenssteuer), aber auch von sonstigen Einflüssen, z. B. Verlusten aus anderen Geschäften usw. Sind die Ergebniseffekte durch Steuern und Zinsen nun eliminiert, sieht man, in welcher Höhe sich das Ergebnis beläuft, das allein durch die betrieblichen Leistungen erwirtschaftet wurden.

Beide Ergebnisbegriffe sind also betriebswirtschaftlich sinnvoll, aber wenn mit ihnen jongliert wird, um ein besseres Ergebnis auszuweisen, dann ist damit z. B. eine Kosteneinsparung nur vorgetäuscht.

> Berechnen Sie Kostensenkungseffekte im Zeitvergleich immer anhand ein und desselben Berechnungsschemas. Nicht das Schema wechseln, damit das Ergebnis besser aussieht!

Nochmals die häufigsten Fehler im Überblick:

CD-ROM

Checkliste: Die häufigsten Fehler bei der Kostensenkung, die Sie vermeiden sollten

- Kosten senken, wo es schnell, aber zulasten der Zukunft geht
- Schnelle Erfolge bei der Kostensenkung können z. B. bei den Schulungs- oder Werbekosten erzielt werden.
  Eine Kostensenkung in diesen Bereichen geht aber zulasten der Zukunft des Unternehmen, Produkte werden nicht mehr ausreichend beworben und die Mitarbeiter sind mit ihrem Know-how nicht mehr auf dem neuesten Stand.
- Sparen ohne die Folgekosten zu beachten
  Betrachten Sie bei einer Kostensenkungsmaßnahme auch die möglichen Folgekosten Ihrer Entscheidung. Sie sparen vielleicht in einem Bereich gut ein, verursachen aber in einem anderen Bereich zusätzliche Kosten, die den Effekt Ihrer Kosteneinsparung wieder zunichte macht.
- Kostensenkung auf dem Papier
  Führt Ihre Kostensenkungsmaßnahme auch tatsächlich zu einer Reduzierung der Kosten? Oder werden die Kosten nur geschickt neu verteilt oder in einer anderen Weise ausgewiesen?

5.2 Welche Sabotagefaktoren behindern den Erfolg?

> Im Rahmen der Kostensenkung stößt man immer wieder auf Punkte, die die Anstrengungen zur Kostensenkung wesentlich behindern. Sabotage findet nicht immer willentlich, sondern oft als unbewusster Widerstand gegen Veränderungen statt. Die Sabotagefaktoren kommen auch aus Richtungen, aus denen man sie am wenigsten erwartet.

Die ignorante Unternehmensleitung

Die Unternehmensleitung blockiert sich gegenseitig und trifft keine Entscheidungen. Manchmal hat man den Eindruck, das Management blockiert lieber Kostensenkungsvorhaben als zuzugeben, dass Fehler gemacht wurden. Es ist schwer nachzuvollziehen, warum gerade die Unternehmensleitung Kostensenkungsbemühungen behindert. Und doch wird berichtet, dass Unternehmensleitungen kein Interesse an der Arbeit des Kostensenkungsteams haben und Verbesserungsvorschläge nicht annehmen.

Kostensenkung behindern, um sich Fehler nicht eingestehen zu müssen

Beispiel: Die ignorante Unternehmensleitung

Der Geschäftsführer eines Unternehmens der Kunststoffindustrie war der ehemalige Leiter der Forschungs- und Entwicklungsabteilung. Als ein Kostensenkungsprogramm unumgänglich wurde, wurde seine geliebte Entwicklungsabteilung von den Maßnahmen ausgenommen. Schließlich hatte der Geschäftsführer selbst, als er noch Entwicklungsleiter war, alle Kostensenkungsvorhaben geblockt. Mit der Begründung: „Die Entwickler brauchen Freiräume!" war der Vorschlag des Projektleiters des Kostensenkungsteams, der gerade hier bei der Produktentwicklung nach Kostensenkungspotenzialen suchen wollte, vom Tisch.

Zum einen wurden damit große Kostensenkungspotenziale einfach nicht in Angriff genommen (Stichwort Life-cycle-Betrachtungen) und zum zweiten war die Motivation zur Kostensenkung für alle anderen Abteilungen dahin, nach dem Motto „Man muss sich nur gut mit dem Chef stellen, dann muss man nicht sparen."

Was kann man gegen eine ignorante Unternehmensleitung tun? Leider recht wenig. Man kann Beispielrechnungen vorlegen, die

Überzeugen durch eindeutige Daten

5 Mögliche Fehler und Fallen

Kostensenkungspotenziale offen legen, d. h. Überzeugungsarbeit auf dem neutralen Gebiet der Zahlen leisten. Somit hätte die Unternehmensleitung doch noch die Möglichkeit, ungeliebte Maßnahmen zu ergreifen, ohne dabei das Gesicht zu verlieren, indem sie auf die Ergebnisse der Berechnungen verweist.

Der innovationsscheue Vorgesetzte

Widerstände z. B. gegen den kostensenkenden Einsatz neuer Technologien

Wenn Vorgesetzte Kostensenkungsmaßnahmen blockieren, kann man ebenfalls nur versuchen, Überzeugungsarbeit zu leisten. Naturen mit starken Nerven gehen eine Hierarchieebene höher und versuchen zu erreichen, dass die Vorgesetzten ihrer Vorgesetzten aktiv werden. Ein unter Umständen gefährlicher Weg.

Beispiel: Der innovationsscheue Vorgesetzte

In einem Unternehmen der Versicherungsbranche sollten die Außendienstmitarbeiter mit neuen Laptops ausgestattet werden. Diese hätten durch eine sog. „Dockingstation" die Möglichkeit, abgeschlossene Verträge, Kundenberatungsprotokolle etc. von Zuhause per E-Mail an die Zentrale zu versenden. Die Außendienstmitarbeiter müssten somit nicht täglich, sondern nur noch ca. einmal im Monat in die Zentrale fahren, um sog. „Papierkram" zu erledigen. Man versprach sich trotz der erheblichen Investitionssumme einen Kostensenkungseffekt durch geringere Fahrtzeiten, geringere Fahrtkosten und mehr Zeit für die eigentliche Kundenbetreuung.

Fast gekippt wäre dieses Innovationsprojekt durch den Vertriebsleiter, der Stimmung gegen die Neuausstattung der Außendienstmitarbeiter machte: „Unser Außendienst braucht nur ein Blatt Papier und einen Bleistift. Das Wichtigste ist, dem Kunden zuzuhören!". Natürlich lehnte er selbst auch jeglichen „EDV-Klimbim" ab. Trotzdem wurde die Neuausstattung durchgeführt. Man überzeugte den EDV-Muffel damit, dass man auch unter Anwendung eines Laptops dem Kunden zuhören kann und die Zeiteinsparung wirklich erheblich sein würde.

Einführung eines internen Vorschlagswesens

In diesem Fall konnte der Vertriebsleiter überzeugt werden. Aber was ist, wenn sich ein Vorgesetzter querstellt, weil er vielleicht Berührungsängste mit neuen Technologien oder Methoden hat? Eine mögliche Gegenmaßnahme ist die **Einrichtung eines internen Vorschlagswesens**, d. h. jeder Mitarbeiter darf Verbesserungsvorschläge

Welche Sabotagefaktoren behindern den Erfolg?

machen. Diese werden nicht von seinem Vorgesetzten, sondern von einer hierfür eingesetzten Arbeitsgruppe bewertet. So scheitern gute Vorschläge nicht an den Scheuklappen einer Abteilung.

Der unkooperative Kollege

Viele Aufgaben, auch Kostensenkungsprojekte, werden heute im Team bewältigt. Was kann man tun, wenn ein Kollege quer schießt und offensichtlich die Durchführung des Kostensenkungsprojektes sabotiert?

Sabotage der Teamarbeit

Beispiel: Der unkooperative Kollege

Ein EDV-Projekt sollte die Routinen für die Erstellung der internen Monatsberichte rationalisieren. Der Kollege, zuständig für die EDV-Routinen und damit maßgeblich für das Projekt, blockierte ganz massiv. Der Grund war nicht ganz klar, möglicherweise fühlte er sich in seiner Eitelkeit gekränkt, da die Ursprungsroutinen von ihm waren. Oder er fürchtete, dass andere jetzt seine Kompetenz erwarben, denn zukünftig sollten die Routinen transparenter und weniger personenabhängig sein.

Was wurde getan? Zuerst wurde versucht, den unkooperativen Kollegen durch Überzeugungsarbeit doch noch ins Boot zu holen, aber das war vergeblich. Schließlich wurden die Routinen zwar mit erheblichem Mehraufwand, aber ohne den unkooperativen Kollegen erfolgreich rationalisiert. Dies hatte Kosten- und Zeitersparnis zur Folge. Das Projekt hatte aber noch einen weiteren positiven Effekt: Andere, jüngere Mitarbeiter arbeiteten sich erfolgreich ein. Damit war das „Know-how-Monopol" des unkooperativen Mitarbeiters gebrochen.

Die Konsequenz für den unkooperativen Kollegen war: Natürlich sickerte „nach oben" durch, dass hier jemand nicht so richtig wollte. Eine Kündigung oder Abmahnung wurde nicht ausgesprochen, arbeitsrechtlich reichten die Argumente nicht. Aber eine weitere Karriere in diesem Unternehmen hatte sich dieser Kollege selbst durch sein Verhalten verbaut.

Was kann man gegen unkooperative Kollegen im Projekt tun? Nun, wenn Überzeugungsarbeit nicht fruchtet, muss man ohne den Kollegen das Projekt zu Ende führen. Geht es gar nicht ohne den Kollegen, muss dessen Vorgesetzter eingeschaltet werden. Manchmal geht es leider nur mit „Befehl von oben".

Evtl. das Projekt ohne den Kollegen zu Ende führen

5 Mögliche Fehler und Fallen

Der unwillige Untergebene

"Killerphrasen" „Das geht hier nicht, das kann nie funktionieren, das macht keinen Sinn" usw. In Kostensenkungsprojekten wird man manchmal mit diesen destruktiven Äußerungen, auch „Killerphrasen" genannt, konfrontiert. Es kommt im Grunde gar nicht zum Austausch von Argumenten, sondern das Kostensenkungsvorhaben wird pauschal abgelehnt. Leider kommen derartige Aussprüche oft von langjährigen und auch erfahrenen Mitarbeitern, die ihr gewohntes Arbeitsumfeld gegen Neuerungen schützen wollen oder sich bereits in der „inneren Kündigung" befinden, d. h. eigentlich kein Interesse mehr an ihrer Tätigkeit haben.

Beispiel: Der unwillige Untergebene

Seit einiger Zeit war ein Mitarbeiter durch destruktive Aussprüche aufgefallen. Nun sollte dieser Mitarbeiter an einem Kostensenkungsprojekt mitarbeiten. Er lieferte keine konstruktiven Beiträge, sondern fiel nur durch Unwilligkeit auf, die sich auch durch Fernbleiben von Projektsitzungen zeigte. Eine Aussprache zwischen Vorgesetztem und Mitarbeiter verbesserte die Lage ein wenig, aber letztendlich war der Mitarbeiter für das Projekt keine Hilfe.

Man schloss den Mitarbeiter schließlich aus dem Team aus und ein anderer Mitarbeiter der Abteilung arbeitete an seiner Stelle in dem Projekt weiter mit.

Im Mitarbeitergespräch die Ursachen für die Unwilligkeit feststellen

Bei einem unwilligen Mitarbeiter muss immer ein Mitarbeitergespräch geführt werden. Es kann von dem Vorgesetzten und im Beisein eines Personalsachbearbeiters, dem Betriebsrat oder einer anderen „neutralen Person" geführt werden. Die Ursachen für die Unwilligkeit sollten erfragt werden. In einem jährlichen Beurteilungsgespräch werden derartige destruktive Äußerungen auch zur Sprache kommen müssen.

Die desinteressierte(n) Abteilung(en)

Machen alle Abteilungen engagiert mit?

Manchmal tritt der Fall ein, dass eine Abteilung ganz engagiert das Kostensenkungsvorhaben angeht, die anderen Abteilungen aber nur schleppend oder gar nicht mitmachen.

Welche Sabotagefaktoren behindern den Erfolg?

Beispiel: Die desinteressierte Abteilung
Die Controllingabteilung und die Kundenbetreuungsabteilung hatten schon immer einen schlechten Draht zueinander. Im Rahmen des Kostensenkungsvorhabens in diesem Unternehmen, wurde das Verhältnis zwischen den Abteilungen nur noch schlechter. Die Controllingabteilung schlug Maßnahmen zur Kostensenkung vor, die von fast allen Abteilungen umgesetzt wurden. Nur die Kundenbetreuer gingen die Kostensenkungsmaßnahmen mit mäßigem Engagement an und ließen die Maßnahmen meist im Sande verlaufen.
Lösung: Man berief eine Krisensitzung mit der Geschäftsleitung ein. Diese wies nochmals auf die Notwendigkeiten zur Kostensenkung hin. Das Projekt wurde zur Priorität Nr. 1 erklärt und die Abteilungen zur Kooperation verpflichtet.
Als die Geschäftslage wieder etwas besser war, führte man einen eintägigen Workshop mit den beiden verfeindeten Abteilungen durch und versuchte durch teambildende Maßnahmen die interne Zusammenarbeit zu verbessern.

Vor Beginn eines Kostensenkungsprogramms sollten alle Abteilungen auf das gemeinsame Ziel eingeschworen werden, z. B. in einer Einführungsveranstaltung. Es muss klar gemacht werden, dass sich keine Abteilung vor den (meist unpopulären) Maßnahmen drücken kann. Bei Kooperationsproblemen muss von oben eingriffen werden.

Einführungsveranstaltung: Motivation zum Mitarbeiten

Unzureichende personelle Ausstattung

Man kann jedes Kostensenkungsvorhaben von Anfang an zum Scheitern verurteilen, wenn die notwendige personelle Ausstattung fehlt. So heißt es vielleicht: „Starten Sie das Kostensenkungsprogramm, aber Sie haben kein Budget und Sie müssen nebenbei auch noch Ihren Job erledigen. Andere Mitarbeiter können wir leider auch nicht für das Projekt freistellen." Ist offensichtlich, dass die Krise ohne Mitarbeit anderer Mitarbeiter nicht zu bewältigen ist, stellt sich die Frage: Ist das Kostensenkungsprojekt überhaupt gewünscht? Oder ist das ganze nur als Alibiaufgabe zu sehen: „Es muss was geschehen, aber es darf nichts passieren!"

Auch Kostensenkung kostet Zeit und Arbeitseinsatz

5 Mögliche Fehler und Fallen

5.3 Wie löst man Konflikte bei der Kostensenkung?

> Bei der Kostensenkung geht es um den Kampf um Ressourcen. Wer muss wie viel einsparen, wer muss welche lieb gewonnen Vergünstigungen für die Mitarbeiter streichen? Wird eine Abteilung besser gestellt als die andere? Konflikte sind hierbei vorprogrammiert.

Wie kommt es zu Konflikten?

Mögliche Konfliktherde

Konflikte treten erfahrungsgemäß bei folgenden Gelegenheiten auf:

- **Terminnot:**
  Der vereinbarte Termin für Kostensenkungsmaßnahmen kann nicht gehalten werden. Oder die Erfolge der Maßnahmen zeigen sich nicht in dem anvisierten Zeitraum. Die Geschäftsleitung wird ungeduldig. Die Nerven aller beteiligten Mitarbeiter liegen blank. Jetzt ein falsches Wort und der berühmte letzte Tropfen bringt das Fass zum überlaufen.
- **Prioritätenfrage:**
  Was muss zuerst erledigt werden und warum. Hier kann es zu Meinungsverschiedenheiten kommen, wenn die Mitarbeiter die Dinglichkeit oder Effektivität einer bestimmten Kostensenkungsmaßnahme unterschiedlich bewerten.
- **Fachfragen:**
  Setzen wir die Wertanalyse für die Kostensenkung ein oder kürzen wir pauschal die Budgets der Abteilungen? Hier kann der Grund für Konflikte in den unterschiedlichen Fachkenntnissen der Mitarbeiter liegen. Was der eine Mitarbeiter für fachlich richtig hält, ist für einen anderen evtl. eine untragbare Maßnahme. Er kennt eine andere Lösungsmöglichkeit und will diese unbedingt durchsetzen.
- **Kostendruck:**
  Der Druck zur Kosteneinsparung an sich schon belastet die tägliche Arbeit und das Arbeiten miteinander. Mitarbeiter streiten sich z. B., wer bei knappen Ressourcen noch eine Weiterbildungsmaßnahme erhält. Hier liegt die Entscheidung bei der Füh-

Wie löst man Konflikte bei der Kostensenkung?

rungskraft und der Personalabteilung, aber Verstimmungen und Missgunst treten gerade bei Kostensenkungsmaßnahmen auf.
- **Persönlichkeiten:**
Treten immer dieselben Konflikte zwischen den gleichen Mitarbeitern auf, so sollte man tiefer nach der Konfliktursache forschen. Werden angebliche sachliche Konflikte vorgeschoben, weil die beiden sich nicht gut verstehen? Hier heißt es, das Gespräch mit den beiden Mitarbeitern zu suchen, evtl. zusätzlich den Betriebsrat einzuschalten.

Wie löst man Konflikte?

Wir stellen Ihnen zuerst **Negativbeispiele** vor, die zeigen, wie man nicht an die Konfliktlösung herangehen sollte. Es sind Beispiele aus der Praxis, die zeigen, wie manchmal versucht wird, Kostensenkungsmaßnahmen abzuwehren:

Konfliktlösung: Wie man es nicht machen sollte!

- **Angriff**
Ein Abteilungsleiter greift an. Er greift jedoch nicht die Konfliktursache an, sondern schiebt die Schuld auf Personen oder Ursachen außerhalb der Abteilung. Der Kunde, die Lieferanten, also einfach „die Anderen", sind Schuld an der Kostenexplosion. Er akzeptiert keine Einschränkungen durch Kostensenkungsmaßnahmen, denn seine Abteilung ist nicht schuld an der finanziellen Misere.
- **Leugnen bzw. Bagatellisieren**
Argumente werden vorgeschoben, wie z. B.: „Eigentlich sehen die Zahlen gar nicht so schlecht aus. Es gibt immer mal ein Auf und Ab in dieser Branche. Kostensenkung ist zum derzeitigen Zeitpunkt noch nicht notwendig. Das Problem löst sich im Zeitablauf von alleine."
- **Relativieren**
Anstatt von Kostensenkung zu reden, wird auf positive Ergebnisse hingewiesen, die den Konflikt „überstrahlen" sollen. Nach dem Motto: „Die Liquidität ist zwar nicht optimal, aber die Umsatzsteigerungen der letzten Monate sind beachtlich."

5 Mögliche Fehler und Fallen

- **Resignation**
  Argumentation: „In der Vergangenheit wurden schon alle Kostensenkungspotenziale ausgeschöpft. Es geht nichts mehr."
- **Aufschieben**
  Beispiel: „Für Kostensenkungsmaßnahmen haben wir im Moment keine Zeit. Erst muss das neue Produkt am Markt platziert werden." Aufgeschoben ist aber eben nicht aufgehoben. Evtl. wird der Konflikt bzw. die Kostensituation immer brisanter, je länger man wartet.
- **Personelle Herabsetzung**
  Beispiel: „Das ist doch immer der Controllingleiter, der da so schwarz sieht. Wir schätzen das alles ganz anders ein."

Konfliktlösung: Richtige Vorgehensweise

Konfliktlösung: Wie geht man richtig vor?

Es gibt einen Konflikt in Ihrem Unternehmen, in Ihrer Abteilung. Wie gehen Sie jetzt im Detail vor?

- **Konfliktwahrnehmung: Wo liegt der Problembereich?**
  Zuerst muss der Konflikt wahrgenommen werden. Ein Problem bzw. einen Konflikt wahrnehmen bedeutet immer auch, bisheriges Handeln infrage zu stellen, eigenes Handeln infrage zu stellen. Das erschwert die Wahrnehmung. Konfliktwahrnehmung ist ein Prozess, der bei einem selbst beginnt. Gehe ich Konflikten aus dem Weg oder packe ich Konflikte aktiv an? Ärgert man sich z. B. über Kostensenkungsmaßnahmen oder erkennt deren Sinn nicht? Man traut sich aber nicht, Kritik an der Kostensenkungsmaßnahme zu üben. So schwelt der Konflikt unterschwellig weiter und kostet viel Leistungskraft und Motivation. Besser ist es, Konflikte offen anzusprechen. So kann man bei Kostensenkungsmaßnahmen nach dem möglichen Einsparpotenzial einer Maßnahme fragen und evtl. eigene Vorschläge vortragen, die man für zielführender hält.
- **Konfliktanalyse: Wo liegt die Ursache für den Konflikt?**
  Ist erst einmal klar, dass es einen Konflikt gibt, dann beginnt die „Spurensuche": Warum gibt es diesen Konflikt? Wie lange gibt es diesen Konflikt schon? Wie kritisch ist dieser Konflikt? Wer ist

Wie löst man Konflikte bei der Kostensenkung? 5

besonders betroffen? Hat jemand ein Interesse daran, dass der Konflikt nicht gelöst wird? Was hatte es für Auswirkungen in der Vergangenheit und was wird es für Auswirkungen in der Zukunft haben, wenn der Konflikt nicht gelöst wird?

Beispiel: Konfliktanalyse
Bei einem Haushaltsgerätehersteller kriselt es. Der vermeintlich Schuldige ist schnell gefunden: Die Produktion produziert zu teuer, darum sind die Preise zu hoch und der Umsatz geht zurück. Der Leiter Produktion will diese Schuldzuweisung nicht akzeptieren. Er erkundigt sich nach den Produktionskosten vergleichbarer Unternehmen. Bei den Branchendaten wird er fündig und stellt fest, dass die Produktionskosten durchaus im Branchenschnitt liegen. Das kann also nicht die Ursache für die schlechte wirtschaftliche Situation des Unternehmens sein.

Nun endlich wird konkret nach den wirklichen Ursachen für die Krise geforscht. Ein Projektteam soll alle Bereiche des Unternehmens kritisch unter die Lupe nehmen und insgesamt versuchen, die Branche und Konkurrenzunternehmen besser kennen zu lernen.

Das Ergebnis war in diesem Fall, dass ein Konkurrenzunternehmen sehr viel mehr in die Schulung der Vertriebsmitarbeiter investiert hatte. Diese waren dann besser in der Lage die Preise der Produkte, z. B. durch Hervorheben der besonderen Qualität und einfachen Bedienbarkeit, besser am Markt durchsetzen.

- **Konfliktlösung: Lösungsansatz entwerfen**
  So kommen Sie zu konkreten Lösungsansätzen:
  – Gruppen oder Einzelgespräche mit den Konfliktbeteiligten:
    Gibt es z. B. das Problem, dass eine Abteilung bei den Kostensenkungsbemühungen nicht richtig mitmacht, bringen Sie den Konflikt offen und emotionslos zur Sprache. Erarbeiten Sie gemeinsam mit den Betroffenen eine Konfliktlösung, z. B. was muss geschehen, damit auch diese Abteilung engagiert bei der Kostensenkung mitarbeitet.
  – Einbindung eines neutralen „Schiedsrichters":
    Binden Sie einen neutralen Spezialisten in die Konfliktlösung ein. Er soll sich in Ruhe die Sachlage anhören und Vorschläge zur Konfliktlösung gemeinsam mit den Konfliktparteien erarbeiten. Dieser neutrale Spezialist kann z. B. der Qualitäts-

5 Mögliche Fehler und Fallen

beauftragte sein oder auch ein externer Berater, wenn es um den Einsatz neuer Technologien für das Erreichen von Kostensenkungszielen geht.
- Rote Karte für den Konfliktverursacher:
Sabotiert ein Mitarbeiter die Kostensenkungsbemühungen, müssen Konsequenzen erfolgen, z. B. ein Mitarbeitergespräch oder evtl. eine Abmahnung.
- Die einvernehmliche Lösung:
Ideal ist immer die einvernehmliche Lösung. Diese lässt sich auch am besten durchsetzen. Hier spricht man von der sog. „Win-Win-Situation", d. h. jede Seite hat dabei gewonnen, es gibt keine Verlierer. Alle Beteiligten sollen einen Vorteil von der Konfliktlösung haben.

Beispiel: Win-Win-Situation
In einem Fertigungsunternehmen krachte es zwischen einer von der Geschäftsführung beauftragten Projektgruppe und einer Produktionsabteilung. Die Projektgruppe hatte den Auftrag, Kosteneinsparungspotenziale zu suchen und die Fertigungsgruppe blockte, man wollte sich nicht in die Karten schauen lassen. Was tun? Es kam tatsächlich zu einer einvernehmlichen Lösung:
Die Produktionsabteilung gab bereitwillig ihre Informationen an die Projektgruppe weiter, dafür wurde die Abteilung aber auch eng in die Erkenntnisse aus diesen Daten eingebunden und war selbst für die Umsetzung verantwortlich. Die Produktionsabteilung konnte selbst die Kosteneinsparungsmaßnahmen durchführen, und sich somit auch die positiven Effekt auf die Fahne schreiben. Die Angst, Kostsparungsprogramme „von oben" übergestülpt zu bekommen, war damit gebannt.

- **Konkrete Maßnahmen für die Konfliktlösung festlegen**
Ist ein Lösungsansatz für den Konflikt gefunden, müssen jetzt auch konkrete Maßnahmen festgelegt werden, um diesen Lösungsansatz in die Tat umzusetzen. Wer ist für die Umsetzung der Maßnahme verantwortlich? Innerhalb welchen Zeitraums soll das Problem gelöst sein? Welche Alternativen gibt es zu den bereits eingeleiteten Kostensenkungsmaßnahmen, falls diese nicht zu dem gewünschten Ergebnis führen?

Wie löst man Konflikte bei der Kostensenkung? 5

Tipp: Vereinbarung von Spielregel
Um in Zukunft Konflikte zu vermeiden, vereinbaren Sie ein paar einfache Spielregeln mit den Mitarbeitern Ihres Unternehmens:
- Fair Play
  Wir gehen fair miteinander um.
- Termintreue
  Vereinbarte Termine werden eingehalten.
- Selbstverantwortung
  Jeder ist in erster Linie für sich selbst verantwortlich, d. h. jeder versucht seine Aufgabe bestmöglich zu bewältigen. Gibt es Engpässe, so hilft jeder jedem.
- Störungen haben Vorrang.
  Treten Probleme auf, oder gibt es Konflikte so werden sie rechtzeitig offen kommuniziert. Jede Störmeldung wird ernst genommen.

Solche Spielregeln können z. B. im Rahmen des Leitbildes eines Unternehmens festgehalten werden.

Jeder Konfliktlösungsprozess ist ein Lernprozess. Durch ein Feedback aller Beteiligten werden zukünftige Konflikte vermieden oder besser bewältigt. Es wird analysiert, was im Kostensenkungsprojekt oder bei der Erarbeitung von Konfliktlösungen gut und was schlecht gelaufen ist. Bei größeren Kostensenkungsprojekten bietet es sich auch an, in einem Projektbericht die gemachten Erfahrungen zu dokumentieren. Zukünftige Kostensenkungsprojekten können evtl. von diesen Erfahrungen profitieren.

Aus den Erfahrungen für die Zukunft lernen

Des Weiteren sollte die Konfliktlösung eine Weile beobachtet werden. War die Konfliktlösung nur eine kurzfristige Symptombehandlung und hat man den eigentlichen Konfliktherd nicht erkannt. Ist der Konflikt nachhaltig gelöst worden?
Nochmals der Konfliktlösungsprozess im Überblick:

5 Mögliche Fehler und Fallen

CD-ROM

Checkliste: Vorgehensweise bei der Konfliktlösung

1. Konfliktwahrnehmung: Wo liegt das Problem?

   Konflikte bei der Kostensenkung offen ansprechen. Wo sehen Sie Probleme? Welche negativen Konsequenzen hat die Kostensenkungsmaßnahme?

2. Konfliktanalyse: Was ist die Ursache für den Konflikt?

   Wodurch wurde der Konflikt ausgelöst? Hat der Konflikt evtl. schon eine längere Geschichte? Wird z. B. immer in einem Unternehmensbereich gespart und andere Bereiche werden von der Kostensenkung ausgenommen?

3. Konfliktlösung: Wie lösen wir den Konflikt?

   - Gruppen oder Einzelgespräche mit den Konfliktbeteiligten
   - Einbindung eines neutralen „Schiedsrichters"
   - Rote Karte für den Konfliktverursacher
   - Die einvernehmliche Lösung

4. Konkrete Maßnahmen zur Konfliktlösung festlegen

   Mit konkreten Maßnahmen wird die Konfliktlösung in die Tat umgesetzt. Der Erfolg der Konfliktlösung wird nach einer bestimmten Zeit überprüft. Wurde der Konflikt tatsächlich gelöst oder muss eine andere Konfliktlösung gefunden werden?

6 Projektmanagementtechniken bei der Kostensenkung

Kostensenkungspotenziale aufzuspüren sollte ein permanenter Prozess im Unternehmen sein. Dies spricht auf den ersten Blick gegen den Einsatz von Projektmanagement. Denn ein Merkmal von Projekten ist die zeitliche Befristung der Projektlaufzeit bzw. deren Einmaligkeit. Und trotzdem spricht vieles dafür, Kostensenkung als Projekt anzugehen. Denn:

- Für das Projekt können Mitarbeiter aus den verschiedensten Unternehmensbereichen zusammengezogen werden. Diese Mitarbeiter können sich dann ganz dem Kostensenkungsprojekt widmen. Sie agieren quasi als eine „eigene Abteilung auf Zeit" z. B. als Task Force, mit dem konkreten Kostensenkungsziel vor Augen.
- Es gibt einen Projektleiter der am Erfolg oder Misserfolg des Kostensenkungsprojektes gemessen wird. Der Vorteil hierbei ist, dass die Verantwortung für die Kostensenkung klar geregelt ist und nicht „alle irgendwie zuständig sind".
- Ein Projekt zeichnet sich immer durch eine eindeutige Zielsetzung aus, das erwünschte Projektergebnis muss vor dem Start definiert werden. Das hat den Vorteil, dass keine vagen Ziele wie „Kosten sparen, soviel wie möglich" akzeptabel sind. Der Projektauftrag muss klar formuliert sein, z. B. „Senkung der Verwaltungskosten um 15 % innerhalb von 6 Monaten".
- Das Projekt ist zeitlich befristet (definierter Anfang, definiertes Ende). Dies garantiert, dass nach vereinbarter Zeit auch ein Ergebnis vorgelegt werden muss.

Ein gezieltes und strukturiertes Vorgehen bei der Kostensenkung wird somit durch die Anwendung von Projektmanagementtechniken gefördert.

6 Projektmanagementtechniken bei der Kostensenkung

6.1 Wie läuft ein Kostensenkungsprojekt ab?

> Jedes Projekt ist anders. Doch trotz unterschiedlicher Aufgabenstellungen folgt der Projektablauf meist einem bestimmten Muster. Hier wurde als Grundlage ein einfaches Projektphasenmodell gewählt: Start – Durchführung – Abschluss. Letztendlich sind alle anderen Vorgehensmodelle Variationen dieses einfachen Modells.

Projektstart
- Analyse der Ausgangssituation
- Zieldefinition
- Risikoanalyse, Machbarkeitsstudie
- Festlegen der Projektorganisation
- Projektgrobplanung

Projektdurchführung
- Projektfeinplanung
- Aufgabendurchführung
- Projektsteuerung: Laufende Überwachung der Zielerreichung

Projektabschluss
- Feststellung des Projektergebnisses
- Präsentation des Projektergebnisses
- Projektnachlese: „Was lief gut, was lief schlecht"

Hinweis: Unterschied zwischen einem Projekt und einem Programm

Manchmal wird von einem Kostensenkungsprojekt gesprochen, manchmal aber auch von einem Kostensenkungsprogramm. Der Hintergrund ist, dass man die Zusammenfassung mehrerer Projekte meist als Programm bezeichnet. Ein Kostensenkungsprogramm kann also mehrere Kostensenkungsprojekte umfassen.

6 Wie läuft ein Kostensenkungsprojekt ab?

Projektstart

Zu Beginn des Projektes werden die Weichen für das Projekt gestellt. Im Folgenden zeigen wir Ihnen die einzelnen Schritte, die beim Projektstart durchzuführen sind.

Analyse der Ausgangssituation

Zur Klärung der Ausgangssituation für ein Kostensenkungsprojekt können die folgenden Fragen hilfreich sein: *Klärung der grundsätzlichen Fragen zum Projekt*

- Was ist der *konkrete Anlass* für das Kostensenkungsprojekt? Liegt ein akutes Problem vor, z. B. geringe Liquidität, oder hat die Kostensenkung eine strategische Ausrichtung, z. B. Auslagerung von Leistungen.
- Welche *Tragweite* hat das Projekt? Welche Unternehmensbereiche und wie viele Mitarbeiter sind von der Kostensenkung betroffen.
- Gab es schon *früher Projekte*, die dieselbe Aufgabenstellung hatten und gescheitert sind? Wenn ja, warum sind frühere Kostensenkungsprojekte gescheitert?
- Was wäre die *Idealsituation* nach Beendigung des Projektes?
- Was passiert im *schlimmsten Fall*, wenn das Problem nicht gelöst wird?
- Welche *möglichen Widerstände* gibt es gegen das Projekt?
- Ist das Projekt *mitbestimmungspflichtig* und muss der Personalrat oder Betriebsrat eingeschaltet werden?

Zieldefinition

Ist die Ausgangssituation eingehend beleuchtet worden, so kann jetzt die konkrete Zielsetzung für das Kostensenkungsprojekt formuliert werden. Dabei ist Folgendes zu beachten: *Was soll durch das Projekt erreicht werden?*

- Die Zielvorgabe soll realistisch und erreichbar sein, ein bisschen Herausforderung darf aber auch dabei sein.
- Das Ziel ist eindeutig und klar zu formulieren.
- Ein Ziel muss messbar (quantitativ oder qualitativ) sein.
- Das Projektziel ist mit den Unternehmenszielen abzustimmen.

6 Projektmanagementtechniken bei der Kostensenkung

Beispiel: Abstimmung mit den Unternehmenszielen
Die Abstimmung der Kostensenkungsmaßnahme mit den Unternehmenszielen sollte selbstverständlich sein. Schreibt sich ein Unternehmen auf seine Fahne: „Unsere Mitarbeiter sind unser wertvollstes Kapital. Wir investieren bewusst in die Fort- und Weiterbildung unserer Mitarbeiter.", dann sollte ein geplantes Projekt zur Einsparung von Schulungskosten evtl. nochmals überdacht werden, wenn dieser Unternehmensgrundsatz nicht nur eine leere Worthülse sein soll.

Risikoanalyse, Machbarkeitsstudie

Packen wir das Projekt überhaupt an?

Die mit dem Projekt verbundenen Risiken sind *vor Projektbeginn* abzuschätzen. Natürlich gibt es auch unvorhersehbare unglückliche Zufälle, aber es gibt durchaus Risiken, deren Eintrittswahrscheinlichkeit schon zu Beginn eines Projektes erkennbar ist.
Dies ist die Vorgehensweise bei der Risikoanalyse:
- Risikoerkennung
- Abwägen möglicher Gegenmaßnahmen
- Entscheidung: Risiko akzeptieren oder nicht

Eine Machbarkeitsstudie klärt grundsätzlich, ob das Kostensenkungsvorhaben möglich ist, z. B. die Auslagerung von Produktionsstätten ins Ausland oder die rechtlichen Rahmenbedingungen von Personalabbaumaßnahmen.

Beispiel: Wie ein Kostensenkungsprojekt ohne Machbarkeitsstudie schief ging
In einem Unternehmen bekam die Unternehmensleitung Druck von der amerikanischen Muttergesellschaft. Die Anweisung an das Management der deutschen Tochtergesellschaft lautete: Sparen ohne Rücksicht auf Verluste! Das deutsche Management reagierte nun folgendermaßen: Sofortiger Ausgabenstopp. Alle Ausgaben mussten fortan vom Vorstand selbst genehmigt werden. Keine Briefmarke durfte mehr gekauft, keine Reise begonnen werden, streng genommen hätten die Mitarbeiter noch nicht einmal mehr telefonieren dürfen. Die Maßnahme konnte tatsächlich 3 Tage aufrechterhalten werden, dann wurde sie zurückgenommen, da der Vorstand sich nicht mehr in der Lage sah, alle E-Mails zu beantworten, die zur Genehmigung von diversen Ausgaben (eben von der Briefmarke bis hin zum Reiseantrag für einen Kundenbesuch) eingegangen waren.

6 Wie läuft ein Kostensenkungsprojekt ab?

Ergebnis: Es wurden kaum Kosten gespart, aber alle waren sauer. Hier wäre schon eine kurze **Machbarkeitsstudie** hilfreich gewesen. Diese hätte gezeigt, dass eine derartige rigorose Maßnahme bei einem größeren Unternehmen nicht durchzuhalten ist.

Festlegen der Projektorganisation

Jetzt ist zu entscheiden, wer alles im Kostensenkungsprojekt mitmacht oder zumindest in Teilphasen eingebunden wird. Hierfür gibt es den guten Merksatz: — Wer ist dabei?

> Betroffene zu Beteiligten machen!

Es ist richtig, dass an einem Projekt, von dem das gesamte Unternehmen betroffen ist, nicht alle Mitarbeiter beteiligt werden können. Aber im Vorfeld eines Projektes muss grob festgestellt werden, wer in welcher Form und in welchem Ausmaß vom Projekt betroffen ist. Zumindest von jeder betroffenen Abteilung sollte ein Mitarbeiter in das Projekt eingebunden werden. Wer nicht direkt am Projekt beteiligt wird sollte zumindest in bestimmten Intervallen über den Projektfortgang informiert werden, damit die Betroffenen wenigstens über das Projekt und den Stand der Kostensenkungsmaßnahmen Bescheid wissen.

Projektgrobplanung

In der Projektgrobplanung wird nun die Vorgehensweise im Projekt festgelegt. Das Projekt wird hierzu in einzelne Teilschritte, auch **Projektphasen** genannt, unterteilt. — Konkretisierung des Projektablaufes

Dies kann ein sehr einfaches Phasenmodell sein wie z. B. Projektstart – Projektdurchführung – Projektabschluss.
Möglich sind aber auch andere Modelle, z. B. wenn ein Konzept für Kostensenkungspotenziale erarbeitet werden soll. Für die Erarbeitung eines Kostensenkungskonzeptes bzw. eines Maßnahmenkatalogs zur Kostensenkung, gliedert man das Projekt z. B. in folgende Projektphasen bzw. Teilschritte:

- **Phase 1: Bestandsaufnahme/Analyse des Ist-Zustandes**
  Beispiel: Welche Kosten fallen in welchen Bereichen im Unternehmen an?

6 Projektmanagementtechniken bei der Kostensenkung

- **Phase 2: Bewertung des Ist-Zustandes**
  Beispiel: Sind die erhobenen Kosten höher als in vergleichbaren Bereichen oder in einem Konkurrenzunternehmen?
- **Phase 3: Konzept zur Verbesserung/Sollkonzept**
  Beispiel: Mit welchen Methoden/Instrumenten kann eine Kostenreduktion erreicht werden?
- **Phase 4: Empfehlung weiteres Vorgehen/Maßnahmenkatalog**
  Beispiel: Welche konkreten Maßnahmen sind notwendig, um die Kostenreduktion kurz- oder mittelfristig zu erreichen?

Wichtig ist, die Projektaktivitäten in eine **sinnvolle Reihenfolge** der Bearbeitung einzuteilen. Dabei können folgende Fragen helfen:

- In welcher logischen Reihenfolge werden die Aktivitäten durchgeführt? Wo fängt man am sinnvollsten mit der Suche nach Kostensenkungspotenzialen an?
  Beispiel: Anwendung der ABC-Analyse auf die Kosten des Unternehmens, um die ersten Ansatzpunkte festzulegen.
- Welche Aktivitäten können parallel durchgeführt werden? Gibt es gegenseitige Abhängigkeiten?
  Beispiel: Werden die Kosten der Produktion unter die Lupe genommen, müssen auch die Auswirkungen auf den vorgelagerten Einkauf und den nachgelagerten Vertrieb berücksichtigt werden.
- Welche Aktivitäten setzen die Fertigstellung einer anderen Teilaufgabe voraus (zeitlich/fachlich)?
  Beispiel: Erst sollte eine Deckungsbeitragsrechnung für die Produkte durchgeführt werden, bevor man an die Bereinigung des Produktsortiments herangeht.

Orientierung an Meilensteinen

Den Abschluss einer Projektphase bezeichnet man meist als **Meilenstein**. Ist die erste Projektphase abgeschlossen, so hat man den ersten Meilenstein erreicht. Nach der zweiten Projektphase steht man am zweiten Meilenstein usw. Ein Meilenstein kann z. B. die Präsentation einer detaillierten Kostenanalyse für die Geschäftsleitung sein (Meilenstein der Phase „Bestandsaufnahme/Analyse des Ist-Zustandes"), ein anderer Meilenstein kann die Fertigstellung eines Sollkonzeptes zur Kostensenkung sein (Meilenstein der Phase „Konzept zur Verbesserung/Sollkonzept"). Meilensteine dienen damit der Projektfortschrittsmessung.

Wie läuft ein Kostensenkungsprojekt ab?

Ist mit der Planung der Projektphasen und der dazugehörigen Meilensteine abgeschlossen, dann geht es weiter ins Detail. Weitere Bestandteile der Projektplanung sind:

Weitere Eckpunkte: Zeit, Kapazitäten, Kosten

- **Zeitplan**
  Hier wird der Zeitbedarf für die einzelnen Projektphasen und Projektaktivitäten verbindlich festgelegt. Wann müssen z. B. spätestens die ersten Vorschläge für Kostensenkungspotenziale der Geschäftsleitung präsentiert werden.
- **Kapazitätsplan**
  In der Kapazitätsplanung werden den Projektaktivitäten die zur Durchführung notwendigen Personalkapazitäten zugeordnet. Beispiel: Welche Mitarbeiter arbeiten mit und sind für das Kostensenkungsprojekt ganz oder teilweise von ihren Routinetätigkeiten freigestellt.
- **Kostenplan**
  Aufbauend auf den bisherigen Planungsschritten werden die Kosten für das Projekt ermittelt. Gemeint sind hier z. B. Reisekosten, Schulungskosten, Kosten für eine neue notwendige Software, Kosten für externe Beratung, aber auch z. B. Kosten für Abfindungen falls ein Personalabbau beabsichtigt ist.

Projektdurchführung

Jetzt geht es richtig los, das Projekt läuft an.

Projektfeinplanung

Die Projektgrobplanung wird bei der konkreten Durchführung des Projektes laufend verfeinert: die sog. Projektfeinplanung. Hierzu werden die Aktivitäten im Projekt weiter in mundgerechte Happen zerteilt, in die sog. **Arbeitspakete** bzw. **Arbeitsaufträge**. Das Ziel ist, die Aufgaben in überschaubare Arbeitspakete zu unterteilen, damit der zuständige Projektmitarbeiter die Durchführung selbst steuern kann. Die Aufgabenstellung des Arbeitspaketes muss so klar sein (Leistungsumfang, Termin, Zeitaufwand, definiertes Ergebnis), dass der Projektmitarbeiter dieses Arbeitspaket ohne große Rückfragen selbstständig durchführen kann.

Festlegung konkreter Arbeitspakete

6 Projektmanagementtechniken bei der Kostensenkung

> **Tipp: Umfang eines Arbeitspaketes**
>
> Ein Arbeitspaket umfasst in der Regel eine Aufgabe, die länger als drei Tage dauert, aber nicht die Bearbeitungsdauer von ca. 20 Tagen überschreitet. Es wäre ein zu hoher Planungsaufwand, Arbeitspakete für jeden Tag zu planen, daher die Richtgröße „größer als drei Tage". Auf der anderen Seite sollte das Arbeitspaket nicht länger als ca. 20 Tage umfassen, sonst wird die Aufgabenstellung zu komplex. Eine Aufgabe von bis zu 20 Tagen ist noch gut überschaubar.

CD-ROM

Ein Beispiel für ein Arbeitspaket sehen Sie in Abb. 57.

Aufgabendurchführung

Wer führt die Kostensenkung durch?

Das Projektteam führt meist in der Praxis die konkrete Kostensenkung nicht selbst durch. Häufig ist es so, dass das Projektteam Vorschläge zur anzuwendenden Methode für die Kostensenkung macht. Auch wird oft in einem Maßnahmenkatalog festgelegt, an welcher Stelle man im Unternehmen Kostensenkungspotenziale realisieren kann. Die Kostensenkung selbst wird dann in der Regel von den betroffenen Abteilungen selbstständig durchgeführt.

6 Wie läuft ein Kostensenkungsprojekt ab?

Arbeitspaket: Variable Kosten „Genova 04"	
Projekt:	Kostensenkung 2005
Projektphase:	Phase 1: Bewertung des Ist-Zustandes
Bezeichnung Arbeitspaket:	Produkterfolgsanalyse „Genova 04" (Stärken/Schwächen)
Bearbeiter:	Herr Kastenhut
Geplante Zeit für die Durchführung:	5 Personentage
Anfangstermin:	31.01.2005
Abgabetermin:	04.02.2005
Aufgabenbeschreibung	
Input: Ergebnisse auf denen aufgebaut werden kann	Kosten der Kostenstelle 4535 liegen vor. Maschinenstundensatz Produktion 1 liegt vor.
Arbeitsschritte:	1. Deckungsbeitragsermittlung „Genova 04"
	2. Ermittlung der zurechenbaren Fixkosten bzw. Gemeinkosten
	3. Wertanalyse aller Kostenkomponenten
	4. Erste Vorschläge zur Kostensenkung
Schwerpunkte:	Welche Kosten können wegfallen, was geht billiger, schneller, effektiver?
Schnittstellen zu anderen Arbeitspaketen:	Koordinierung mit Einkauf bzw. Logistik (interne Abläufe)
Ergebnis des Arbeitspaketes:	Schriftlichen Kommentar
(Umfang/Form, z.B. Konzept von ca. 20 Seiten)	mit quantifizierten Daten (Exceltabelle), ca. 5 Seiten
Bemerkungen:	
Die Arbeitsergebnisse sollen auf andere Produkte übertragen werden können.	
Unterschrift Projektleiter	Unterschrift Bearbeiter

Abb. 57: Arbeitspaket

6 Projektmanagementtechniken bei der Kostensenkung

Projektsteuerung: Laufende Überwachung der Zielerreichung

Projektsteuerung ist Aufgabe des Projektteams

Selbst wenn die eigentliche Kostensenkung nicht von dem Projektteam selbst durchgeführt wird, so ist es doch Aufgabe des Projektteams diese Kostensenkungsmaßnahmen zu überwachen. Die Projektsteuerung, d. h. die laufende Überwachung der Zielerreichung z. B. der angestrebten Kostensenkungspotenziale verbleibt bei dem Projektteam. Die Aufgabe der Projektsteuerung folgt einem bestimmten Kreislauf:

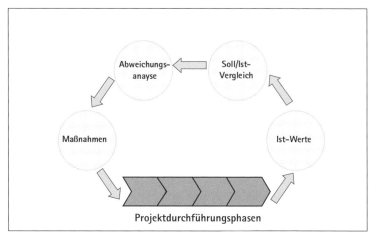

Abb. 58: Projekktsteuerung

Der Arbeitsfortschritt in den Projektdurchführungsphasen wird laufend verfolgt und überwacht. Die erbrachten Projektergebnisse (**Ist-Werte,** z. B. erreichte Kosteneinsparung in einem bestimmten Unternehmensbereich) werden mit dem Projektplan verglichen (**Soll/Ist-Vergleich**, z. B. welche Kosteneinsparung sollte erreicht werden, welche wurde tatsächlich erreicht). Besonderes Augenmerk liegt hierbei auch auf der Überwachung von geplanten Terminen und Ergebnissen.

Treten Abweichungen der Ist-Werte von den geplanten Werten auf, so sind die Ursachen zu analysieren (**Abweichungsanalyse,** was lief schief, warum wurde die angestrebte Kostensenkung nicht erreicht). **Korrekturmaßnahmen** werden ergriffen, z. B. die neue Analyse der

6 Wie läuft ein Kostensenkungsprojekt ab?

Kosten, die Anwendung einer zusätzlichen Kostensenkungsmethode, um bessere Ergebnisse zu erzielen. Diese fließen wieder in den Projektablauf, in die Projektdurchführungsphasen ein.

Und dann beginnt der Kreislauf erneut: Anhand der neuen Projektergebnisse (Ist-Werte) wird beobachtet, ob die Korrekturmaßnahmen den gewünschten Effekt bewirkt haben (Soll/Ist-Vergleich). Hat die Korrekturmaßnahme nicht den gewünschten Effekt erreicht, erfolgt von neuem eine Abweichungsanalyse und weitere Maßnahmen fließen in die Projektdurchführung ein.

Der Kreislauf ist erst zu Ende, wenn das gewünschte Projektergebnis, z. B. ein bestimmtes Einsparvolumen, erreicht ist.

Projektabschluss

Zum Projektabschluss stellt das Kostensenkungsteam den Projekterfolg fest: Welche Kosten wurden eingespart und in welcher Höhe. Das Ergebnis wird dann meist der Geschäftsleitung präsentiert. In einer Projektnachlese „Was lief gut, was lief schlecht" wird der Projektablauf noch einmal überdacht und Erkenntnisse für zukünftige Kostensenkungsprojekte festgehalten, sog. „Lessons learned".

Ziel erreicht?

Projekte selbst als Gegenstand der Kostensenkung

Projekte selbst sind oft im Visier der Kostensenkungsmaßnahmen. „Alle Projekte nochmals auf ihre Dringlichkeit prüfen!" – lautet meist eine erste Maßnahme, wenn es dem Unternehmen schlecht geht. Dann werden z. B. die Projekte der Forschungs- und Entwicklungsabteilung kritisch unter die Lupe genommen oder die Einführung einer neuen Software wird verschoben, da aktuell keine Mittel für dieses Projekt zur Verfügung stehen. Es sollte daher selbstverständlich sein, auch auf ein Kostensenkungsprojekt alle unterstützenden Methoden anzuwenden, um die Projektkosten nicht aus dem Ruder laufen zu lassen.

Projektkosten einsparen

6.2 Welche unterstützende Methoden sind bei der Projektarbeit hilfreich?

> An erster Stelle der unterstützenden Methoden für die Projektarbeit ist hier das Projektcontrolling zu nennen. Aber auch das Zeitmanagement ist in diesem Zusammengang hilfreich.

Projektcontrolling

BWL-Lotse für das Projekt

Das Projektcontrolling ist analog dem klassischen Controlling die betriebswirtschaftliche Begleitung des Projektes.

Die Aufgaben eines effektiven Projektcontrollings sind:
- Unterstützung bei der Frage, ob sich das Projekt überhaupt lohnt, z. B. durch eine Amortisationsrechnung des Projektes.
- Kostenmäßige Begleitung des Projektes. Auch das Budget für ein Kostensenkungsprojekt ist laufend zu überwachen.
- Immer wieder fragen: Was läuft eventuell schief?
  Es heißt so schön: Was schief gehen kann, geht schief. Das Projektcontrolling muss sich in diesem Zusammenhang um zwei Dinge kümmern:
  - Was kann potenziell schief gehen?
  - Was ist zu tun, wenn es schief gelaufen ist?
- Nicht vergessen: Hat sich das Projekt am Ende gelohnt? Wurden Kostensenkungspotenziale gefunden und realisiert?

Welche unterstützende Methoden sind bei der Projektarbeit hilfreich?

Checkliste: 10 Gebote für effektives Projektcontrolling — CD-ROM

Damit das Projektcontrolling klappt, müssen einige Grundvoraussetzungen erfüllt sein. Es gibt eine Fülle von Forderungen, aber im Laufe der Zeit haben sich einige wesentliche Anforderungen herausgeschält.

1. Das Projektziel muss herausfordernd und erreichbar sein

    Das Projektziel muss eine gewisse Anspannung haben. Es darf auch ein bisschen sportlicher Ehrgeiz dabei sein. Aber: Es muss erreichbar sein. Nichts ist demotivierender als die Erkenntnis, dass trotz aller Anstrengungen das Kostensenkungsziel nicht zu schaffen ist.

2. Der Terminplan muss für alle verbindlich sein.

    Es gibt einen festen Terminplan für Kostensenkungsmaßnahmen und der ist für alle verbindlich. Keine Ausnahmen für bestimmte Abteilungen, das würde die Dringlichkeit der Kostensenkung unglaubwürdig machen.

3. Die Einhaltung der Kosten/Termine gilt als Ziel, nicht deren Unterschreitung.

    Natürlich ist es positiv, wenn Termine und Kosten unterschritten werden, aber dies ist nicht das anzustrebende Ziel. Es deutet eher darauf hin, dass die Kostensenkungspotenziale zu niedrig angesetzt wurden. Evtl. wurde bei der Planung des Kostensenkungsprojektes zu zaghaft vorgegangen.

4. Wer die Projektziele erfüllen soll, muss auch bei deren Erarbeitung dabei sein.

    Nur wenn man an der Planung des Kostensenkungsprojektes beteiligt wurde, wird man sich mit den Projektzielen auch identifizieren. Also am besten keine Vorgaben über die Köpfe der Leute hinweg, die letztlich die Kostensenkung realisieren müssen.

5. Hinter den Zielen müssen Maßnahmen stehen.

    Projektziele bzw. Kostensenkungsziele werden manchmal zu vage formuliert, z. B. „Kosten senken, soviel wie möglich". Bei der Frage, wie dies erreicht werden soll, platzt dann so manche Seifenblase. Deswegen sind in einer ganz frühen Projektphase konkrete und realistische Maßnahmen zur Erreichung der Kostensenkungsziele zu planen.

6. Das „Ist" muss wie der Plan ausgewiesen werden.

   Um den Projektfortschritt realistisch einschätzen zu können, muss das spätere „Ist" mit dem „Plan" vergleichbar sein. Sie sollten also bei der Ermittlung der Plankosten nach demselben Berechnungsschema vorgehen wie bei der späteren Berechnung der tatsächlichen Istkosten. Sie sollten nicht bestimmte Kosten aus der Betrachtung ausschließen, damit das Kostensenkungsergebnis besser aussieht. Beispiel: Bei den Materialkosten hat man gut gespart. Dass man bei den Personalkosten die Kostensenkungsziele nicht erreicht hat, bleibt unerwähnt, weil man diese bei der Betrachtung des Projekterfolgs plötzlich außer acht lässt. Die Senkung der Personalkosten war jedoch auch im Plan für die Kostensenkung enthalten.

7. Plan/Ist-Vergleiche soll an erster Stelle der Projektverantwortliche erhalten.

   Wer für die Kosten in einem Bereich verantwortlich ist, bekommt alle Informationen über den Fortschritt des Kostensenkungsprojektes in diesem Bereich und nicht nur die Geschäftsleitung. Transparenz schaffen!

8. Die Planung wird während der Projektdauer nicht geändert.

   Egal was passiert, der Plan ist der Plan. Auch wenn das gewünschte Einsparvolumen nicht erreicht wird, bleibt die ursprüngliche Planvorgabe erhalten. In einer Abweichungsanalyse besteht Gelegenheit zu erläutern, warum der Plan nicht erreicht werden kann, aber die ursprüngliche Kostensenkungsvorgabe bleibt im Plan dokumentiert.

9. Werden gewisse Vorgaben nicht eingehalten, muss „nach oben" berichtet werden. Es muss definierte Eskalationsstufen geben.

   Ein Projekt bewegt sich im gewissen Rahmen und wird von den Verantwortlichen eigenverantwortlich gemanagt. Wird die Lage aber zu kritisch, muss unter bestimmten Umständen die vorgesetzte Stelle benachrichtigt werden. Wann, das muss in definierten Eskalationsstufen im Vorfeld geregelt sein, z. B. Eskalationsstufe 1 bei einer Woche Projektverzug, Eskalationsstufe 2 bei mehr als 5 % Abweichung vom Kostensenkungsziel etc.

Welche unterstützende Methoden sind bei der Projektarbeit hilfreich?

10. Abweichungen sind keine Schuldbeweise, sondern Anlass für einen Lernprozess.
    Für viele ist der Anspruch „Aus Fehlern lernen dürfen" die reine Theorie. Trotzdem, Ziel soll sein, mit Abweichungen konstruktiv umzugehen. Wenn ein Kostensenkungsziel in einem Bereich nicht erreicht wurde, so müssen die Ursachen analysiert werden. Es geht nicht um Schuldzuweisungen, sondern um eine neutrale Ursachensuche. Dies ist vor allem eine Frage an die Unternehmenskultur bzw. die Projektkultur: Wie wird mit Fehlern bzw. mit Abweichungen generell umgegangen

Zeitmanagement: Arbeiten Sie bei der Projektarbeit zu aufwändig?

Projekte dürfen nicht ausufern, sonst sind sie meist nicht mehr wirtschaftlich. Die Praxis zeigt, dass in vielen Kostensenkungsprojekten zu ausführlich und bis ins letzten Detail gearbeitet wird. Meist genügt es, grobe Kostensenkungspotenziale aufzuspüren und diese müssen nicht unbedingt bis auf die letzte Kommastelle quantifiziert werden.

Sinnvolle Zeitplanung und Zeiteinteilung

> **Tipp: 80/20-Regel**
> Zu diesem Problem gibt es die sog. **80/20-Regel**: Diese besagt, dass man bei vielen Dingen mit 20 % des Aufwandes (z. B. Zeitaufwand) 80 % des Problems erledigt hat. Um die restlichen 20 % des Problems zu lösen, braucht man dann allerdings 80 % des Aufwandes. Sie sollten immer fragen: Muss es immer die 100 %-Zielerfüllung sein? Zugegeben, das Projekt Kostensenkung bei der Flugüberwachung sollte verantwortungsvoll durchgeführt werden. Aber wenn Sie die Kosten Ihres Unternehmens mittels eines Projekt analysieren, kann im ersten Schritt auf die letzten 20 % der Kostenanalyse, z. B. Fahrtkosten oder Büromaterial verzichtet werden. Man befasst sich zunächst mit geringem Aufwand mit den größten Kostenblöcken, die meist 80 % in den Unternehmen ausmachen.

Zeitmanagement fängt bei jedem einzelnen selbst an. Daher im Folgenden eine Checkliste, wie Sie Ihr persönliches Zeitmanagement gestalten können.

6 Projektmanagementtechniken bei der Kostensenkung

CD-ROM

Checkliste: Regeln für Ihr persönliches Zeitmanagement

- Planen Sie Ihre Zeit!
  Das klingt trivial, aber kommt Ihnen folgende Situation evtl. bekannt vor: Für die Kostenanalyse eines bestimmten Bereichs hat man eine Woche Zeit und man sagt sich: „Eine Woche ist lang, da habe ich ja jede Menge Zeit, da kann ich es ja ruhig angehen lassen." Und am Ende der Wochenfrist kommt man dann doch ins Schwitzen, weil unerwartete Probleme aufgetaucht sind, unangenehme Aufgaben hat man sich für den Schluss aufgehoben, die machen einem jetzt zu schaffen und prompt reicht die Zeit kaum mehr aus.
  Also planen Sie eine Aufgabe, zerlegen Sie die Aufgabe in Einzelschritte, am Montag nehme ich mir folgendes vor, am Dienstag dann jenes. Setzen Sie sich Zwischenziele: Bis Mittwoch möchte ich folgenden Bearbeitungsstand erreicht haben. Hilfreich kann es auch sein, am Ende eines Arbeitstages den nächsten Tag zu planen (schriftlich, damit Sie es morgen noch wissen).

- Bauen Sie Zeitpuffer in Ihrem Terminplan ein!
  Zeit ist leider nicht lagerfähig, man kann Zeit nicht „ansparen", aber man kann Zeitpolster einplanen. Dies gilt im besonderen für die Planung von Besprechungsterminen: Man plant kleine Zeitpuffer im Terminkalender mit ein. Wenn man mit einer Besprechung in Verzug gerät, dann gerät nicht der ganze Tagesablauf in Verzug. Verplanen Sie also nicht ihre gesamte Zeit, schaffen Sie sich Freiräume für unerwartete zusätzliche Aufgaben, unerwartete wichtige Anrufe etc.

- Planen Sie Ihre Zeit schriftlich
  Der Mensch hat die Schrift auch deshalb erfunden, weil er sich nicht alles merken kann. Wenn Sie schriftlich planen, haben Sie den besseren Überblick und Ihre eigenen Gedanken gehen Ihnen nicht verloren.

- Bearbeiten Sie nur eine Aufgabe zu einer Zeit und arbeiten Sie diese Aufgabe konsequent zu Ende.
  Es nützt nichts, mehrere Sachen anzufangen und keine zum Ende zu bringen. Für schwierige Aufgaben kann man sich auch einmal zurückziehen und bitten, nicht gestört zu werden, z. B. können Telefonate auf eine andere Person umgeleitet werden.

- Erledigen Sie heikle Aufgaben sofort, schieben Sie unangenehme Aufgaben nicht ewig vor sich her.
  Ein heikles Gespräch im Rahmen eines Kostensenkungsprojektes wird nicht einfacher, wenn Sie dieses lange vor sich herschieben.

Welche unterstützende Methoden sind bei der Projektarbeit hilfreich?

Das berühmte „Aussitzen" kann die Lage auch verschlimmern, wenn das Problem z. B. durch Nichtbeachtung immer mehr eskaliert, d. h. die Kosten nur noch mehr aus dem Ruder laufen, weil nicht rechtzeitig gegengesteuert wurde.
Eine schlechte Managementtechnik wurde auf humorvolle Weise so bezeichnet: „Management by Planierraupe" = Das Management schiebt Probleme ewig vor sich hin.

- Setzen Sie Prioritäten (Wichtiges muss zuerst angepackt werden, eher unwichtigere Aufgaben können später erledigt werden). Teilen Sie dazu die Aufgaben, die Sie erledigen müssen nach folgendem Schema auf:
  - Muss heute noch erledigt werden
  - Soll heute noch erledigt werden
  - Kann heute, aber auch morgen erledigt werden

7 Neue Methoden zur Unterstützung der Kostensenkung

Kostensenkung hin oder her – auch ohne Kostendruck ist die Verbesserung der wirtschaftlichen Situation eines Unternehmens erstrebenswert. Die betriebswirtschaftlichen Instrumente hierfür sind vielfältig: Beyond Budgeting, wertorientierte Unternehmensführung, Risikomanagement etc. Es lohnt sich, über die verschiedenen neueren Entwicklungen in der Betriebswirtschaftslehre informiert zu sein und diese zur Unterstützung der Kostensenkungsmaßnahmen heranzuziehen. Jeder kann für sich entscheiden, welche Ansatzpunkte für das eigene Unternehmen nutzbringend übernommen werden können.

7.1 Geht es auch ohne die klassische Budgetierung? Beyond Budgeting

> Beyond Budgeting ist eine neuere Alternative zu der herkömmlichen und üblich gewordenen Unternehmenssteuerung mittels Vergabe von Budgets an die verschiedenen Unternehmensbereiche. Beyond Budgeting ersetzt eine Steuerung mittels Budgetvorgaben durch die Steuerung von Bereichen mittels nicht-finanzieller Zielgrößen wie z. B. Kundenzufriedenheit und Qualitätskennziffern.
>
> Nun hat die klassische Budgetierung der Unternehmensbereiche auch die Senkung bzw. Eindämmung von Kosten zum Ziel. Bestimmte Kostenbudgets werden für die Bereiche geplant, festgelegt und sollen dann auch eingehalten werden. Beyond Budgeting verfolgt dasselbe Ziel nur mit anderen Mitteln. Durch die Vorgabe von qualitativen Zielen, z. B. Kundenzufriedenheit, erhält ein Unternehmensbereich mehr Entscheidungsspielraum was die Kosten betrifft, er muss aber trotzdem die vereinbarten Leistungsziele erreichen. Der Ansatz des Beyond Budgeting ist damit flexibler als die klassische Budgetierung, verfolgt aber genauso den sinnvollen Einsatz von Ressourcen wie die klassische Budgetierung.

7 Geht es auch ohne die klassische Budgetierung? Beyond Budgeting

Die klassische Budgetierung als Steuerungsinstrument für Unternehmen ist in die Kritik geraten. Wie flexibel können Manager, die an Budgets gebunden sind, auf sich ändernde Anforderungen reagieren? Ist das Budget erst einmal ermittelt und bewilligt, dann soll es schließlich auch eingehalten werden. Hier genau liegt die Schwäche des bisherigen Budgetierungsansatzes. Was soll getan werden, wenn

- schnelle Entscheidungen getroffen werden müssen, die aber das Budget überschreiten würden,
- Chancen erkannt werden, aber die Bewilligungsprozesse für eine Budgetfreigabe zu lange dauern,
- Unternehmensziele in der Budgetplanung nicht berücksichtigt wurden?

Kritik an der bisherigen Budgetierungspraxis

Alternative zur Budgetierung: Beyond Budgeting

Beyond Budgeting wurde vom **Beyond Budgeting Round Table** (**BBRT**) des Consortiums for Advanced Manufacturing International (CAM-I) mit dem Ziel entwickelt, weg von der traditionellen Vorgehensweise und dem budgetbasierten Managementsystem hin zu einer flexiblen, anpassungsfähigen Organisation zu kommen. Ziel eines zukunftsorientierten Unternehmens muss sein, auf Innovationen und auf strategisch wichtige externe Einflussgrößen schnell reagieren zu können. Instrumente wie Balanced Scorecard, Benchmarking oder eine rollierende Finanz- und Investitionsplanung kommen verstärkt zum Einsatz. Hinter dem Modell verbirgt sich auch die Veränderung und Flexibilisierung der Unternehmensorganisation.

Das flexible, anpassungsfähige Unternehmenssteuerungssystem

Die 12 Prinzipien des Beyond Budgeting

Um das Modell im Unternehmen zu realisieren, sollen 12 Prinzipien den Rahmen festlegen. Prinzip 1 bis 6 befasst sich mit der Unternehmenskultur und dem Umgang mit Verantwortung, Entscheidung und Delegation. Die Prinzipien 7 bis 12 befassen sich mit den Prozessen im Unternehmen. Unter anderem damit, dass Ziele,

Die Rahmenbedingungen für Beyond Budgeting schaffen!

Messgrößen und Vergütung voneinander unabhängig bewertet werden.

1. **Self Governance**
   Starre bürokratische Regeln werden im Beyond Budgeting ersetzt durch eindeutige Zielvorgaben. Im Vordergrund steht nicht das Einhalten von Kostenbudgets, sondern z. B. das Erreichen vereinbarter Ertragsziele. Dies ermöglicht eine schnelle und effektive Entscheidungsfindung und erlaubt mehr Entscheidungsspielraum für den einzelnen.
2. **Leistungsverantwortung**
   Mitarbeiter, die Eigenverantwortung zeigen und sich für das Erreichen der Ziele einsetzen, werden ausgewählt und gefördert.
3. **Empowerment**
   Entscheidungen sollen „nahe" am Kunden getroffen werden, deshalb findet eine Übertragung der Verantwortung und Entscheidungsbefugnisse an diejenigen statt, die vor Ort sind.
4. **Struktur**
   Die neue Organisation gleicht einem Netzwerk von kleinen unternehmerisch tätigen Geschäftseinheiten.
5. **Koordination**
   Um auf Kundenanforderungen oder Marktveränderungen flexibel und sofort reagieren zu können, werden interne Prozesse so gestaltet, dass sie effektiv und effizient ineinander übergreifen.
6. **Führung**
   Der Führungsstil im Modell des Beyond Budgeting ist geprägt durch Coaching und Unterstützung der Mitarbeiter, um höhere Leistungsziele zu erreichen.
7. **Zieldefinition**
   Die Zielvorgaben orientieren sich nicht an allgemeinen Trendaussagen, sondern an Branchen-Benchmarks, an den Erfolgen von Wettbewerbern auf dem Markt und anderen Leistungsindikatoren. Dadurch wird der Blick nicht nur wie herkömmlich nur auf finanzielle Ziele gelenkt, sondern auch auf strategische Ziele.
8. **Strategieprozess**
   Die Unternehmensstrategie richtet sich am Kunden aus. Neue Wege sollen gefunden werden, um den Kundennutzen zu steigern.

Geht es auch ohne die klassische Budgetierung? Beyond Budgeting

9. **Antizipationssystem**
   Hinweise auf Veränderungen müssen rechtzeitig erkannt und im Prozess verwertet werden können. Beispiel: Ein Abgleich der Kundenaufträge mit der Lieferkette muss dem Entscheider das Management kurzfristiger Kapazitäten erlauben.
10. **Ressourcennutzung**
    Die Entscheidung über Investitionen und Ressourcen obliegt den Managern/Führungskräften vor Ort und wird ausgelagert vom jährlichen Budgetzyklus. Dies führt dazu, dass Mittel maßnahmen- und zeitgerecht ausgeschöpft werden können.
11. **Messen und Kontrolle**
    Daten, Zahlen und wichtige Erfolgsgrößen über den Ist-Zustand können zeitnah abgerufen und kontrolliert werden. Diese Messgrößen sind je nach Berechtigung für alle Beteiligten einsehbar.
12. **Motivation und Vergütung**
    Nicht die Leistung des Einzelnen steht im Vordergrund, sondern die Ergebnisse, die als Team/Abteilung erbracht werden. Dies fördert die Zusammenarbeit und Koordination, den Informations- und Wissensaustausch im Unternehmen und führt letztendlich zu einer Verbesserung in der Leistungserbringung.

> **Tipp: Beyond Budgeting ersetzt nicht die Planung!**
>
> Dies ist vielleicht der häufigst gemachte Denkfehler im Zusammenhang mit Beyond Budgeting! Manch ein Abteilungsleiter oder Kostenstellenverantwortliche hat vielleicht schon gejubelt: „Endlich keine Budgets mehr, endlich keine Planung mehr!" Das ist ein großes Missverständnis: Ohne Planung geht es nicht, auch nicht im Beyond Budgeting.
>
> Wenn von „Abkehr von der Budgetierung" und dem „Verzicht auf Budgets" die Rede ist, dann darf das nicht verstanden werden als Verzicht auf die elementaren Managementwerkzeuge wie Planung, Leistungsmessung, Abweichungsanalysen und Berichtswesen. Die Abkehr von der Budgetierung sollte nicht als Ziel an sich gesehen werden, sondern das eigentliche Ziel des Beyond Budgeting ist es, die gesamten Steuerungsprozesse in einem Unternehmen so zu verbessern, dass man schlicht keine Budgets mehr braucht.

7 Neue Methoden zur Unterstützung der Kostensenkung

Wie funktioniert die Unternehmenssteuerung ohne Budgets in der Praxis?

Vorhandene Werkzeuge richtig nutzen

Es geht im Beyond Budgeting nicht um den Einsatz anderer, grundlegend neuer Tools, sondern um den richtigen, effizienten Einsatz der bereits vorhandenen Unternehmenssteuerungsinstrumente. Erst wenn die vorhandenen Managementwerkzeuge und -methoden aufeinander abgestimmt sind und zusammenwirken, kann es zu der Verbesserung der Resultate kommen, die das Beyond Budgeting-Modell anstrebt. Dieser Grundgedanke des richtigen und effizienten Einsatzes von Managementwerkzeugen wird am Beispiel der Hochrechnung, auch Forecast genannt, gezeigt.

Beispiel: Falscher Einsatz von Hochrechnungen/Forecasts

Während des Geschäftsjahres wird das Planbudget einzelner Abteilungen und Unternehmenseinheiten durch regelmäßige Hochrechnungen bzw. Forecasts überwacht. In der Praxis sieht es oft so aus, dass die Budgetverantwortlichen keine realistischen Hochrechnungen abgeben, wenn diese anzeigen würden, dass das Budget aus dem Ruder läuft. Lieber werden durch optimistische Annahmen (im zweiten Halbjahr laufen die Zahlen bestimmt besser) die Hochrechnungen so „hinfrisiert", dass unter dem Strich wieder das Planbudget erreicht wird. Oder die Hochrechnung würde zeigen, dass man das gesetzte Ziel sogar übertrifft. Dann ist es auch besser, die Zahlen auf kleiner Flamme zu kochen und diese positive Nachricht noch nicht an die große Glocke zu hängen, denn wer weiß schon, was noch passieren kann

Die Aussage der Beyond Budgeting-Befürworter ist, dass, wer Budgetzahlen einhalten oder erreichen muss, keine realistische Hochrechnung abgeben wird.

Beispiel: Richtiger Einsatz von Hochrechnungen/Forecasts

Ohne Budgets gibt es auch keinen Anlass für Manipulationen der Hochrechnung bzw. des Forecasts. Hier zeigt sich das durch Beyond Budgeting realisierbare Verbesserungspotenzial: Hochrechnungen gewinnen an Genauigkeit, der Anreiz zu Verzerrungen ist nicht

Geht es auch ohne die klassische Budgetierung? Beyond Budgeting 7

mehr vorhanden. Endlich werden die „wahren Zahlen" offengelegt. Eine bessere Trendberechnung der Kosten- und Leistungsdaten ist möglich. Erst jetzt ist aufgrund der realistischen Zahlen der vernünftige Einsatz von Frühwarninstrumenten möglich.

Eine grundlegende Aussage der Beyond Budgeting-Befürworter ist: Durch die Abkehr von Budgets kommen erst die realistischen Zahlen auf den Tisch und es kann besser auf zukünftige Entwicklungen reagiert werden.

Beyond Budgeting verhindert den falschen Umgang mit Budgets

Eine weitere leidvolle Erfahrung in vielen Unternehmen ist: Sind die Budgets erst einmal genehmigt, dann werden sie auch ausgeschöpft. Sind im Budget also noch Ausgaben geplant aber noch nicht getätigt, so bricht manchmal das berühmte „Novemberfieber" aus. Schnell vor Jahresende wird das Budget noch verbraucht, sonst befürchtet man Kürzungen im nächsten Jahr.

Bei dem Modell des Beyond Budgeting wird dieses Ausschöpfen von Budgets verhindert und damit auch eine mögliche Kostensenkung unterstützt.

Weitere Merkmale des Beyond Budgeting

Der Ansatz des Beyond Budgeting geht noch weit über dieses gezeigte Beispiel des richtigen Einsatzes von Hochrechnungen hinaus. Ohne Budgets orientiert sich das Management z. B. an **Indikatoren und Schlüsselkennzahlen, die nicht in finanziellen Outputgrößen festgelegt werden**. Das Management wird vielmehr anhand von **relativen, nicht-finanziellen Zielgrößen** wie Kundenzufriedenheit und Qualitätskennziffern gemessen.

Orientierung an nicht-finanziellen Zielgrößen

Auch die **Leistungsmessung der Mitarbeiter** soll anhand von flexiblen, relativen Zielgrößen geschehen. So ist ein Vorschlag des Beyond Budgeting, dass jeder Mitarbeiter und jedes Team in der Unternehmensorganisation dazu motiviert wird, besser als der interne oder externe Wettbewerb zu sein. Dies kann anhand von **Leistungsrankings** (z. B. Geschäftsbereich gegen Geschäftsbereich; Werk gegen Werk; Zweigstelle gegen Zweigstelle) geschehen. Die Motiva-

Leistungsrankings

237

7 Neue Methoden zur Unterstützung der Kostensenkung

tion hierbei sollte sein, die Leistungsstufen bzw. -rankings zunehmend höher und höher zu klettern. Dieser Ansatz hat auch unmittelbare Folgen für das Vergütungs- und Bonussystem der Mitarbeiter.

Auch einmal improvisieren!

Auch müssen Manager und Controller lernen, Umfeldänderungen und Improvisation zur Zielerreichung zu bejahen. Das höhere Management muss Mitarbeitern und Teams die nötigen Freiräume zugestehen, damit diese den wechselnden Herausforderungen autonom begegnen können.

Der Mitarbeiter als „Unternehmer im Unternehmen"

So führt letztendlich der Gedanke des Beyond Budgeting zu einer **neuen Unternehmensorganisation**, die geprägt ist durch einen **hohen Anteil an Selbstbestimmung, Delegation, Empowerment und internen Netzwerken**. Dazu bedarf es einer Unternehmenskultur, die Vertrauen in die Mitarbeiter setzt und diese als „Unternehmer im Unternehmen" versteht.

Vor dem Hintergrund dieser neuen Unternehmensorganisation und Unternehmenskultur wird der Abschied von den gewohnten Budgets für Unternehmensbereiche nicht zu einer Kostenexplosion führen, sondern zu einem verantwortungsvollen Umgang mit den Ressourcen des Unternehmens.

7.2 Warum ist wertorientierte Unternehmensführung hilfreich für die Kostensenkung?

> Wertorientierte Unternehmensführung, auch Value Management genannt, bedeutet, alle Aktivitäten im Unternehmen auf eine Wertsteigerung des Unternehmens hin auszurichten. Im Visier der wertorientierten Unternehmensführung sind auch Kostensenkungspotenziale, da geringere Kosten bei ansonsten gleichbleibenden Bedingungen den Unternehmenswert steigern.

7 Warum ist wertorientierte Unternehmensführung hilfreich für die Kostensenkung?

Wie misst man den Unternehmenswert?

Die Grundlage zur Bestimmung des Unternehmenswertes ist die geplante Unternehmensentwicklung der nächsten Jahre. Verkürzt bzw. vereinfacht gesagt: Wenn Sie ein Unternehmen zum jetzigen Zeitpunkt verkaufen wollten, würden Sie es nicht zum aktuellen Wert z. B. der Grundstücke, Gebäude, Maschinen plus Vorräte und Bankguthaben verkaufen, sondern Sie würden es in etwa zu dem Preis verkaufen, der dem Käufer zukünftig an Geld (Cash) aus dem Unternehmen vielleicht in den nächsten fünf bis zehn Jahren zufließt (und Ihnen durch den Verkauf entgeht).

Grundlage: Die Entwicklung der nächsten Jahre

Werttreiber, also **unternehmenswerterhöhende Faktoren**, sind dabei alle materiellen oder immateriellen Faktoren, die ein Unternehmen zum Erfolg führen, z. B.

Faktoren, die in den Unternehmenswert auch noch einfließen

- Attraktive Produkte, Märkte
- Zukunftsorientierte Investitionen
- Gut qualifizierte und motivierte Mitarbeiter
- Niedrige Kapitalkosten
- Profitable Unternehmenseinheiten
- Effektive interne Abläufe

Im Rahmen der wertorientierten Unternehmensführung wird versucht, diese (heutigen und zukünftigen) Unternehmenswerte zu messen. Dabei ist am bekanntesten das Konzept des Shareholdervalue.

Shareholdervalue

Die Grundidee des Shareholdervalue ist: Der Vorstand eines Unternehmens soll alles unternehmen, was den Wert des Unternehmens steigert. Und dies heißt auch: Der Vorstand soll alles unternehmen, was den Aktienkurs des Unternehmens an der Börse erhöht. Der Shareholder ist der Aktionär, Value ist der Wert. Es geht also um den Wert des Unternehmens für die Aktionäre.

Die Aktienkurse sollen steigen!

7 Neue Methoden zur Unterstützung der Kostensenkung

Kostensenkungsprogramme lassen die Kurse steigen

Dies hat eine Menge mit Kostensenkung zu tun, denn wenn der Vorstand eines Unternehmens Kosteneinsparungsprogramme ankündigt, z. B. in Form von Personalabbau oder Verlagerung von Produktionsstätten ins Ausland, dann steigen meist die Aktienkurse. Die Aktionäre sind der Überzeugung, dass sich durch die Kostenentlastungen das Unternehmen zukünftig positiv entwickeln wird. Dies macht das Unternehmen attraktiv für Investoren/Aktionäre, die an einer höheren Rendite des Unternehmens durch steigende Aktienkurse und Dividenden teilhaben.

Schlechte Messgröße: Der Gewinn

Nun kann man einwenden, dass der Wert eines Unternehmens doch bereits durch eine zentrale Messgröße ausgedrückt wird: Durch den Gewinn. Aber bei der Betrachtung des Gesamtwertes, insbesondere des zukünftigen Wertes des Unternehmens, ist der Gewinn als zentrale Aussage problematisch. Denn ein Gewinn kann mit bilanzpolitischen Mitteln gesteuert werden. Er kann über Jahre niedrig gehalten werden oder bei Bedarf auch mal in einer Höhe gezeigt werden, die über die tatsächliche Ertragskraft des Unternehmens hinausgeht. Stichwörter: Rückstellungen, Bewertungsspielräume usw.

Der Shareholdervalue orientiert sich an den zukünftigen Cashflows

Und spielt bei der Berechnung des Unternehmenswertes der aktuelle Gewinn kaum eine Rolle. Der Shareholdervalue-Ansatz richtet sein Augenmerk vielmehr auf dem Cashflow = Kassenzufluss/Finanzkraft des Unternehmens, insbesondere auf die *zukünftigen* Cashflows.

Cashflow ist der Kassenzufluss.
Vereinfacht: Gewinn + Abschreibungen.

> **Erläuterungen zur Ermittlung des Cashflow:**
> Abschreibungen sind zwar Aufwände jedoch nicht ausgabenwirksam, sie schmälern den Gewinn, verringern aber nicht den Kassenstand. Abschreibungen werden erst dann als flüssige Mittel ausgegeben, wenn z. B. eine Ersatzbeschaffung getätigt wird. So stehen die Abschreibungen mit dem Gewinn als finanzielle Manövriermasse = als Cashflow zur Verfügung.

Sehr vereinfacht gesagt, ist nun der **Wert des Unternehmens** die **Summe der zukünftigen Cashflows**, also das, was zukünftig in die Kasse kommt. Diese Cashflows werden entweder mittel- oder lang-

Warum ist wertorientierte Unternehmensführung hilfreich für die Kostensenkung? 7

fristig ermittelt. Basis sind Controllingdaten, Ist-Daten, operative Planungen, Strategien.

Stehen die Cashflows fest, beginnt ein komplizierter finanzmathematischer Prozess. Die Cashflows werden abgezinst (d. h. es wird ermittelt, was zukünftige Cashflows heute wert sind), es wird ein Fortführungswert nach Ende der Planungsperiode ermittelt, der Marktwert des Fremdkapitals wird festgestellt usw. Nur wenige im Unternehmen verstehen überhaupt diese komplizierte Ermittlung und können diese nachvollziehen. Die Fragwürdigkeit der Vorhersagbarkeit von zukünftigen Cashflows kommt als weiterer Kritikpunkt zu dieser Berechnungsformel des Shareholdervalue hinzu. Und so sagen viele:

Komplizierte Berechnungsformel des Shareholdervalue

> Der Shareholdervalue ist nicht so sehr eine Rechenformel zur Berechnung des Unternehmenswerts, als vielmehr ein Denkansatz. Wichtig ist eine erkennbare Zukunftsorientierung des Unternehmens.

Werttreibende Faktoren zur Erhöhung der zukünftigen Cashflows und damit des **Shareholdervalue** sind:
- Wir haben gute neue Produkte und bewegen uns auf attraktiven Märkten.
- Unsere Investitionen erwirtschaften gute zukünftige Cashflows.
- Unsere Mitarbeiter sind gut qualifiziert.
- Unsere Kapitalkosten (z. B. Zinsen für Kredite) sind o. k. und werden eher sinken.
- Von unrentablen Unternehmenseinheiten werden wir uns trennen.
- Wir planen lukrative Neuzukäufe und Beteiligungen.

All dies sind Faktoren, die zu einer Steigerung des Unternehmenswertes führen können.

Es ist Aufgabe des Managements, den Wert des Unternehmens zu erhöhen, z. B. die oben genannten werttreibenden Faktoren zu optimieren und Kostensenkungspotenziale auszuschöpfen. Wenn dies gelingt, wird der Shareholdervalue steigen, letztlich kommt absehbar mehr Geld in die Kasse.

Wer das Unternehmen durch die Brille des Shareholdervalue-Ansatzes sieht, wird zwangsläufig nach Kostensenkungspotenzialen

7 Neue Methoden zur Unterstützung der Kostensenkung

Ausschau halten und versuchen diese auszuschöpfen. Die wertorientierte Unternehmensführung ist damit eine neue Methode, die im Rahmen von Kostensenkungsprogrammen nutzbringend eingesetzt werden kann.

7.3 Wie erkennt man Kostenrisiken: Risikomanagement

> Immer wieder ereignen sich spektakuläre Unternehmenszusammenbrüche. Aber es gibt nicht nur diese spektakulären Fälle, sondern daneben auch vornehmlich kleine Unternehmen, die sang- und klanglos vom Markt verschwinden. Im Zusammenhang mit diesen Unternehmenskrisen stellt sich die Frage nach effektiven Kontroll- und Informationsmechanismen, die die Anzeichen solcher Krisen rechtzeitig anzeigen können und möglichst größere Krisen vermeiden helfen.

Was muss ein Risikomanagementsystem leisten?

Die Anforderungen an ein Risikomanagementsystem können vielfältig sein und sind zum Teil auch branchenspezifisch, einige Punkte sollten aber mindestens erfüllt sein:

- Risiken müssen systematisch und kontinuierlich erfasst werden
- Erfasste Risiken müssen analysiert und bewertet werden
- Erkennen von „Dominoeffekten": Wenn Risiko 1 eintritt, hat dies auch Risiko 2 als Konsequenz zur Folge
- Ein unternehmensinterner Kommunikationsweg für die Prüfung und Aufdeckung von Risiken muss definiert sein
- Auf Risiken muss frühzeitig mit geeigneten Maßnahmen der Gegensteuerung reagiert werden
- Sind Maßnahmen festgelegt, muss deren Einhaltung sowie deren Erfolg hinsichtlich der Abwendung des Risikos überprüft werden

Wie funktioniert ein Risikomanagementsystem?

Standardisiertes Vorgehen

Meist gibt es Mitarbeiter im Unternehmen, die ein „Gespür" für mögliche Unternehmensrisiken haben. Der Sinn eines Risikomanagementsystems ist aber die Einführung eines stan-

Wie erkennt man Kostenrisiken: Risikomanagement 7

dardisierten Vorgehens zur Aufdeckung und Behebung von Unternehmensrisiken.
Folgende Vorgehensweise kann für das Risikomanagement angewendet werden:

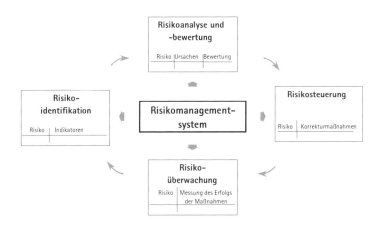

Abb. 59: Risikomanagement

Risikoidentifikation

Welche Einflussfaktoren können ein Risiko für das Unternehmen bedeuten? In erster Linie ist hier zwischen externen und internen Risikofaktoren zu unterscheiden.

- **Externe Risikofaktoren**
  Risiken können von außen auf das Unternehmen einwirken. Eine schlechte Konjunkturlage kann sich negativ auf das Unternehmen auswirken. Auch politische Entscheidungen bedeuten evtl. ein Risiko für das Unternehmen (Steuererhöhungen, Abgabenerhöhungen). Der Wettbewerbsdruck durch die Konkurrenz wird stärker, evtl. senkt die Konkurrenz die Preise und so muss das Unternehmen ebenfalls die Preise herabsetzen, um im Preiskampf zu überleben. Oder das Kaufverhalten der Kunden ändert sich, das Unternehmen hat ein schlechtes Image oder die Produkte entsprechen nicht mehr dem Kundengeschmack. Diese Liste ist nicht abschließend.

Die externen Risikofaktoren sind auch stark branchenabhängig. So ist ein Risiko der Modebranche, den Geschmack bei den Verbrauchern zu treffen. Demgegenüber ist ein Unternehmen, das in erster Linie vom Export seiner Produkte in die USA lebt, existenziell vom Dollarkurs abhängig. Bei wieder einem anderen Unternehmen liegt das höchste Risiko evtl. in den Schwankungen der Rohstoffpreise, im Beschaffungsmarkt, etc.

- **Interne Risikofaktoren**
  Zu den internen Risikofaktoren zählen in erster Linie finanzwirtschaftliche Risiken. Mangelnde Liquidität, schlechte Rentabilität und sinkender Cashflow sind Indikatoren, die verfolgt werden müssen und deren Ursache aufgedeckt werden muss. Risiken können auch aus der Organisation des Unternehmens entstehen. Ist die EDV-Organisation nicht mehr auf dem neuesten Stand der Technik oder gibt es eine hohe Mitarbeiterfluktuation? Die Know-how Träger kündigen und hinterlassen eine schwer zu schließende Lücke oder die interne Kommunikation stimmt nicht. Auch die Produkte des Unternehmens sind hinsichtlich der Risiken zu beurteilen. Sind die Produkte noch am Markt gefragt? Hat das Unternehmen innovative Produkte oder ein altbewährtes Produktsortiment?

Risikoanalyse und -bewertung

Eintrittswahrscheinlichkeit und finanzieller Schaden

Im ersten Schritt wurden die Risiken identifiziert. Um jetzt Korrekturmaßnahmen einleiten zu können, müssen erst die Ursachen der Risiken erkannt werden. Zudem ist zu klären, wie hoch die Wahrscheinlichkeit ist, dass ein Risiko und der damit verbundene Schaden für das Unternehmen auch tatsächlich eintritt. Ziel ist es sowohl das Risiko qualitativ zu beschreiben, wie auch ganz konkret messbar zu machen (z. B. die mögliche Schadenshöhe).
Folgendes Beurteilungsschema kann für die Risikoanalyse und -beurteilung herangezogen werden:

7 Wie erkennt man Kostenrisiken: Risikomanagement

Beschreibung des Risikos	Finanzielle Auswirkung	Eintrittswahrscheinlichkeit	Bewertung
Marktrisiko	< 100 TEUR	50 %	50 TEUR
Logistikrisiko	100 - 300 TEUR	10 %	10 - 30 TEUR
Finanzwirtschaftliches Risiko	250 - 500 TEUR	20 %	50 - 100 TEUR
Technisches Risiko	> 1 Mio. EUR	5 %	50 TEUR

Abb. 60: Risikobewertungsschema

Risikosteuerung

Nachdem die Risiken durch die vorhergehenden Schritte klar identifiziert, analysiert und bewertet wurden, können sie nun aktiv beeinflusst werden. Es gibt mehrere mögliche Reaktionen:

Mögliche Reaktionen auf Risiken

- **Akzeptieren des Risikos**
  Es werden keine Korrekturmaßnahmen ergriffen. Mögliche Gründe: Das Risiko kann nicht beeinflusst werden oder es ist zu spät für eine Korrekturzündung. Möglicherweise wird das Risiko auch als sehr gering hinsichtlich des erwarteten Schadens für das Unternehmen eingestuft und daher wird es bewusst akzeptiert.
  Eine weitere Begründung für das Akzeptieren eines Risikos ist evtl. auch das gegeneinander Abwägen von einem möglichem Risiko auf der einen Seite und den sich bietenden positiven Chancen aus der Akzeptanz des Risikos auf der anderen Seite.

  Beispiel: Produktneueinführungen bergen Risiken
  Ein neues Produkt auf den Markt zu bringen beinhaltet immer auch das Risiko, dass das Produkt ein Flop wird. Andererseits verlangt der Markt und die sich ändernden Kundenbedürfnisse nach neuen Produkten, die auch die Chance beinhalten, ein Umsatzrenner zu werden.

- **Verminderung des Risikos**
  Korrekturmaßnahmen werden eingeleitet, um die Eintrittswahrscheinlichkeit des Risikos zu vermindern oder den Schaden für das Unternehmen zu begrenzen.

Beispiel: Verminderung von Risiken
Das Produktionsverfahren wird verbessert, um den Schwund zu verringern. Ein Meinungsforschungsinstitut wird beauftragt, um die Akzeptanz der Produkte bei den Kunden zu messen und das Unternehmensimage bei den Kunden zu erfragen.

- **Vermeidung des Risikos**
  Es werden Maßnahmen eingeleitet, die das Risiko abwenden sollen.

Beispiel: Vermeidung von Risiken
Ein Auftrag wird abgelehnt, da er zu risikoreich erscheint. Ein Produktionsbereich, dessen Technik nicht mehr den Regelungen des Umweltschutzes oder Gesundheitsschutzes entspricht oder dessen Erneuerung zu teuer wäre, wird geschlossen.

- **Prophylaxe**
  Es wird ein Maßnahmenkatalog erstellt, der auch in Zukunft dieses erkannte Risiko oder ähnliche Risiken vermeiden soll.

Beispiel: Prophylaxe
Man schließt eine Versicherung zur Absicherung von Frachtrisiken und Haftungsrisiken oder eine Brandschutzversicherung ab.

Risikoüberwachung

Waren die Maßnahmen gegen das Risiko erfolgreich?

Die getroffenen Korrekturmaßnahmen werden umgesetzt und deren Erfolg wird überwacht. Waren die Korrekturmaßnahmen nicht wirksam, so wurde das Risiko vielleicht falsch eingeschätzt. Dann sollte der Prozess des Risikomanagements von neuem angestoßen werden. Die Ursachen für Fehler in der Analyse und Bewertung des Risikos sind aufzuspüren und neue, effektivere Korrekturmaßnahmen zu definieren. Ein regelmäßiges Berichtswesen über die erkannten Risiken und die Verfolgung der Korrekturmaßnahmen hilft, den aktuellen Stand der Risikolage des Unternehmens zu beurteilen und im Auge zu behalten.

Das Risikomanagementsystem selbst ist laufend zu überwachen. Gibt es Schwachstellen in der Risikoanalyse? Werden die Risiken ausreichend kommuniziert, damit auch entsprechende Korrektur-

Wie erkennt man Kostenrisiken: Risikomanagement 7

entscheidungen getroffen werden können? Sind die getroffenen Korrekturmaßnahmen effizient und angemessen? Ist die Reaktionsgeschwindigkeit auf erkannte Risiken ausreichend? Wie kann diese erhöht werden?
Alle diese Fragen tragen dazu bei, das Risikomanagementsystem laufend zu verbessern und an neue Gegebenheiten anzupassen.

Wie können Sie schnell zu ersten Erkenntnissen kommen?

In der folgenden Abbildung sehen Sie einen Risikoschnellcheck. Mithilfe dieser Checkliste können Sie „auf die Schnelle" – der Umfang beträgt lediglich eine Seite – analysieren, wie risikoanfällig das Unternehmen ist.

Machen Sie einen Risikoschnellcheck für Ihr Unternehmen!

Es wird bewertet, wie hoch die Eintrittswahrscheinlichkeit eines Risikos ist und ob es kurz-, mittel- oder langfristig eintreten kann. Wichtig für die Risikobewertung ist auch abzuschätzen, wie hoch der Schaden durch das Risiko in EUR ausfallen kann. Das ist nicht immer einfach, Sie können sich an dem vorher vorgestellten Risikobewertungsschema orientieren.

Risikoschnellcheck	Eintrittswahrscheinlichkeit			Kurz-, mittel-, langfristiges Risiko			Quantifizierung des Risikos bei Eintritt	CD-ROM
	Gering	Mittel	Hoch	Kurz	Mittel	Lang	in EUR p.a.	
Marktrisiken:								
Konjunkturrisiken								
Veränderte Kundenwünsche								
Forschungs- u. Entwicklungsrisiken								
Konkurs wichtiger Kunden								
Dumping-Preispolitik der Konkurrenz								
Marktanteilsrisiken								
Neukundengewinnung								

7 Neue Methoden zur Unterstützung der Kostensenkung

Risikoschnellcheck	Eintrittswahrscheinlichkeit			Kurz-, mittel-, langfristiges Risiko			Quantifizierung des Risikos bei Eintritt
	Gering	Mittel	Hoch	Kurz	Mittel	Lang	in EUR p.a.
Logistikrisiken:							
Verspätete Materiallieferungen							
Reklamationsrisiken							
Preisstabilität der Materialien							
Finanzwirtschaftliche Risiken:							
Währungsrisiken							
Liquiditätsrisiken							
Sinkende Gewinne pro Projekt							
Zinsrisiken							
Steuerrisiken							
Allgemeine Risiken:							
Gesetzesänderungen							
Politische Entwicklungen							
Naturgewalten							
Personalrisiken							
Technische Risiken:							
Technologieänderungen u. sprünge							
EDV-Systemausfälle							

Abb. 61: Risikoschnellcheck

Zu jedem Bereich kann man unternehmensindividuell mehr ins Detail gehen, je nachdem durch welchen Bereich einem Unternehmen der höchste Schaden drohen könnte.

7.4 Wie geht man mit Veränderungen um: Changemanagement

> Kostensenkungsmaßnahmen erfordern nicht selten ein hohes Maß an Veränderungsbereitschaft von den betroffenen Mitarbeitern. Diese müssen sich z. B. an neue Arbeitsprozesse oder an eine neue organisatorische Struktur im Unternehmen anpassen. Changemanagement ist eine unterstützende Methode in Umbruchsituationen und soll den Veränderungsprozess im Unternehmen begleiten und unterstützen.

Typische Changemanagement-Projekte sind:

Themen für Changemanagement

- Sanierung des Unternehmens, Vergrößerung oder Verkleinerung des Unternehmens
- Eingliederung von übernommenen Unternehmen oder Unternehmensteilen in das Mutterunternehmen
- Erhebliche organisatorische Umstrukturierungen im Unternehmen
- Einführung neuer Produkte oder neuer Vertriebswege
- Hilfestellung bei der Informationsverarbeitung im Unternehmen (z. B. bei neuem übergreifenden Softwareeinsatz)
- Einführung neuer Methoden, z. B. Verstärkung der Projektarbeit

Ein wichtiger Faktor für den Erfolg eines Changemanagement-Projektes ist der Abbau von internen Barrieren:

Was behindert den Veränderungsprozess?

- Barrieren des **Nicht-Wissens**
  Wie sollen Kosten gespart werden, wie soll eine neue Organisationsstruktur aussehen? Vielleicht sind Mitarbeiter das erste mal mit diesen Themenstellungen konfrontiert und müssen erst einmal geschult werden, bevor sie aktiv am Veränderungsprozess mitarbeiten können.
- Aber fast häufiger und entscheidender: Barrieren des **Nicht-Wollens**
  Veränderungen sprengen alte Routinen und dagegen gibt es oft Widerstände. Innerhalb der Organisation hat man es immer mit Menschen zu tun, welche die Veränderungen fördern, sie ver- bzw. behindern oder sich neutral verhalten. Letztlich müssen die Veränderungen auch von den betroffenen Personen akzeptiert

7 Neue Methoden zur Unterstützung der Kostensenkung

werden. Changemanagement hat also auch viel mit Überzeugungsarbeit bzw. Akzeptanzmanagement zu tun.

Auf was ist zu achten?

Die folgende Aufzählung beschreibt kurz die Punkte, die regelmäßig im Rahmen des Changemanagements diskutiert werden:

- **Organisationskultur**
  Probleme mit Veränderung oder Anpassung sollen nicht ausschließlich personifiziert werden. Es ist vielmehr die Organisation – oder besser – die sog. Organisationskultur, auf die es ankommt.
- **Schaffung einer Vertrauenskultur**
  Wenn man sich misstraut, wird man nicht erfolgreich sein. Das bedeutet, dass Offenheit und Information bei Veränderungsprozessen unbedingt notwendig ist. Alle müssen wissen, was das Ziel ist (auch wenn das Ziel einer Kostensenkung nicht immer populär ist).
- **Leitbild der lernenden Organisation**
  Lernende Organisation bedeutet zunächst Offenheit und Aufnahmebereitschaft für Neues. In diesem Sinne wird eine ständige Verbesserung der Prozesse angestrebt. Die Veränderung, der Wandel in der Organisation oder Aufgabenstellung des einzelnen Mitarbeiters soll damit zur Norm werden, nicht zum Ausnahmefall.
- **Ausgeprägte Feed-back-Kultur**
  Hilfsmittel sind hier Kunden-, Mitarbeiter- und Führungskräftebefragungen. Was ist gut gelaufen, was ist schief gelaufen im Rahmen des Veränderungsprozesses bzw. im Rahmen der Kostensenkung? Die Feed-back-Kultur ist in vielen Unternehmen noch nicht sehr ausgeprägt. Feed-back wird immer noch oft als Kritik oder Zurechtweisung empfunden. Dies wird sich sicher erst langsam ändern und hängt sehr mit der gelebten Unternehmenskultur zusammen.
- **Systematisches Aufbereiten von Fehlern**
  „Aus Fehlern lernen dürfen" ist immer häufiger die Forderung an eine moderne Mitarbeiterführung. Fehler sind Anlass für einen Lernprozess. Nur wer sich bei Veränderungen grundsätzlich

7 Wie geht man mit Veränderungen um: Changemanagement

stur stellt und nicht lernfähig ist, soll personalrechtliche Konsequenzen erfahren müssen.
- **Offene, vertrauensvolle Kommunikation**
Was zeichnet einen guten Mitarbeiter aus? Rolf E. Breuer, Vorstandssprecher der Deutschen Bank, sagte einmal, dass künftig nicht mehr der belohnt werden solle, wer viel wisse, sondern wer viel Wissen teile; nicht wer viele Menschen führen, sondern wer viele Menschen motivieren könne.
- **Selbstgesteuerte Führungskräfteentwicklung**
Hier geht es um die Entwicklung durch professionelles (gegenseitiges) Coaching von Führungskräften und beteiligten Mitarbeitern. Der EDV-Mitarbeiter macht den Controller in EDV fit. Der Techniker erklärt dem Marketingfachmann das Produkt und der Marketingfachmann dem Techniker, auf was der Markt heute achtet usw. Dieser interne Informationsaustausch ist oft effizienter und billiger, als sich externe Experten einzukaufen und zu befragen.

Häufig findet man in der Praxis folgende Phasen im Rahmen des Changemanagement:

Phasen des Changemanagements

- **Auftauen**
Bevor Veränderungen durchgeführt werden, muss erst klar sein, was sich ändern muss. Welche bisherigen Arbeitsweisen sind nicht mehr effektiv genug? Welche internen Prozesse im Unternehmen sind zu teuer und müssen daher verändert werden? Der erste Schritt im Rahmen des Changemanagement bedeutet also, bisherige Handlungsweisen infrage zu stellen. Es werden die Ansatzpunkte für den Veränderungsbedarf bzw. den Kostensenkungsbedarf ermittelt und die Möglichkeiten der Veränderung bzw. Verbesserung festgelegt. Damit hat man sozusagen die alten Strukturen „aufgetaut" und kann jetzt die Veränderung einleiten.
- **Verändern**
Nachdem man sich von alten Strukturen gelöst hat, beginnt die Phase der Neuformung bzw. Umformung bestehender Konzepte und Prozesse. Das Unternehmen soll so verändert werden, dass es neuen Marktanforderungen oder den Anforderungen einer

schlanken Unternehmensführung gerecht wird. Ein guter Ansatz ist in diesem Zusammenhang z. B. der *Zero-Base-Ansatz*. Dieser Denkansatz löst sich komplett von bestehenden Gegebenheiten. Man überlegt, wie man z. B. ein Unternehmen gestalten würde, wenn man es neu auf der grünen Wiese planen würde. Wie sähe die optimale Gestaltung des Unternehmens aus, wenn man ganz von vorne („zero-base" = „von Null her") beginnen könnte.

- **Festigen**
Jetzt muss die vielleicht ungewohnte neue Aufbauorganisation oder der ungewohnte neue Prozessablauf auch in der Praxis gelebt werden und wird damit sozusagen langsam zur neuen „Routine". Die Veränderungen sind durchgeführt, die Maßnahmen zur Kostensenkung müssen sich jetzt bewähren.

In manchen Modellen werden diese drei Phasen des Veränderungsprozesses erweitert zu einem Fünf-Phasen Modell (Initialisieren, Analysieren, Anpassen, Umsetzen, Verstetigen). Das Prinzip ist jedoch dasselbe: Alte Strukturen werden aufgebrochen, verändert und müssen als neue Strukturen gefestigt werden, dann ist der Veränderungsprozess abgeschlossen.

8 Fallbeispiele

Im Folgenden nun zwei konkrete Fallbeispiele. So sind Kostensenkungsprojekte in der Praxis gelaufen.
Die beschriebenen Projekte haben nicht den Anspruch, dass alles 100 % richtig und perfekt gemacht wurde. Aber es soll beispielhaft zeigen, wie an die häufig als schwierig empfundene Thematik der Kostensenkung herangegangen werden kann.
Im ersten Fallbeispiel „Kostensenkung in der Instandhaltungsabteilung" orientiert sich die Vorgehensweise an dem im Kapitel 6 „Projektmanagement" vorgestellten Projektablauf. Im zweiten Fallbeispiel „Kostensenkung im IT-Bereich" wird eine andere mögliche Vorgehensweise vorgestellt.

8.1 Kostensenkung in der Instandhaltungsabteilung

> Im folgenden Praxisfall ist die interne Instandhaltungsabteilung Gegenstand der Kostensenkungsbestrebungen. In vielen Unternehmungen gibt es Überlegungen, sich auf die Kernkompetenzen des Unternehmens zu konzentrieren und interne Dienstleistungen wie Personalabrechnung, Pförtnerdienst oder eben auch die interne Instandhaltung an externe Firmen zu vergeben. Hintergrund dieser Outsourcing-Überlegungen ist, dass die externen Anbieter Spezialisten auf ihrem Gebiet sind und damit diese Leistungen kostengünstiger erbringen können, als wenn das Unternehmen diese selbst durchführen würde.

8 Fallbeispiele

Ausgangssituation

Outsourcing-Überlegungen bei den internen Dienstleistungsbereichen

In einem mittelständischen Unternehmen, einem schwäbischen Werkzeugmaschinenbauer, wurde laut über Outsourcing nachgedacht. Alle internen Dienstleistungsbereiche standen auf dem Prüfstand: Pförtnerdienst, Kantine, Gebäudereinigung und auch die interne Instandhaltungsabteilung. Das Unternehmen war in den letzen Jahren gewachsen und auch diese internen Bereiche waren mitgewachsen. In guten Zeiten lag der Schwerpunkt auf Zuverlässigkeit und Qualität und die Kosten für diese internen Dienstleistungen standen nicht im Mittelpunkt.

Anlass für die aktuellen Überlegungen hinsichtlich Outsourcing war, dass ein Preiskampf mit anderen Werkzeugmaschinenbauern zu kostengünstigerer Fertigung zwang. Mit der Kosteneinsparung wollte man im ersten Schritt bei den internen Dienstleistungsbereichen beginnen, bevor man an die eigentliche Fertigung herangehen wollte. Konkret ging man nach den klassischen Projektphasen vor: Projektstart – Projektdurchführung – Projektabschluss.

Projektstart

Information aller Mitarbeiter über das Kostensenkungsprogramm

Bevor das Kostensenkungsprogramm gestartet wurde, wurde unternehmensintern diese Maßnahme bei allen Mitarbeitern angekündigt. Die Geschäftsleitung informierte die Mitarbeiter, dass aufgrund des hohen Konkurrenzdrucks und dem damit einhergehenden Preisdruck nun ein Kostensenkungsprogramm gestartet werden sollte. Alle Mitarbeiter wurden aufgefordert, tatkräftig im eigenen Bereich nach Kostensenkungspotenzialen zu suchen und interne Verbesserungsvorschläge oder Kostensenkungsvorschläge mitzuteilen. Vielen Mitarbeitern war vorher gar nicht klar gewesen unter welch hohem Konkurrenzdruck das Unternehmen aktuell stand.

Bildung des Projektteams

Nachdem nun im Unternehmen klar war, dass ein Kostensenkungsprogramm notwendig ist, begann man mit der Bildung des Projektteams. Das Projektteam wurde interdisziplinär mit fünf Mitarbeitern besetzt:

- Der Leiter Rechnungswesen und Controlling
- Ein Fertigungsmeister, denn die Fertigung war ja der „Kunde" der internen Instandhaltungsabteilung und damit maßgeblich für die Kosten mit verantwortlich
- Ein Mitarbeiter der Instandhaltungsabteilung
- Ein Vorarbeiter der Fertigung, der über gutes technisches Knowhow der zu instandhaltenden Maschinen verfügte
- Ein Mitarbeiter des Einkaufs, der sich über die Preise von Outsourcing-Unternehmen informieren sollte.

Die Projektleitung wurde dem Leiter Rechnungswesen und Controlling übertragen.

Projektdurchführung

Die Aufgabe für das Projektteam war anfangs wenig konkretisiert. Sie bestand lediglich aus einem Wort: Kostensenkung. Das Projektteam musste nun konkreter werden. Man ging in folgenden Schritten vor:

Konkretisierung der Vorgehensweise

- **Ist-Analyse:**
  Man untersuchte die Ist-Situation in der internen Instandhaltungsabteilung. Welche Kosten fallen wo an? Welches sind die kritischen Bereiche und die Kostenarten in diesen Bereichen? Wer fordert in welchem Umfang die Leistungen der Instandhaltung an?
- **Konkurrenzanalyse:**
  Wie hoch sind die Kosten der potenziellen Konkurrenz (= externer Anbieter für Instandhaltungsleistungen)? Was kosten die Instandhaltungsleistungen bei einem externen Anbieter?
- **Festlegung von Eckpunkten:**
  Wo und in welcher Höhe müssen die Kosten sinken um gegenüber externen Anbietern konkurrenzfähig zu sein?
- **Risikoanalyse:**
  Was kann passieren, wenn Kosten gestrichen werden? Welche Risiken können auftreten, wenn das notwendige technische Know-how der Instandhaltung nicht mehr innerhalb des Unter-

8 Fallbeispiele

nehmens vorhanden ist? Was passiert falls eine Maschine ausfällt und der externe Dienstleister nicht sofort vor Ort ist?

Methodenauswahl

Nachdem man sich auf diese Schritte geeinigt hatte, überlegte sich das Projektteam, welche Methoden und Instrumente es gäbe, die man im Projekt anwenden könnte. Hier war der Leiter Rechnungswesen und Controlling gefordert, geeignete Vorschläge zu machen. Nachdem dieser dem Projektteam einige Instrumente vorgestellt hatte, einigte man sich in einer Projektbesprechung auf folgende Ansätze, die man weiter verfolgen wollte:

- **Wertanalysen:**
  Hier war die Idee, dass alle Tätigkeiten in der internen Instandhaltung kritisch durchleuchtet werden sollten. Sind alle Tätigkeiten, die dort ausgeführt werden, wirklich notwendig?
- **Zero-Base-Ansatz:**
  Diese Methode ist verwandt mit der Wertanalyse. Für den Einsatz dieser Methode sprach, dass das Unternehmen im Laufe der Zeit sehr gewachsen war und auch die interne Instandhaltung stetig erweitert und ausgebaut wurde. Es sollte geklärt werden, was wäre, wenn man viele Funktionen „von Null her" neu planen würde, ohne sich um die gewachsene Realität zu kümmern. Die Konkurrenzanalyse ergab, dass es externe Anbieter von Instandhaltungsleitungen schaffen, dieselben Leistungen bei geringeren Kosten zu erbringen.
- **Anreizsysteme:**
  Die Überlegung bei diesem Punkt war, dass Kostensenkung besser erreichbar ist, wenn es Belohnungen für kostengünstiges Wirtschaften gibt. Das passte einigen im Projektteam nicht, da es doch schließlich der Job dieser Mitarbeiter sei, genau dies zu tun, nämlich kostengünstig zu wirtschaften. Also warum eine Prämie? Nach einiger Diskussion einigte man sich jedoch darauf, Kostenziele mit den Mitarbeitern der Instandhaltung zu vereinbaren und Prämien zu zahlen, wenn diese Ziele erreicht werden.

Aus den vorherigen Analysen und Ansätzen konnten konkrete **Maßnahmen zur Kostensenkung** abgeleitet werden:
- Die *Wertanalyse* hatte gezeigt, dass die Instandhaltungsarbeiten notwendig sind aber zeitlich besser koordiniert werden könnten.

Kostensenkung in der Instandhaltungsabteilung 8

So muss eine Maschine nicht unbedingt zum genauen Stichtag gewartet werden, sondern bestimmte gleichartige Maschinen könnten zu einem Maschinenpark zusammengefasst und als Gruppe gewartet werden.

- Der *Zero-Base-Ansatz* hatte gezeigt, dass die Organisation der internen Instandhaltungsabteilung bei einem „Neustart" der Abteilung ganz anders aussehen würde. Die bestehende Organisation war gekennzeichnet durch viele unterschiedlich Zuständigkeiten. Überspitzt gesagt, hatte jede Maschine ihren „persönlichen Betreuer". Es gab kaum „All-round-Talente", die im Notfall jede Maschine warten oder reparieren könnten. Es wurde eine Neuorganisation der Instandhaltungsabteilung vorgeschlagen, bei der mehrere Mitarbeiter auf verschiedene Maschinentypen geschult werden sollten, so dass eine gegenseitige Vertretung möglich wäre.

  Ergebnis der Zero-Base-Analyse war auch, dass die Instandhaltungsabteilung zu viele Mitarbeiter hatte. Hier wurde der Vorschlag gemacht, die Stellen, die in den nächsten Jahren durch Eigenkündigungen frei wurden, nicht mehr neu zu besetzen. Zudem könnte mit drei Mitarbeitern der Instandhaltungsabteilung Altersteilzeit vereinbart werden.

- Ein Vorschlag eines *Anreizsystems* wurde ausgearbeitet. Es gab den Entwurf einer Vereinbarung von Kostensenkungszielen mit jedem Arbeitsteam der internen Instandhaltung. Der Entwurf enthielt auch die Vereinbarung von Prämien bei der Einhaltung dieser Kostensenkungsziele.

- Die *Risikoanalyse* erbrachte das eindeutige Ergebnis, dass das Instandhaltungs-Know-how im Unternehmen bleiben sollte. Zu groß wäre ein möglicher Schaden, wenn auf Maschinenausfälle nicht unmittelbar reagiert werden könnte.

Insgesamt sollten die vorgestellten Maßnahmen ein Kostensenkungsvolumen von 10-15 % der Instandhaltungskosten erbringen. Diese Maßnahmen wurden der Geschäftsleitung präsentiert. Es gab grünes Licht für die Durchführung der Kostensenkungsmaßnahmen mit einer Ausnahme: Die Geschäftsleitung lehnte die Vereinbarung von Prämien für das Einhalten von Kostensenkungszielen ab. Die

Präsentation vor der Geschäftsleitung

8 Fallbeispiele

Geschäftsleitung war der Meinung, dass wirtschaftliches Handeln „zum Job" gehört und nicht explizit durch Prämien belohnt werden muss. Schließlich liefen parallel zu dem Instandhaltungsprojekt auch andere Kostensenkungsprojekte und man wollte die Kostensenkungspotenziale nicht durch das Auszahlen von Prämien wieder schmälern.

Die konkrete Umsetzung konnte nun beginnen und wurde von dem Projektteam weiterverfolgt und im Sinne einer Projektsteuerung überwacht.

Projektabschluss

Realisierungskontrolle

In den nächsten Wochen und Monaten wurde geprüft, ob das Projekt mit dem gewünschten Erfolg abgeschlossen werden konnte. Im Laufe der Zeit war ein Trend zu geringeren Kosten zu erkennen. Es zeigten sich die ersten Kosteneinsparungen vor allem im Materialbereich, aber auch in geringem Maße bei den Personalkosten, da drei Mitarbeiter der Instandhaltung einem Altersteilzeitmodell zugestimmt hatten. Erst nach ca. einem Zeitraum von halben bzw. einem Jahr wurden die Erfolge eindeutig sichtbar, als alle Maßnahmen gegriffen haben.

Entscheidung gegen Outsourcing

Als Projektergebnis konnte festgehalten werden:
Kein Outsourcing der internen Instandhaltung, aber die internen Preise der Instandhaltung müssen kontinuierlich niedriger werden, vergleichbar mit Outsourcing-Angeboten.

8.2 Kostensenkung im IT-Bereich

> Im Folgenden nun ein konkreter Praxisfall aus dem IT-Bereich (IT= Informationstechnologie). Der IT-Bereich wurde in diesem Fallbeispiel gewählt, da in vielen aktuellen Kostensenkungsprojekten über die Neustrukturierung oder das Outsourcing der IT nachgedacht wird.

8 Kostensenkung im IT-Bereich

Ausgangssituation

In einem mittelständischen Unternehmen der Dienstleistungsbranche stand bisher die IT-Abteilung nicht so sehr im Vordergrund. Hauptsache, es gab keine Ausfälle beim Netzwerk oder einzelnen PCs, ansonsten kümmerte man sich kaum um die IT-Kosten. Eine Zuordnung der IT-Kosten zu den einzelnen Unternehmensbereichen war bisher nicht erfolgt.

IT-Abteilung: Gewachsener Bereich ohne Kostentransparenz

In der IT-Abteilung arbeiteten fünf Mitarbeiter zur Betreuung von ca. 400 PC-Arbeitsplätzen, Servern, Druckern und der sonstigen IT-Infrastruktur. Weder für den Hardware- noch für den Softwarebereich gab es eine durchgängige Standardisierung.

Anlass für das Projekt waren folgende Probleme:

Projektauslöser

- IT-Lösungen wurden für den Einzelfall beschafft, es gab kein durchgängiges Konzept. Diese Einzellösungen waren oft nicht kompatibel mit anderen Softwarelösungen und so mussten Daten oft mehrfach in verschiedene Systeme eingegeben werden, z. B. mussten Kundendaten in die Kundendatenbank des Vertriebs eingegeben werden und für die Rechnungsstellung nochmals in das Finanzbuchhaltungssystem.
- Durch die Vielfalt an Software- und Hardwarelösungen gab es diverse Lizenzkosten und Wartungsverträge. Der Betreuungsaufwand war sehr hoch, zudem mussten die IT-Mitarbeiter ebenso wie die IT-Nutzer in jedes neue System eingearbeitet werden.
- Durch die sehr heterogene IT-Landschaft war den Mitarbeitern der IT-Abteilung oft nicht klar, welche Probleme welche Priorität haben sollten. Wenn es z. B. zu Engpässen kam, wussten sie nicht ob der Schaden am Vertriebssystem dringlicher war als der Fehler im Einkaufssystem. Hierzu gab es keine Richtlinien, aber die IT-Nutzer waren regelmäßig sauer, wenn sie auf die Schadensbehebung warten mussten und warfen den IT-Mitarbeitern mangelnde Servicebereitschaft vor.
- Eine klare Zuordnung der IT-Kosten zu den einzelnen Unternehmensbereichen war noch nie versucht worden und so gab es keine Transparenz darüber wer eigentlich welche IT-Kosten verursacht.

8 Fallbeispiele

Zielsetzung

Grundlegende Neuorientierung

Geplant war eine komplette Neuausrichtung der IT-Organisation und die Einführung von IT-Controlling.
Konkrete Ziele waren
- **Entwicklung einer IT-Strategie**, d. h. Festlegung einer einheitlichen Hard- und Softwareplattform, Entwicklung eines Netzwerkkonzeptes, Wegfall der Mehrfacheingabe von Daten
- Kostensenkung durch **Überprüfung der diversen Lizenzkosten und Wartungsverträge**. Bündelung des Einkaufvolumens für bessere Konditionen bei Soft- und Hardware.
- **Verbesserung der Servicequalität und Kundenorientierung** der IT-Mitarbeiter („Kollegen, die ein Problem mit Ihrem PC haben, stören nicht, sondern sind meine *Kunden*")
- **Zuordnung der IT-Kosten** zu den einzelnen Unternehmensbereichen.

Konkrete Vorgehensweise im Projekt

Einsatz eines Projektteams

In einer Abteilungsleiterrunde wurde die Dringlichkeit für ein Kostensenkungsprojekt im IT-Bereich erkannt und eine Projektgruppe ins Leben gerufen. Projektleiter wurde der IT-Abteilungsleiter, zudem wurde aus jeder betroffenen Abteilung ein Mitarbeiter bestimmt, der die fachlichen Anforderungen dieser Abteilung in dem Projekt vertreten sollte.

Projektphasenmodell

Nach ersten Gesprächen innerhalb des Projektteams wurde folgende Vorgehensweise für die Durchführung des Projektes vorgeschlagen. Das Projekt sollte in 4 Phasen untergliedert werden:

Kostensenkung im IT-Bereich 8

Abb. 62: Vorgehensmodell

Zum Ende jeder Projektphase sollte das Projektteam des Unternehmens die Geschäftsleitung über den Stand des Projektes informieren und das weitere Vorgehen abstimmen. Das Ende jeder Phase stellte damit einen „Meilenstein" dar, wie es im Projektmanagementjargon heißt.
Neben dem Vorgehensmodell wurde als zweiter Schritt ein Zeitplan für die Projektdurchführung entworfen.

8 Fallbeispiele

Zeitplan:

Projektwochen								
1	2	3	4	5	6	7	8
	Projektinitialisierung Einführungsworkshop						
			Ist-Analyse Anwendungen und Geschäftsprozesse Vorhandene Technologie Vorhandene Datenbestände IT-Prozesse und Organisation					
					Technische Optimierung Personelle Optmierung Vorschlag interne Leistungsverrechnung			Soll-Konzept
							Umsetzungsplan Priorisierung von Aufgaben Notwendige Investitionen Zeitplan	
				Projektleitung				

Abb. 63: Zeitplan

Projektinitialisierung

Einführungsworkshop — Die erste Phase des Projektes begann mit einem Einführungsworkshop, in dem die organisatorischen Aspekte des Projektes (z. B. Freistellung der Projektteammitglieder für das Projekt) geregelt und auch die Vorgehensweise und Terminplanung abgestimmt wurden.

Erster Überblick — Folgende Fragen sollten allen am Projekt Beteiligten einen ersten Überblick geben:

- Welche IT-Leistungen werden zur Zeit von der IT-Abteilung erbracht, wie ist das IT-Leistungsportfolio?
- Welche aktuellen und zukünftigen Anforderungen haben die Abteilungen an die IT-Abteilung?
- Welche sonstigen Rahmenbedingungen bestimmen die Arbeit der IT-Abteilung?

Kostensenkung im IT-Bereich 8

Die Ergebnisse der Diskussion über diese Fragen wurden in einem Protokoll festgehalten und dienten als erste Grundlage für die anschließende Ist-Analyse.

Ist-Analyse

Ziel der Ist-Analyse war es, die Ist-Aufgaben der IT-Abteilung und die zu Grunde liegenden Anforderungen der IT-Nutzer im Hinblick auf die Notwendigkeit, Angemessenheit und die finanziellen Auswirkungen zu erfassen und zu bewerten. *Analyse der Aufgaben der IT-Abteilung*
Folgende Themenstellungen wurden näher beleuchtet:
- Anwendungen und Geschäftsprozesse
- Vorhandene Technologie
- Vorhandene Datenbestände
- IT-Prozesse und Organisation

Im ersten Ansatz versuchte man, sich auf die internen IT-Prozesse zu konzentrieren, die das höchste Kostensenkungspotenzial vermuten ließen. Ansatzpunkte hierzu waren: *Konzentration auf die höchsten Kostensenkungspotenziale*
- Der Prozess wurde von einer größeren Anzahl der Befragten als besonders problematisch eingeschätzt,
- der Prozess war besonders personal- oder sachmittelintensiv,
- der Prozess war geschäftsbestimmend oder von besonderer Bedeutung für die Leistungserbringung im Unternehmen,
- der Prozess dauerte unverhältnismäßig lange.

In Zusammenarbeit mit ausgewählten Mitarbeitern, sowohl IT-Mitarbeitern wie auch IT-Nutzern, wurden die wesentlichen Merkmale der Prozesse erhoben (auslösendes Ereignis für den Prozess, Zuständigkeiten, technische Hilfsmittel, Ort der Leistungserbringung etc.). Als Hilfsmittel zur **Prozessanalyse** wurde ein **Prozesserhebungsbogen** verwendet. *CD-ROM*

8 Fallbeispiele

Prozesserhebungsbogen		Aktivität 1	Aktivität 2	Aktivität 3
Was ?	Aktivitäten, Teilschritte			
wozu ?	Zweck, Ziel			
warum ?	auslösendes Ereignis			
Input (was wird benötigt ?)	Infos /Dokumente/ Daten			
Output (Ergebnis ?)	Infos /Dokumente/ Daten			
wer ?	beteiligte Stellen, Zuständigkeiten (Abteilung, Funktion)			
wo ?	Standort, Raumnummer			
womit ?	System, Applikation			
Qualität	Notwendige Qualifikation für die Durchführung			
Quantität	geschätzte Dauer, Fallzahl			

Abb. 64: Prozesserhebungsbogen

Transparenz der internen Leistungsströme

Nun war zum ersten Mal erhoben worden, welche Abteilung in welcher Intensität Leistungen der IT-Abteilung in Anspruch nahm. Die „**Kunden-Lieferanten-Beziehungen**" zwischen IT-Nutzern und IT-Abteilung wurden transparent. Diese detaillierten Prozesserhebungen lagen nicht für alle IT-Prozesse vor, aber für die „großen Brocken".

Verträge mit externen Dienstleistern

Zudem wurde transparent für welche IT-Leistungen in welchen Umfang externe Dienstleister herangezogen wurden. Die Verträge wurden daraufhin überprüft, ob Vertragsgegenstand und notwendige Leistung dieser externen Dienstleister übereinstimmten.

Erste Quantifizierung der IT-Prozesse

Ein erster Richtwert für die kostenmäßige Quantifizierung dieser IT-Prozesse gelang

- durch die Angabe der geschätzten Dauer des Prozesses und
- durch die Ermittlung der Anzahl der am Prozess beteiligten IT-Mitarbeiter oder externen Dienstleister.

8 Kostensenkung im IT-Bereich

Die **Ergebnisse der Ist-Analyse** waren:
- Die Ist-Aufgaben der IT-Abteilung waren erfasst, beschrieben und mit ersten groben Richtwerten kostenmäßig bewertet.
- Die notwendigen Qualifikationen der Mitarbeiter der IT-Abteilung waren erfasst.
- Die Verträge mit externen Dienstleistern waren analysiert und bewertet.
- Die Ist-Prozesse waren verbal erfasst und beschrieben und gaben erste Hinweise auf weiteres Optimierungspotenzial.

Soll-Konzept

Nun wurden die Optimierungspotenziale konkretisiert:

Technische Optimierung

- Gemeinsam wurden Empfehlungen zu einer *einheitlichen Hardware- und Softwareplattform* erarbeitet. Diese würde den Betreuungsaufwand wesentlich reduzieren. Zudem würden mit der gebündelten Nachfrage nach einer einheitlichen Hard- und Software auch die Einkaufs- und anschließenden Wartungskonditionen besser ausfallen. *(Standardisierung der IT)*
- Man stellte auch fest, dass viele Mitarbeiter Einzelplatzdrucker nutzten. Hier wurde vorgeschlagen, wo möglich, auf Netzwerkdrucker umzustellen.
- Generell sollte die Ausstattung der Arbeitsplätze vereinheitlicht werden.
- Gleichzeitig wurden Vorschläge zur Verbesserung der *IT-Sicherheit* ausgearbeitet, ein Thema, das bisher etwas stiefmütterlich behandelt wurde. Beispielsweise wurde ein verbessertes Berechtigungskonzept (wer darf auf welche Daten Zugriff haben) vorgeschlagen. Mit sofortiger Wirkung wurde ein generelles Verbot ausgesprochen, nicht-lizenzierte oder private Software auf einem PC des Unternehmens zu nutzen.
- Es wurden Empfehlungen zur Neugestaltung *der Verträge mit externen Dienstleistern* zur Wartung und Pflege der eingesetzten Systemkomponenten gegeben. Diese Maßnahmen können kurzfristig zu Kosteneinsparungen führen, da der Vertragsinhalt oft

8 Fallbeispiele

nicht mit den tatsächlichen in Anspruch genommenen Leistungen übereinstimmt. Auf lange Sicht wurde angestrebt, die Anzahl der Verträge mit externen Dienstleistern zu reduzieren und mit einigen wenigen Anbietern bessere Konditionen auszuhandeln.
- Grundsätzlich wurden auch *alternative Betriebsmodelle* diskutiert, z. B. Auslagerung des Serverbetriebssystems, der Anwenderhilfe oder sogar der gesamten IT etc. Letztendlich ließ man diesen Punkt jedoch fallen, denn man wollte die IT-Kompetenz im Unternehmen behalten.

Organisatorische Optimierung

Bessere Aufgabenverteilung, Einsatzplanung

Folgende Ansatzpunkte wurden anhand der im Prozesserhebungsbogen aufgezeichneten IT-Prozesse grundsätzlich vorgeschlagen:
- Verbesserte Einsatzplanung und Aufgabenzusammenfassung, wo möglich z. B. Bündelung der Anfragen aus einer Abteilung.
- Reduktion der Verwaltungstätigkeiten, z. B. kein langes Ausfüllen von „Bedarfsanforderungsformularen", wenn eine defekte Mouse durch eine neue ersetzt werden muss.
- Prozessstraffung durch Verringerung der Medien- und Organisationsbrüche. Dies würde jedoch erst bei der Einführung von integrierten Softwarelösungen gelingen, z. B. ein Vertriebssystem, das Daten der Finanzbuchhaltung übernehmen kann bzw. zur Weiterverarbeitung weitergeben kann.

Personelle Optimierung

Weniger Überstunden

- Durch bessere Einsatzplanung und Aufgabenzusammenfassung können die Überstunden der Mitarbeiter reduziert werden.
- Durch Verbesserung der Qualifikation der Mitarbeiter der IT-Abteilung lassen sich u.U. weitere Optimierungen realisieren (schnellere Durchführung bestimmter IT-Prozesse).
- Die Einsparpotenziale im personellen Bereich werden aber erst in vollem Umfang nach der Standardisierung von Hard- und Software erreicht werden können.

Serviceverständnis fördern

- Grundsätzlich sollte bei den IT-Mitarbeitern mehr Kundennähe und Servicebewusstsein gefördert werden.

8 Kostensenkung im IT-Bereich

Vorschlag einer ersten internen Leistungsverrechnung

Neben den möglichen Optimierungspotenzialen wurde eine erste interne Verrechnung der IT-Leistungen an die Abteilungen, die diese in Anspruch nehmen, vorgeschlagen. Ein erster Überblick über die Kunden-Lieferanten-Beziehungen lag vor.

Von der Geschäftsleitung wurde beschlossen, hierzu ein eigenes Projekt aufzusetzen.

Umsetzungsplan

Abgerundet wurde das Projekt mit Vorschlägen zum **Zeithorizont für die Umsetzung** der erarbeiteten Empfehlungen zur Kostensenkung und Prozessoptimierung. — Die weiteren Schritte

Für die **geplanten Investitionen** im Rahmen der Neustrukturierung der IT sollten Kontakte zu Software- und Hardwareanbietern herzustellen und entsprechende Angebote eingeholt werden. Ein Vergleich Kauf oder Leasing sollte hierzu von der Controllingabteilung für die Geschäftsleitung aufbereitet werden. Bei Vorlage der erforderlichen Daten sollte eine Amortisationsrechnung von der Controllingabteilung zu erstellt werden.

Im Umsetzungsplan wurde zudem ausdrücklich darauf hingewiesen, dass die Optimierungspotenziale im personellen Bereich nicht zu Kündigungen führen werden, sondern dass man sich durch die eingesparte Zeit in diesem Bereich eine Verbesserung der Kundenbetreuung vorstellt. — Keine Kündigungen

Als erster und schnell umsetzbarer Schritt (im Projektmanagementjargon nennt man dies „quick hit") wurde ein Konzept vorgestellt, wie allein durch die richtige **Priorisierung der Aufgaben der IT-Abteilung** Zeit eingespart werden könnte. Dies hätte unmittelbar eine Kostensenkung zur Folge, da die erheblichen Überstunden in der IT-Abteilung zurückgehen würden und das Unternehmen die Überstundenvergütung einsparen würde. — „quick hit"

8 Fallbeispiele

Projektergebnis

Nicht alle Probleme gelöst

In diesem ersten Projekt zur Kostensenkung im IT-Bereich konnten noch nicht alle Probleme dieses Bereichs geklärt bzw. gelöst werden. So wurden folgende Verbesserungsmöglichkeiten kurz angesprochen, aber noch nicht in Angriff genommen:
- die notwendige Verzahnung der Unternehmensziele mit der IT-Strategie
- die noch mehr zu forcierende technische Standardisierung
- der Aufbau einer effektiveren Betreuung der IT-Nutzer
- die Einführung einer internen Leistungsverrechnung, die in einem separaten Projekt erarbeitet werden soll

Besseres Betriebsklima

Durch die Verbesserung der Abläufe war jedoch nach nur kurzer Zeit zu beobachten, wie das Betriebsklima und insbesondere das Verhältnis zwischen IT-Mitarbeitern und IT-Nutzern besser wurde. Da die Prioritäten der Aufgabenerledigung jetzt für alle transparent waren, gab es weniger Reibungspunkte als in der Vergangenheit.

Neuverhandlung der Verträge

Zudem konnten durch die Neuverhandlungen der Verträge mit externen Dienstleistern erste Kosteneinsparungen realisiert werden. Unter dem Strich war man mit dem Erfolg des Projektes zufrieden. In regelmäßigen Abständen sollte die Ist-Analyse der IT-Prozesse mit dem entworfenen Prozesserhebungsbogen wiederholt werden.

Literaturtipps

Bei der Kostensenkung wird man immer auch mit anderen betriebswirtschaftlichen oder juristischen Fragen konfrontiert sein. So geht es bei den Literaturtipps um Hinweise, wie man das fachliche Umfeld bei der Realisation der Kostensenkung bewältigen kann.

Für weitergehende betriebswirtschaftliche Fachfragen empfiehlt sich ein Lehrbuch zur Betriebswirtschaftslehre, z. B.

Wöhe, Günter
Einführung in die allgemeine Betriebswirtschaftslehre (Vahlen)
Das ist der in Betriebswirtschaftskreisen „berühmte Wöhe". Unzählige Menschen haben in ihrer Ausbildung nach diesem Buch gelernt. Dieses Buch schafft einen guten Überblick über die wesentlichen Inhalte der Betriebswirtschaftslehre. Nützlich, wenn man tiefer in die Materie eindringen möchte. Hinten im Buch ein sehr ausführliches Literaturverzeichnis, wenn man sich Spezialwissen aneignen möchte.

Manchmal will man lediglich eine erste kurze Information oder schnell mal etwas nachschlagen. Hierzu eignet sich ein Wirtschaftslexikon (gibt es auch auf CD), z. B.
Gablers Wirtschaftslexikon
Neben betriebswirtschaftlichen Inhalten finden Sie hier auch z. B. juristische Themen.

Kostensenkung hat viel mit Controlling zu tun und spielt sich in der Praxis immer in Zusammenarbeit mit dem Controlling ab. Wer hier in die Tiefe gehen will:
Probst, Hans-Jürgen
Controlling leicht gemacht (Redline-Wirtschaft)
Vom selben Autor wie das vorliegende Buch. In recht populärer Form werden die Grundlagen des Controllings erläutert. Insbesondere geeignet für „Nichtfachleute".

Wer das Thema Controlling vertiefen will, wird hier fündig:
Haufe Controlling Office (CD-ROM)
Viele Fachbeiträge von A wie ABC-Analyse bis Z wie Zukunftsorientierung

Literaturtipps

Wer das Thema Controlling vertiefen will, wird hier fündig:
Haufe Controlling Office (CD-ROM)
Viele Fachbeiträge von A wie ABC-Analyse bis Z wie Zukunftsorientierung

Interessant auch von Haufe:
ExcelProControlling (CD-ROM)
Hier werden die gängigen Controllingwerkzeuge erklärt und Sie finden darüber hinaus gute Arbeitshilfen auf der CD-ROM

Kostensenkung findet häufig in Projekten statt. Wer hier professionell vorgehen will, findet weitere Unterstützung in folgendem Buch:
Monika Haunerdinger, Hans-Jürgen Probst
Projektmanagement leicht gemacht (Redline-Wirtschaft)
In populärer Form mit vielen Abbildungen und Tipps werden hier die Grundlagen der Projektarbeit erklärt. Dabei kommt auch das Projektcontrolling nicht zu kurz.

Machen wir uns nichts vor, bei der Kostensenkung geht es auch um Kündigungen. Um hier rechtssicher vorgehen zu könnenn benötigt man Fachwissen:
Falk/Müller/Rahmstorf
Die Kündigung (Haufe)
Ein Ratgeber mit vielen Praxisfällen. Kündigungsgründe, Kündigungsarten, Prüfschemata, Muster usw. Praktische Unterstützung mit CD-ROM

Internet
In jeder guten Suchmaschine werden Sie fündig, wenn Sie Stichwörter zur Kostensenkung eingeben, z. B. Wertanalyse oder Leanmanagement. Aber auch Inhalte aus dem Kostensenkungsumfeld kann man schnell abrufen. So können Sie das Internet wie eine Art Lexikon benutzen. Viele Institutionen wie Hochschulen, Vereine oder Beratungsunternehmen oder einfach Privatleute haben vielfältige betriebswirtschaftliche Inhalte ins Internet gestellt.

Abbildungsverzeichnis

Abb. 1: Kostentreibende Faktoren	17
Abb. 2: Einsparungspotenziale (Ermittlung)	19
Abb. 3: Einsparungspotenziale (Diagramm)	20
Abb. 4: Kostenfestlegung	24
Abb. 5: ABC-Analyse Material	37
Abb. 6: ABC-Rechner – Vor Sortierung	38
Abb. 7: ABC-Rechner – Nach Sortierung	39
Abb. 8: ABC-Untersuchung nach Kostenarten	40
Abb. 9: ABC-Untersuchung nach Sortierung	41
Abb. 10: Tabelle XYZ-Analyse	44
Abb. 11: Leerkostenübersicht	45
Abb. 12: Tabelle Leistung	46
Abb. 13: Tabelle Leerkosten variabel	47
Abb. 14: Diagramm Leerkosten variabel	47
Abb. 15: Tabelle Leerkosten fix	50
Abb. 16: Diagramm Leerkosten fix	50
Abb. 17: Tabelle Fixkostendegression	54
Abb. 18: Preis-Absatz-Funktion	55
Abb. 19: Tabelle Preis-Absatz-Funktion	56
Abb. 20: Diagramme Preis-Absatz-Funktion	57
Abb. 21: Tabelle Direct Costing	62
Abb. 22: Tabelle Sortimentsbereinigung	64
Abb. 23: Formular Prämienberechnung	71
Abb. 24: Formular Schwachstellenanalyse	75
Abb. 25: Tabelle Wertanalyse	84
Abb. 26: Rechner Zero-Base	92
Abb. 27: Abbildung Kennzahlen	105
Abb. 28: Tabelle Kostenstellenauswertung	117
Abb. 29: Kostenträgerrechnung	118
Abb. 30: Tabelle Artikelergebnisrechnung	119
Abb. 31: Buchhaltung – Controlling	121
Abb. 32: Korrekturzündung	122
Abb. 33: Schnittmengenbild Controlling	123
Abb. 34: Planung	126
Abb. 35: Kostenmanagement in Marketing und Vertrieb	135

Abbildungsverzeichnis

Abb. 36: Analyse fixe Kosten	138
Abb. 37: Zielkostenrechnung	142
Abb. 38: Lebenszyklus	146
Abb. 39: Lebenszyklusbetrachungen	149
Abb. 40: Profit-Center	150
Abb. 41: Steuerung Produktionsstandorte	156
Abb. 42: Outsourcing	160
Abb. 43: Entscheidung Outsourcing Produktion	161
Abb. 44: Rechner Fremdbeschaffung	164
Abb. 45: Sender - Empfänger - Modell	167
Abb. 46: Verzerrungswinkel	168
Abb. 47: Gesprächsführung	172
Abb. 48: Tagesordnung	192
Abb. 49: Einstieg in das Thema	193
Abb. 50: Hinweis auf Fehlentwicklungen	193
Abb. 51: Vorgehensmodell	194
Abb. 52: Anwendung von Changemanagement	195
Abb. 53: Maßnahmenplan	195
Abb. 54: Erfolgsfaktoren	196
Abb. 55: Beendigung der Präsentation	196
Abb. 56: Eröffnung der Diskussion	197
Abb. 57: Arbeitspaket	223
Abb. 58: Projekktsteuerung	224
Abb. 59: Risikomanagement	243
Abb. 60: Risikobewertungsschema	245
Abb. 61: Risikoschnellcheck	248
Abb. 62: Vorgehensmodell	261
Abb. 63: Zeitplan	262
Abb. 64: Prozesserhebungsbogen	264

Stichwortverzeichnis

ABC-Analyse 36
Abweichungsanalyse 126
Artikelergebnisrechnungen 118
Ausgabensperre 31

Berichtswesen 127
Beyond Budgeting 232
Budgetierung 127, 233

Cashflow 240
Changemanagement 249
Controlling 120
Cost-Center 150
Cut off point 92

Deckelung 31
Deckungsbeitrag 61
Deckungsbeitragsrechnung 61
Direct Costing 62

EDV 97
Einkauf 95
Einkaufskonditionen 95
Einzelkosten 115
Energie 96

Feed-back 169
Fertigung 132
Fixe Kosten 115
Fixkostendegression 52
Fixkostenmanagement 136

Forschungs- und
    Entwicklungsbereich 131
Fragebogen 74
Fuhrpark 96

Gebietsergebnisrechnungen 119
Gemeinkosten 115
Gemeinkostenmanagement 129
Gemeinkostentätigkeiten 129
Gesprächsführung 171

Hochrechnungen 127

IT-Bereich 258

Kalkulation 117
Kennzahlen 98
Killerphrasen 175
Kommunikation 96, 166
Konflikte 208
Kostenartenrechnung 114
Kostenmanagement 108
Kostenniveaumanagement 113
Kostenrechnung 114
Kostenstrukturmanagement 113
Kostenträgerrechnung 118
Kostenverlaufsmanagement 113
Kundenergebnisrechnungen 119

Lebenszykluskostenrechnung
    145
Leerkosten 45

Stichwortverzeichnis

Leerkostenanalyse 44
Life Cycle Costing 145

Market into Company 143
Meilenstein 220
Motivation 176

Nutzkosten 45

Out of Company 143
Out of Competitor 143
Out of Optimal Costs 143
Outsourcing 157

Personalkosten 94
Plan-/Ist-Vergleiche 127
Planung 124
Prämien 67
Präsentation 182
Präsentationsmedien 187
Preis/Absatz-Funktion 54
Profit-Center 150
Projektcontrolling 226
Projektmanagement 215
Projektorganisation 219
Projektphasenmodell 216
Prozessanalyse 263

Rasenmähermethode 34
Raumkosten 96
Reisekosten 96

Risikomanagement 242

Sabotagefaktoren 203
Schwachstellenanalyse 72
Service-Center 152
Shareholdervalue 239
soft skills 166
Sortimentsbereinigung 59
Szenarien 128

Target Costing 141
Tätigkeitsanalysen 130

Unternehmenswert 239

Value Management 238
Variable Kosten 115
Vertriebs-/Marketingbereich 133
Verwaltungsbereich 80

Warnsignale 110
Wertanalyse 77
Wertorientierte
  Unternehmensführung 238

XYZ-Analyse 42

Zeitmanagement 229
Zero-Base-Analyse 87
Zielkostenmanagement 141

PRAXIS-RATGEBER RECHNUNGSWESEN

Praktikerhandbuch für den Mittelstand
Alles für Ihre sichere Investitionsentscheidung!

Prof. Dr. Kurt Zischg
**Investitionen
planen und bewerten**
Neuerscheinung 2004
ca. 250 Seiten,
Broschur mit CD-ROM € **39,80***
*inkl. MwSt, zzgl. Versandpauschale € 1,90
Bestell-Nr. 01433-0001
ISBN 3-448-06343-6

Als Unternehmenspraktiker brauchen Sie die Investitionsrechnung, um Entscheidungen für oder gegen eine Investition sicher treffen zu können.

- Alle Verfahren und Methoden der Investitionsrechnung
- Leitfäden und Richtlinien für den gesamten Planungs- und Genehmigungsprozess
- Große Fallstudie „Investitionsentscheidung aus der Praxis"
- Nützliche Beispiele, Checklisten und Tipps
- Präsentationshilfen für die Bank
- Praxiserprobtes Formularset als Anwendersoftware (MS-Excel)
- Auf der CD-ROM: Rechner, Planungstools, Formulare, Entscheidungsvorlagen

Buch und CD-ROM bieten Ihnen das „Handwerkszeug" für Ihre betrieblichen Investitionsentscheidungen.

Erhältlich in Ihrer Buchhandlung oder direkt beim Verlag:
Haufe Service Center GmbH, Postfach, 79091 Freiburg
E-Mail: bestellung@haufe.de, Internet: www.haufe.de/bestellung
Telefon: 0180/50 50 440* Fax: 0180/50 50 441*

*12 Cent pro Minute (ein Service von dtms)

Haufe Mediengruppe

Setzen Sie auf Kompetenz.

Bücher, Loseblattwerke, Profi-Software

Katalog anfordern unter:
Telefon 0761/89 88 444 oder Fax 0761/89 88 555
oder unter bestellen@haufe.de

www.haufe.de

Haufe Akademie

Seminare und Schulungen, Tagungen und Kongresse, Qualification Line, Management-Beratung & Inhouse-Training für alle Unternehmensbereiche. Über 180 Themen!

Katalog anfordern unter: Telefon 0761/47 08-811

www.haufe-akademie.de

Tausende Dokumente zum Download

Aktuelle und rechtssichere Qualitätsdokumente, Applikationen und Service-Angebote zum einfachen Herunterladen aus dem Internet.

Dokumente unter: www.redmark.de

Haufe Mediengruppe

Haufe Mediengruppe   Hindenburgstraße 64   79102 Freiburg